DES RENTES

DANS LE DROIT FRANÇAIS,

ET DE

PLUSIEURS FORMES DU REVENU

A ROME,

PAR ERNEST ASTRIÉ,
NÉ A AX (ARIÈGE),
Avocat à la Cour d'appel de Paris.

THÈSE POUR LE DOCTORAT,
PRÉSENTÉE A LA FACULTÉ DE DROIT DE PARIS,
le 22 août 1853, à 3 heures.

PRÉSIDENT : M. BUGNET, *professeur*,

SUFFRAGANTS : MM. PELLAT, DE VALROGER, *professeurs*, ROUSTAIN, COLMET DE SANTERRE, *suppléants*.

PARIS.
IMPRIMÉ PAR E. THUNOT ET Ce,
RUE RACINE, 26.

1853.

DES RENTES

DANS LE DROIT FRANÇAIS,

ET DE

PLUSIEURS FORMES DU REVENU

A ROME,

PAR ERNEST ASTRIÉ,
NÉ A AX (ARIÈGE),
Avocat à la Cour d'appel de Paris.

THÈSE POUR LE DOCTORAT,

PRÉSENTÉE A LA FACULTÉ DE DROIT DE PARIS,

le 22 août 1853, à 3 heures.

PRÉSIDENT : M. BUGNET, *professeur*,

SUFFRAGANTS { MM. PELLAT, DE VALROGER, } *professeurs*,
ROUSTAIN, COLMET DE SANTERRE, } *suppléants*.

PARIS.
IMPRIMÉ PAR E. THUNOT ET Cᵉ,
RUE RACINE, 26.

1853

A MON FRÈRE GUSTAVE ASTRIÉ,

Docteur en médecine,

Resté seul de tous les miens, tu es mon meilleur ami.

A MON CURATEUR ET ONCLE FRANÇOIS ASTRIÉ,

Vous fûtes le guide et l'appui de ma jeunesse.

A MON ONCLE HENRI ASTRIÉ,

Avoué à la Cour d'appel de Toulouse,

Vous me continuerez vos bons avis, et m'aiderez de votre expérience.

A M. FOSSÉ,

Conseiller à la Cour d'appel de Toulouse,

Je n'ai jamais oublié ceux qui furent les amis de mon père

INTRODUCTION.

« Date veniam scriptis, quorum non gloria nobis causa, sed utilitas officiumque fuit. »

Je me propose de traiter dans le Droit français la matière des Rentes, qui furent sous les Coutumes la source la plus importante du revenu, et qui, de nos jours encore, sont loin d'avoir perdu toute utilité.

J'aurais aimé à rencontrer dans le Droit romain une matière similaire; mais elle n'y existe pas.

Toutefois, les Romains connurent aussi plusieurs moyens de se créer une richesse annuelle ; et, à défaut de contrats identiques avec ceux que je dois exposer, ils eurent leurs expédients, leurs combinaisons tendant à établir des revenus périodiques, soit pour un temps indéterminé, soit pour la simple durée de la vie.

Si donc cette dissertation ne peut offrir un ensemble parfait, une complète harmonie des sujets qui y seront tour à tour développés, elle pourra présenter, du moins, une comparaison, un parallèle entre des institutions analogues, qui atteignaient un même but par des voies un peu différentes.

Ce tableau ne mériterait aucun dédain, s'il était entrepris par un auteur plus digne et plus expérimenté.

Parmi les diverses sources du revenu romain, mon attention a dû s'arrêter de préférence sur les suivantes :

1° Les *intérêts conventionnels résultant du prêt;*

2° Le *canon* ou *pensio*, *résultant de l'emphytéose;*

3° Les droits auxquels donnaient naissance:

La *stipulation quoad vivam ;*

Les legs d'*annuités*, de l'*usufruit*, du *reditus*, de l'*usage*, de l'*habitation* et des *services d'esclaves*.

L'étude du premier de ces droits m'a paru être une introduction nécessaire à l'étude de notre Rente Constituée.

Le second m'a semblé devoir, au même titre, précéder l'exposé de la Rente Foncière.

Quant aux droits de la troisième catégorie, si, par leur nature, leur caractère et leurs règles, ils s'éloignent de la Rente Viagère française, il n'en est pas moins vrai qu'ils produisaient certains des effets attribués par nous à ce dernier contrat.

Mon travail se divise naturellement en deux parties, dont l'une sera consacrée au Droit romain et l'autre au Droit français.

La partie française comprendra les trois espèces de Rentes admises par le Code Napoléon, et embrassera toute leur histoire depuis leur apparition jusqu'à nos jours.

PREMIÈRE PARTIE.

DROIT ROMAIN.

1. Cette première partie se composera de trois chapitres :
Dans le premier, il sera question du PRÊT et des INTÉRÊTS ;
Dans le second, il sera question de l'EMPHYTÉOSE ;
Dans le troisième, il sera question des DROITS VIAGERS ci-dessus énoncés.

CHAPITRE PREMIER.

DE MUTUO ET DE USURIS.

2. Le Prêt à intérêts pénétra dans les mœurs des peuples anciens comme contrat de droit naturel, au même titre que la vente, l'échange, le louage, etc.

Sa légitimité, incontestée jusqu'au IVe siècle, consacrée par nos lois depuis 1789, eut à subir, vers la chute de l'Empire romain, les violentes attaques des théologiens, et succomba même dans cette lutte. Pendant plus de quinze cents ans, le prêt à intérêts a pu demeurer interdit (1).

3. Est-ce à dire qu'il fût immoral, ou qu'il fût inutile?

L'observation de la nature humaine et des besoins économiques des peuples établit surabondamment le contraire.

Lorsqu'un peuple s'est formé, lorsqu'il s'est donné une natio-

(1) C'est le concile général de Nicée, tenu en l'an 325, qui, par son canon 17, établit la première défense de ce contrat faite aux laïques.

nalité et assigné un territoire, lorsqu'il a quitté la vie errante des hordes pour les habitudes sédentaires d'une agrégation civilisée ; son mépris des biens, son indifférence pour la richesse font place à des idées de prévoyance, d'ordre et de conservation. La sollicitude de l'avenir vient remplacer l'insouciance, à mesure que la vie de famille apparaît avec tous ses charmes ; l'Industrie et le Commerce relèguent la guerre dans l'oubli. Les idées d'organisation se font jour.

C'est d'abord le principe de l'appropriation privée et du domaine individuel sur les choses, qui se substitue au principe de propriété commune, soit de l'État, soit de la tribu.

C'est ensuite la monnaie qui arrive pour réformer des contrats grossiers, pour remplacer les échanges en nature par l'échange des produits contre des métaux précieux qui ont une double valeur, intrinsèque et légale. L'or, l'argent, sont appelés à représenter la richesse ; ils deviennent le signe des conquêtes ou du travail antérieurs. Bientôt l'intérêt général exige qu'ils ne restent pas oisifs dans les coffres-forts ; et tout le monde sait comment leur circulation augmente la prospérité des nations, en fécondant, soit les spéculations de l'esprit commercial, soit les conceptions utiles ou sublimes du génie humain.

Pour l'individu qui en est devenu maître, le numéraire, le capital, c'est donc le résultat du labeur et de l'économie ; c'est la récompense religieusement conservée de longs et utiles efforts ; c'est la représentation de ce qu'il a produit de trop pour lui-même, et de nécessaire pour ses semblables ; c'est le prix de l'activité qu'il a déployée, et qu'il aurait pu tenir en repos ; c'est un but offert à la noble ambition de l'homme qui, déshérité par les hasards de la naissance, veut s'élever honnêtement au niveau des autres en travaillant d'abord pour eux.

Propriété aussi sainte que toute autre, lorsqu'elle est le fruit de loyales entreprises, le capital ne doit pas donner seulement à celui qui sut l'amasser un bien-être éphémère, il doit lui assurer une longue rémunération, qui s'étende même à sa famille, aux êtres qui lui sont chers ; car la pensée de rendre ces êtres heureux fut souvent le stimulant le plus puissant de son activité. — Le capital sera donc productif, et pour son maître et pour les successeurs de ce maître, aussi bien que les richesses naturelles. Le prêt à intérêt lui donnera cette fécondité, et ce sera deux fois juste; car, si l'on veut considérer l'argent comme tout autre objet, comme une marchandise, on le fera entrer dans le commerce, et il pourra se vendre avec un profit. Si l'on veut ne voir et n'admettre en lui qu'un simple moyen d'échange, on est toujours obligé de reconnaître que le capitaliste pourrait, avec son avoir, acheter le sol ou toute autre chose frugifère, soit pour en retirer les produits par lui-même, soit pour en retirer des produits moindres, mais alors sans aucun travail, par un abandon à titre onéreux de la jouissance. En outre de ces raisons, il faut dire que, si le capitaliste se dessaisit de son argent pour le mettre à la disposition de son semblable, dont le talent ou l'ardeur laborieuse seraient sans lui frappés de stérilité, les notions les plus simples de la justice naturelle nous apprennent que le premier doit être indemnisé de la privation de son capital et du risque qu'il court de le perdre, tandis que le second doit en payer la jouissance qui le met à même de s'enrichir à son tour.

Que maintenant, à une époque où l'Église fut souveraine régulatrice de nos destinées, sa conscience si scrupuleuse ait été alarmée; que les théologiens aient cru devoir remettre en honneur la maxime apostolique *Mutuum date, nil sperantes;* que les Pères de l'Église aient cru devoir combattre le prêt à intérêts, en se plaçant au point de vue de leur charité exaltée et de leur dédain des richesses; — tout cela se peut concevoir, lorsqu'on songe d'ailleurs aux désordres que signalèrent l'agonie de l'Empire, aux funestes abus et aux terribles exploitations dont le pauvre fut alors victime.

Mais on pouvait combattre ce mal par de sévères répressions dirigées contre les usuriers; et il n'y avait pas de raison pour interdire absolument le prêt, et retirer ainsi les capitaux de la circulation.

Cela est si vrai que la productivité de l'argent fut, en dépit des canonistes, réorganisée sous une forme et un nom nouveaux, par le contrat de Constitution de rente.

Certes, nous voulons que la loi prenne souci de l'emprunteur; nous ne sommes pas de ceux qui disent : « Si l'emprunteur s'est soumis à un taux usuraire, c'est qu'il l'a bien voulu; » nous reconnaissons, au contraire, que l'homme qui a recours à l'emprunt ne jouit pas dans cet acte de son libre arbitre, qu'il est esclave de circonstances pénibles, qu'il est à la merci du prêteur; mais nous ne voulons pas non plus enlever la précieuse ressource du crédit à l'agriculteur, à l'ouvrier, à l'artiste, à l'écrivain, et les condamner à l'inaction faute d'un peu d'or qu'on leur prêtera s'ils en payent la jouissance, et que demain peut-être ils pourront rendre au centuple. On doit les protéger d'une tout autre manière; et il faut applaudir les législateurs dont la sage raison sut tracer des règles capables de concilier les deux intérêts de celui qui prête et de celui qui emprunte; d'un côté, en permettant le prêt; de l'autre, en limitant le taux des usures.

4. Mais ces généralités séduisantes m'ont égaré trop loin; je regagne Rome, et je reviens au *mutuum*.

Le *mutuum* sera l'objet d'une première section de ce chapitre.

Les *usures* seront l'objet d'une deuxième section.

SECTION PREMIÈRE.

DE MUTUO.

5. Le *mutuum* est un de ces contrats qui se forment par la prestation de la chose (*qui re perficiuntur*), c'est-à-dire dans lesquels le débiteur ne peut être obligé qu'après *avoir reçu*, puisque son obligation consiste *à rendre.*

Au temps antique du Droit romain, alors que le formalisme et le symbolisme étaient à leur apogée, les contrats *re* ne se formaient pas seulement par la livraison de la chose, ils étaient, comme toutes les obligations, soumis à la solennité du *nexum*; la balance et l'airain (*æs et libra*) devaient intervenir pour le pesage de l'*æs creditum;* la *mancipatio* était nécessaire, bien que, dans le *mutuum*, il s'agît de choses *nec mancipi.*

6. Le droit qui résulte de ce contrat pour le prêteur est un *droit de créance.*

Les mots *credere* (croire, confier), et *creditum* (livré avec confiance), s'étendent à tous les cas où l'on suit la foi d'autrui, où l'on traite avec un autre pour recevoir plus tard quelque chose de lui en vertu de ce contrat; *Omnes enim contractus, quos alienam fidem secuti instituimus, complectitur* (1). L'expression de « créance » est donc générale; mais elle s'applique plus spécialement aux quatre contrats *re*, et, parmi eux, plus particulièrement encore au *mutuum*.

Le droit résultant du prêt n'est pas, toutefois, une créance ordinaire; il est seulement à cette dernière ce que le genre est à l'espèce (2), et deux différences notables les séparent : 1° La créance n'a pas nécessairement pour objet des choses qui se pèsent, se nombrent, se mesurent, ce qui est essentiel dans le *mutuum*. — 2° La créance peut naître sans qu'il y ait eu prestation de la chose qui en fait l'objet, tandis que dans le *mutuum*, qui est un contrat *re* (3), le lien juridique ne se forme, et le droit du créancier ne prend naissance, que par la tradition

7. L'*objet* du *mutuum* doit être certain, *certum*, ce qui ne veut pas dire déterminé dans son individu, *in specie*, mais seulement apprécié *in genere*, c'est-à-dire défini quant à la nature, la quantité, la qualité, et désigné par un nom ou une *demonstratio* qui en tienne lieu. Cet objet ne peut être une chose *in specie*, car alors l'emprunteur qui aurait à le rendre ne pourrait le consommer; et au lieu d'un prêt de consommation, on aurait un *commodatum*, un prêt à usage. Cet objet doit donc absolument appartenir à la classe particulière des choses, *quæ pondere, numero, mensurave constant; quæ mutua vice fungi possunt* (4).

Du reste, si la chose rendue ne doit pas être la même, il est indispensable qu'elle soit du même genre, que la chose prêtée (5).

Ainsi, l'on ne pourrait pas rendre du vin, si l'on a reçu du froment; sans cela, le *mutuum* disparaîtrait pour faire place à un contrat *innommé* rentrant dans la formule *do ut des*, et donnant lieu à une tout autre action.

(1) L. 1, D. 12, 1.
(2) L. 2, D. 12, 1, De reb. cred.
(3) L. 2, § 3, D. 12, 1, *ibid.*
(4) L. 6, D. 12, 1, De reb. cred.
(5) L. 2. Pr. *Id.*

8. Un objet certain, *in genere*, telle est la première condition essentielle du prêt de consommation. Il y en a une seconde, c'est que la *propriété de cet objet soit transférée* à l'emprunteur. « *Appellata est mutui datio ab eo quod de meo tuum fit; et ideo si non fiat tuum, non nascitur obligatio* (1). » S'il en était autrement, l'emprunteur ne pourrait consommer la chose prêtée; on retomberait encore dans le commodat ou dans le dépôt.

9. De ce que le prêt donne lieu à une translation de propriété, il découle trois conséquences qui méritent un examen sérieux :

1° Il faut qu'il y ait tradition de la chose prêtée;

2° Il faut que le prêteur en soit propriétaire;

3° Il faut que les deux parties soient d'accord sur la translation de la propriété.

I. *La tradition est nécessaire* : car la propriété ne peut être transférée sans tradition.

10. Il pourra toutefois arriver qu'elle n'ait pas lieu réellement, lorsque la chose se trouvera déjà à un autre titre entre les mains de celui qui veut l'emprunter, par exemple, en vertu d'un commodat ou d'un dépôt antérieurs. Dans ce cas, la tradition sera *fictive, feinte;* la chose donnée en commodat passera aux risques du débiteur, par cela seul qu'il aura commencé à la *posséder* avec une nouvelle intention, et en son propre nom; et ce débiteur se trouvera passible de l'action résultant du prêt, sans même qu'il ait déplacé la chose (2).

11. Il n'en serait pas tout à fait de même si, en faisant le dépôt, le propriétaire de la chose avait, dès l'instant même, permis au dépositaire *d'en user, quand il voudra, à titre de prêt*, de la consommer, si bon lui semble, comme chose livrée en *mutuum*. Il faudrait, dans ce cas, pour que le *mutuum* fût formé, pour que la tradition fictive eût lieu, pour que la cause et le titre de la possession fussent changés, — il faudrait attendre *que l'objet eût été déplacé* (*motum sit*) (3). Jusqu'à ce fait matériel, rien n'annonce que les choses soient modifiées, rien ne dit que le dépositaire ait voulu user de son droit et devenir emprunteur; et sa vo-

(1) L. 2, § 2, D. 12, 1, De reb. cred.
(2) L. 9, § 9, D. 12, 1, *id.*
(3) L. 10, *id.*

lonté à cet égard doit être manifestée pour que le *mutuum* ait lieu.

12. II. *Le prêteur doit être propriétaire de la chose prêtée.* Sans cela, comment remplirait-il cette condition essentielle du *mutuum*, la translation de la propriété?

Un associé qui aurait donné l'argent commun à titre de prêt, n'aurait pu prêter que sa portion dans cet argent, si ses coassociés n'avaient pas consenti à l'aliénation (1).

Il y a pourtant certains cas où cette règle fléchit, tantôt par une application des principes généraux du droit, tantôt par la faveur d'une loi spéciale.

13. Ainsi, qu'une personne *alieni juris* ait donné son *pécule* à titre de prêt, l'action résultant du contrat sera acquise au *paterfamilias*, et cependant les deniers prêtés ne lui appartenaient pas.

D'autre part, si je prête à quelqu'un mes propres deniers, mais en votre nom, même à votre insu ou en votre absence, ce n'est pas moi, c'est vous, qui aurez la *condictio ex mutuo* (2).

14. De même encore, on peut se rendre créancier de l'emprunteur en lui faisant compter par un débiteur la somme qu'il demande : sans doute l'emprunteur aura, par le fait, reçu une somme qui appartenait à ce dernier ; mais on admet encore, dans cette espèce, qu'il y a *tradition de brève main*, deux traditions dans une ; on regarde la tradition que fera le débiteur à l'emprunteur comme tenant lieu et de celle qu'aurait dû faire le débiteur à son créancier, et de celle que le créancier aurait dû faire à l'emprunteur (3).

15. C'est là une indulgence de la loi : « *Hoc benignè receptum est* (4), » dit Africain ; aussi ces règles sont-elles particulières au prêt, et ne doivent-elles pas s'étendre aux autres contrats dans lesquels la propriété doit être transférée.

16. J'arrive à une espèce qui souffrait de plus grandes difficultés, et dans laquelle Africain soutenait, contrairement à l'avis d'Ulpien, « que la tradition de brève main ne pouvait produire le *mutuum*. » Il faut supposer un mandataire qui a fait rentrer des

(1) L. 16, D. 12, 1, De reb. cred.
(2) L. 9, § 8, D. 12, 1, De reb. cred.
(3) L. 13, *id.*
(4) L. 34, D. Mandati.

deniers pour le compte de son mandant, et qui a prié ce dernier de les laisser entre ses mains à titre de prêt, avec des intérêts. Le mandant a consenti. Y a-t-il dans cet arrangement un *mutuum*, y a-t-il une continuation du mandat? Voilà la question, et elle est importante. S'il y a un *mutuum*, les intérêts proposés ne pourront courir; car les intérêts doivent être *stipulés* dans le *mutuum*, qui est un *contrat de droit strict* (1); dans le mandat, au contraire, qui est un contrat *de bonne foi*, la convention d'intérêts peut résulter d'un simple pacte.

Ulpien disait : « C'est un *mutuum* (2), il y a une tradition fictive qui peut tenir lieu d'une tradition réelle. » — En effet, on peut bien supposer que le mandataire a compté l'argent au mandant, et que le mandant le lui a fait tenir de nouveau.

Mais Africain pensait qu'il fallait s'en tenir à la rigueur des principes; qu'en admettant un *mutuum* dans cette espèce, on reconnaîtrait que le *mutuum* peut résulter de tout contrat, et même d'un pacte nu; que le cas proposé ne ressemblait pas à celui où un déposant a permis au dépositaire de s'approprier l'objet du dépôt, vu que le mandataire est déjà propriétaire des deniers retirés de sa gestion, *et ne peut pas le devenir davantage*; tandis qu'un dépositaire, lui, peut bien devenir propriétaire d'une chose dont il était jusque-là simple détenteur (3). — Africain ajoutait qu'il ne fallait pas non plus étendre au cas proposé la faveur établie pour le cas où le prêteur fait compter les deniers à l'emprunteur par un de ses débiteurs, puisque cette faveur est exceptionnelle. Et il concluait enfin « que le mandat se continuait, et que, par conséquent, il y avait lieu au payement des intérêts en vertu du simple pacte (4). »

17. Le même dissentiment séparait ces deux jurisconsultes à propos d'une espèce analogue :

Lorsqu'une personne, à qui l'on demande un prêt d'argent, donne, non pas une somme d'argent, mais un lingot ou un plat d'argent ou d'or pour le vendre, la vente étant faite, et l'emprun-

(1) L. 24, D. 19, 5.
(2) L. 13, D. 12, 1, De reb. cred.
(3) L. 34, D. Mandati.
(4) *Id.*

teur en ayant gardé le produit, Ulpien décidait qu'il y avait prêt du prix de cette vente (1). Africain disait qu'il n'y avait pas lieu à l'action de prêt, « *nihilo magis pecuniam creditam esse petendam* (2), » considérant encore le vendeur du lingot comme un mandataire, et partant comme un propriétaire du prix de la vente, qui ne pouvait emprunter ce qui lui appartenait déjà. L'opinion d'Ulpien sur cette dernière espèce se trouve confirmée par une constitution des empereurs Dioclétien et Maximien (3) : mais cette constitution ne tranche pas la controverse sur la question bien plus générale qui est posée dans la première hypothèse.

18. III. *Le prêteur et l'emprunteur doivent être d'accord sur la translation de la propriété.* C'est-à-dire que le premier doit livrer la chose avec l'intention d'en transférer la propriété, et le second la recevoir avec l'intention d'en devenir propriétaire.

19. Il faut que leur accord porte, en outre, sur la *cause* qui donne lieu à la translation de propriété.

Ainsi, non-seulement il n'y aurait *rien de fait*, si le propriétaire d'une chose la livrait à titre de commodat à quelqu'un qui croirait la recevoir à titre de prêt ; mais encore la propriété ne serait pas transférée, alors même que les deux contrats qui sont l'objet de l'erreur des parties auraient pour effet commun cette translation ; comme si, par exemple, le propriétaire de la chose la livrait à titre de *mutuum* à quelqu'un qui la recevrait à titre de *donation* (4).

20. Il y a pourtant une différence entre ces deux sortes de désaccord. Supposons que la chose livrée ait été consommée de bonne foi par l'*accipiens*, et qu'il ne soit plus possible de la revendiquer ; cela étant, si les parties ont manqué de s'entendre sur ce point « que la propriété sera transférée, » si l'une a cru l'acquérir alors que l'autre ne croyait pas la transmettre, le *tradens* aura la *condictio*, sans qu'on puisse le repousser par l'*exception de dol* (5). Au contraire, lorsque les parties ont été d'accord sur la translation de propriété, l'une croyant bien aliéner et l'autre

(1) L. 11, D. 12, 1, De reb. cred.
(2) L. 34, D. Mandati.
(3) L. 8, Cod. Si cert. pet.
(4) L. 36, D. 41, 1, De acq. rer. dom.
(5) L. 36, 1, *id.*

croyant bien acquérir la chose, mais qu'elles ne se sont pas entendues sur la cause et le titre, l'une de son aliénation et l'autre de son acquisition ; la tradition sera, sans nul doute, dépourvue d'effet comme dans la précédente hypothèse; le *tradens* aura encore la *condictio* contre l'*accipiens*, mais ce dernier pourra le repousser par l'exception de dol, *quia secundum voluntatem dantis nummi sunt consumpti* (1), parce que, dans l'hypothèse actuelle, le *tradens* s'est attendu, et a consenti dans tous les cas, à ce que la chose livrée fût consommée par l'*accipiens;* objection qui ne pouvait pas lui être faite alors qu'il avait livré la chose sans intention d'en transférer la propriété.

21. En résumé, la translation de propriété est une condition essentielle du *mutuum*.

Cette condition essentielle ne peut être remplie sans le concours de trois faits, savoir : la *tradition*, le *dominium* du *tradens* sur la chose livrée, et l'*accord des parties*, tant sur la transmission du dominium que sur la cause de cette transmission. En d'autres termes, il faut une *tradition*, et de plus *une tradition non vicieuse*.

22. Lorsque la tradition n'est pas intervenue, il n'y a pas à s'inquiéter des obligations ni des droits des parties; le contrat n'existe pas, puisqu'il est de ceux qui *re perficiuntur*. — Il n'y a rien.

23. Mais lorsque la tradition est simplement vicieuse, soit en ce que le *tradens* n'avait pas le dominium, ou la capacité d'aliéner, soit en ce que les parties ne se sont pas entendues sur ses effets ou sur sa cause ; il importe de se demander quels sont les moyens que la loi met à la disposition du *tradens*, afin de poursuivre contre l'*accipiens* la chose livrée qu'une tradition inefficace n'a pu lui faire aliéner.

A cet égard on distingue :

24. Si la chose livrée existe encore entre les mains de l'*accipiens*, et *n'a pas été consommée par lui*, nul doute que le propriétaire n'ait contre lui la *rei vindicatio*.

25. Mais si la chose livrée a été consommée de bonne foi, *con-*

(1) L. 18, D. 12, 1, De reb. cred.

sumpta est, la *rei vindicatio* ne sera plus possible ; alors, bien que le prêt soit irrégulier, il produit néanmoins certains effets, il acquiert une sorte d'existence, *reconciliatur;* et le *tradens* aura la *condictio ex mutuo*.

Ainsi, un pupille non autorisé de son tuteur a-t-il prêté une somme, il aura la *rei vindicatio* tant que cette somme n'aura pas été consommée ; il aura la *condictio* lorsqu'elle aura été consommée par l'*accipiens* (1).

Un esclave fugitif a-t-il fait un prêt ; même distinction, et mêmes actions pour le maître dont l'argent a été prêté (2).

Une personne a-t-elle, en son propre nom, prêté les deniers d'autrui, l'emprunteur ne sera tenu envers cette personne par la *condictio* qu'une fois les deniers consommés ; jusque-là il était passible de la *rei vindicatio*, qui appartenait au propriétaire des deniers (3).

26. Nous savons maintenant quels résultats peut produire un prêt irrégulier par suite d'une tradition inefficace. Il faut ajouter une dernière observation.

Nous avons toujours supposé que la chose injustement livrée, ou existait encore, ou avait été consommée *de bonne foi*. Une autre solution a lieu lorsqu'elle a été *consommée de mauvaise foi;* dans ce cas, en effet, ce n'est plus la *vindicatio*, ce n'est plus la *condictio*, c'est l'*actio ad exhibendum* qui compète contre l'*accipiens* (4).

27. L'*action qui naît du mutuum*, et dont nous avons déjà trouvé plusieurs applications, est la *condictio ex mutuo*.

28. La *condictio* n'est point spéciale au prêt. Ce mot est une expression générale qui comprend toutes les actions personnelles, par lesquelles on soutient qu'un autre est obligé à *dare*, *facere*, *præstare*. Elle résulte de tous les contrats nommés ou innommés (5) ; elle résulte des quasi-contrats, tels que le *payement de l'indû* et l'*acceptation d'une hérédité ;* elle résulte de certains délits, tels que le *furtum* et les cas de la *loi Aquilia* (6).

(1) L. 19, § 1, D. 12, 1, De reb. cred.
(2) L. 11, § 2, D. 12, 1, *id.*
(3) L. 13, § 1, D. 12, 1, *id.*
(4) L. 11, § 2, D. 12, 1, *id.*
(5) L. 9, D. 12, 1, *id.*
(6) L. 9, § 1, D. 12, 1, *id.*

Elle résulte même, depuis Justinien, de la loi, *ex lege*, comme dans les *donations* et les *constitutions de dot*, que cet empereur transforma en *pactes légitimes*.

29. La *condictio* prend le nom de *condictio certi*, quand elle a pour objet une chose certaine, déterminée.

30. La *condictio certi* elle-même s'applique à divers cas ; ainsi, en outre de ceux que j'ai déjà cités, elle a lieu contre celui qui possède une chose appartenant à autrui ou due à autrui (1) ; contre celui-là même qui s'est simplement enrichi au moyen de la chose d'autrui (2) ; contre le créancier gagiste après le payement de la dette, pour le forcer à rendre le gage (3) ; contre le fermier qui a injustement perçu les fruits depuis l'expiration du bail (4) : elle a lieu encore pour réclamer les choses enlevées par la violence d'un fleuve (5) ; contre celui qui a usurpé un fonds par la violence (6), etc.

31. Elle s'applique par excellence au *mutuum*, puisque le demandeur y soutient que l'emprunteur est obligé de lui transférer la propriété de choses de tel genre, de telle qualité, en tel poids, nombre ou mesure ; elle prend alors le nom particulier de *condictio ex mutuo*.

32. La *condictio ex mutuo* est donnée à celui qui prête en son propre nom, ou au nom de qui le prêt a été fait.

Mais elle n'est pas donnée à celui qui prétend seulement que son argent a été prêté ; l'emprunteur n'est point lié vis-à-vis de ce dernier ; ce n'est pas à lui qu'il s'est obligé de rendre.

Je cite quelques espèces.

Si j'ai prêté votre argent en votre nom, la *condictio* vous est acquise, mais si j'ai prêté votre argent en mon nom propre, vous ne pouvez avoir la *condictio* qu'en vous faisant céder mes actions (7).

(1) L. 32, D. 12, 1, De reb. cred.
(2) L. 23, D. 12, 1, *id.*
(3) L. 4, § 1, D. 12, 1, *id.*
(4) *Id.*
(5) L. 4, § 2, *id.*
(6) L. 25, § 1, *id.*
(7) L. 2, Cod. Si cert. pet.

Si j'ai prêté, en mon propre nom, un argent quelconque, le mien ou celui d'autrui, c'est moi-même, et toujours moi, qui pourrai agir par la *condictio*. On ne considérera pas si la somme m'appartenait, on n'examinera pas d'où je la tiens; il suffira que je l'aie comptée *ut propriam* (1).

On trouve pourtant un cas exceptionnel où la *condictio ex mutuo* est utilement accordée à la personne dont l'argent a été prêté autrement qu'en son nom. Cette *condictio utilis* compète au soldat dont les deniers ont été prêtés par son mandataire (2).

La règle « que, pour avoir la *condictio*, il faut avoir prêté en son propre nom, » souffrait aussi une exception, et l'on accordait une *condictio utilis* à celui qui, ayant prêté au nom d'autrui, et promis de faire ratifier le prêt, n'avait pu obtenir la ratification sur laquelle il avait compté (3).

33. La *condictio ex mutuo* est donnée contre celui qui a fait l'emprunt;

Mais non contre celui au profit de qui la somme prêtée a pu tourner.

Ainsi la personne qui aurait emprunté pour les affaires d'une autre, mais sans que le créancier ait prêté en considération de cette dernière, serait seule passible de la *condictio ex mutuo* (4).

SECTION II.

DE USURIS.

34. Je me suis occupé jusqu'ici du *mutuum* pur et simple; j'ai à m'occuper maintenant de cet engagement qui l'accompagne si souvent, et qui est relatif aux intérêts.

35. On nomme *sors*, *caput*, le montant de l'obligation principale, le capital prêté; et l'on nomme les intérêts *fœnus*, *versura*, et plus récemment *usuræ*.

(1) L. 7, Cod. Si cert. pet.
(2) L. 26, D. 12, 1, De reb. cred.
(3) L. 4, Cod. Si cert. pet.
(4) L. 13, Cod. Si cert. pet.

36. Schulting définit les *usuræ* « *accessio debitæ quantitatis, pro usu sortis præstanda*, » une sorte d'accroissement du capital produit par l'usage. Festus qui donnait aux intérêts le nom de *fœnus*, disait : « *fœnus... à fœtu,... quod crediti nummi alios pariant; ut apud Græcos eadem res* τόκος (1) *dicitur* (2) ; il en faisait une sorte de produit enfanté par le capital.

D'après l'un, les intérêts sont le prix de la jouissance du capital; d'après l'autre, les intérêts sont des fruits d'une nature particulière que le capital a la puissance de produire.

Quoi qu'il en soit de ces appréciations étymologiques, elles conduisent toutes deux à la notion que nous avons déjà de l'intérêt; toutes deux font concevoir que l'intérêt est un profit périodique retiré du capital prêté, et dû au prêteur en sus de ce capital.

37. La productivité de l'argent a été suffisamment justifiée dès le début de ce travail. Celle des *fruits de la terre* se conçoit mieux encore. En effet, s'il faut un effort d'esprit pour comprendre que des écus engendrent des écus, il suffit de la plus simple notion des lois naturelles pour savoir que les denrées confiées au sol et fécondées par la culture, donnent une rémunération certaine et immense à celui qui peut en disposer pour cet usage. L'emprunteur d'une somme d'argent peut commettre des imprudences, faire de fausses spéculations, quand il la livre au commerce ou à l'industrie; l'emprunteur des denrées n'est point sujet à de telles craintes : s'il les sème, il en recoltera quinze, vingt fois autant. Et à part les accidents de force majeure, on peut dire que l'agriculture n'a point de hasards.

C'est donc faire sagement que de permettre les intérêts dans les prêts d'argent et de denrées. C'est tout aussi sage que de les iuterdire dans le prêt des autres objets.

38. Ainsi fait la loi romaine. — Mais argent ou denrées ne peuvent produire des usures que s'il sont dus *principalement* : « *Ne usuræ usurarum exigantur*. » L'*anatocismus* (production du τόκος par le τόκος), est interdit.

39. Les fruits même que le possesseur de bonne foi avait perçus

(1) Ce mot, en grec, signifie à la fois *enfantement* et *intérêts*.
(2) Festus, au mot *fœnus*.

depuis la *litis contestatio*, et ceux qu'avait perçus ou pu percevoir, le possesseur de mauvaise foi depuis qu'il connaissait le vice de sa possession ; ces fruits-là même, dont le juge ordonnait la restitution dans la *rei vindicatio*, ne pouvaient donner lieu à une convention d'usures (1).

40. Ainsi frappé, l'anatocisme ne manqua pas de chercher un refuge dans quelque biais, et l'on prit l'habitude de transformer, au moyen d'une novation, la dette d'intérêts en une dette de capital, laquelle, n'ayant plus la cause de l'obligation que la novation avait éteinte, ne tombait pas sous le coup de la prohibition. Cette fraude se pratiquait encore avant Justinien ; mais cet empereur prit soin de la prohiber à son tour (2).

41. Il ne faudrait pas, toutefois, voir un anatocisme dans la stipulation par laquelle le prêteur, ne demandant dès le principe que des intérêts inférieurs au taux licite, se réserverait de faire payer les plus forts intérêts que la loi permet, pour le cas où les intérêts moindres ne seraient pas payés au terme convenu (3) ;

Pas plus que dans la convention par laquelle un créancier hypothécaire aurait stipulé « que pour le cas où les intérêts ne seront pas payés au terme, il pourra prendre les fruits de la chose hypothéquée jusqu'à concurrence des intérêts licites les plus élevés (4). »

Car ce n'est pas, à vrai dire, une peine qu'on a stipulée dans ces deux hypothèses, ce n'est pas une production d'intérêts par les intérêts non payés ; ce n'est qu'une augmentation d'usures, qui peut être évitée par le débiteur s'il tient ses engagements, et qui, de plus, est parfaitement légitime, puisqu'elle ne contient rien au delà de ce qu'on aurait pu exiger *ab initio*.

42. Cette stipulation d'intérêts plus considérables, en vue du non-payement des intérêts moindres d'abord stipulés, est encourue sans poursuite et de plein droit par le débiteur, à moins que le créancier lui-même ne soit en demeure de recevoir (5).

(1) L. 15, D. 22, 1.
(2) L. 28, Cod. De usuris, 4, 32.
(3) L. 8, Cod. 4, 32.
(4) L. 1, § 3, D. 20, de Pign. et hyp.
(5) L. 9, § 1, Cod. 4, 32.

Cette stipulation ne peut être encourue qu'à partir du jour où le payement des premiers intérêts devrait avoir lieu ; elle ne saurait avoir d'effet rétroactif jusqu'au jour du contrat (1).

43. En dehors de l'argent monnayé et des fruits de la terre dûs principalement, nulle autre chose n'est susceptible de produire des intérêts conventionnels.

44. La manière dont les Romains calculaient les intérêts est trop remarquable pour que l'on puisse la passer sous silence. Les mots *dodrantes*, *besses*, *trientes*, se retrouvent à chaque pas dans les textes, et il est bon d'avoir la clef de leur signification.

Ces mots ne sont autre chose que l'expression des différentes fractions de l'*as;* et chacun d'eux signifie un certain nombre d'*onces*.

45. Il y a donc un *as* en matière d'intérêts comme il y a un *as* dans le système monétaire des Romains. Cet *as* est la représentation du taux légitime des intérêts à Rome ; mais quelle est sa valeur ? Quel capital faut-il pour produire un *as*? Quel temps le capital mettra-t-il à produire l'*as* ?

Voilà autant de questions sur lesquelles bien des systèmes et bien des conjectures ont été élevés, en Italie comme en Allemagne et en France, au moyen âge comme de nos jours.

45. La croyance généralement adoptée aujourd'hui est la suivante : « Il y avait à Rome un *as usuraire*, et sa valeur était *de* » *12 pour 100 par an.* »

Voici comment cette croyance se justifie : un texte de Tacite sur la loi des Douze Tables (2) contient le mot : *Unciarium fœnus*.

D'autre part, Tite-Live nous apprend qu'une loi fut portée en 398, *De unciario fœnore*, sur la rogation des tribuns M. Duilius et L. Menius (3). Ces deux lois apportaient des limites à la production des intérêts, et fixaient pour ceux-ci un taux légitime qui ne devait pas être excédé, sous le nom d'*unciarium fœnus*.

(1) L. 17, D. 22, 1, De usuris.
(2) Lib. 6, ann., ch. 12.
(3) Lib. 7, ch. 16.

Tout ce qui s'appelle *once*, à Rome, éveille l'idée d'un tout divisé en douze parties égales, et représente à l'esprit une de ces parties, un de ces douzièmes. En un mot, l'*once* fait toujours supposer *un as*, cette masse, ce tout dont elle est la douzième partie. De l'existence d'un intérêt oncier, d'une *once usuraire*, il faut, sans contredit, conclure à l'existence d'un intérêt assaire, d'*un as usuraire*.

Et cela est très-conforme aux habitudes des Romains; ne se servaient-ils pas aussi de l'*as* pour représenter cet ensemble, ce tout divisible appelé succession? l'héritier direct du *corpus integrum* n'était-il pas *héritier ex asse?* L'*as héréditaire* ne se divisait-il pas, comme l'*as monétaire*, en douze parties appelées *onces?*

Il y avait donc un *as usuraire*, se composant naturellement de douze onces, c'est-à-dire douze fois plus grand que l'*unciarium fœnus*.

Rapprochons maintenant cette conjecture de certaines données historiques très-connues.

Les Romains prenaient toujours le nombre 100 pour type du capital prêté. Était-ce là un emprunt fait aux habitudes grecques, par exemple à Athènes, où la monnaie la plus usitée était la *mine* qui valait 100 *drachmes?* Peu importe. Ce qu'il y a de certain, c'est qu'un tel usage est constaté par Horace dans les vers suivants :

« Romani pueri longis rationibus assem
Discant in partes centum deducere... (1)»

C'est donc au capital 100 que se rapporte l'*unciarium fœnus*.

C'était encore un usage à Rome que les intérêts fussent payés au prêteur, non pas tous les ans, non pas tous les six mois, mais *tous les mois;* et les *calendes* étaient, dans chaque mois, l'époque de ce payement. Etait-ce un second emprunt fait aux mœurs d'Athènes, où l'on réglait les comptes d'intérêt à la fin de chaque mois (2), et où Aristophane mettait en scène un débi-

(1) Ars. poet., v. 325.
(2) Troplong, Préface du Prêt.

teur faisant des vœux pour l'emprisonnement de la Lune, cette courrière des mois (1)? Je ne sais; mais on trouve encore dans Horace ce vers significatif:

« Cum tristes misero venere kalendæ (2). »

Le *mois*, telle était l'unité du temps pour lequel était due l'unité d'intérêts, l'*once*. *Cent*, telle était l'unité du capital. Un centième du capital par mois, voilà donc ce qu'était l'*unciarium fœnus*.

L'*as usuraire*, douze fois plus grand, était nécessairement de *douze pour cent*; et, comme le chiffre 12, qui exprimait le nombre de fractions de l'*as*, exprimait aussi le nombre de mois contenu dans l'année, il résultait de cette coïncidence que les intérêts à 12 pour 100, qui formaient l'usure assaire, étaient aussi l'usure due pour une année.

Lors donc que, dans les textes qui roulent sur les *usuræ*, on trouve un taux d'intérêts exprimé par les mots *uncia*, *sextans*, *trientes*, qui signifient 1/12, 1/6, 1/3 de l'*as*; il faut comprendre 1/2, 1/6, 1/3 de l'intérêt légitime d'une année, c'est-à-dire de l'intérêt à 12 pour 100. L'*uncia* sera 1/12 de 12 pour 100, c'est-à-dire *un pour cent par an*. Le *sextans* sera 1/6 de la même quantité, c'est-à-dire *deux pour cent par an*. Le *triens* sera 1/3 du taux légitime annuel, c'est-à-dire *quatre pour cent*. Et ainsi de suite, pour les *quadrans*, *quincuns*, *semis*, *septuns*, *bes*, *dodrans*, *dextans*, *decuns*, qui représentent chacun un certain nombre d'onces ou douzièmes de l'*as*.

47. Ce qui doit encore faire pencher vers l'opinion que l'intérêt légal annuel fixé par la loi des Douze Tables, ou par la loi Duilia, était de 12 pour 100, c'est qu'un pareil taux était fort raisonnable, fort modéré pour une telle époque, et dut même être considéré par les débiteurs d'alors comme un bienfait. Ces lois sont, en effet, les premières qui aient mis un frein à l'avidité des prêteurs. Avant elles, les patriciens détenteurs de la richesse monétaire comme de la richesse territoriale, avaient eu assez de puissance pour conserver la liberté de faire la loi aux débiteurs.

(1) Godefroy, sur D., 12, 1.
(2) Serm., lib. 1, sat. 3.

Mais leurs excès mêmes, et les abus qui résultèrent d'une telle liberté, leur firent perdre cet avantage. « Le patriciat, dit M. Troplong (t. XIV, Préface du Prêt), mêla à ses goûts hautains de supériorité les souillures de l'avarice. » Il écrasait la plèbe par ses exactions usuraires : non content de la dominer par la naissance, les titres, les priviléges de toute sorte, il voulut encore la maîtriser par la pauvreté. Les moyens de contrainte sur le débiteur insolvable avaient quelque chose de barbare et de sauvage qui ne peut s'expliquer que par cette exaltation du sentiment religieux, ce respect terrible pour les dieux, le serment et la foi jurée, qui, à Rome, faisaient un coupable de celui qui ne tenait pas ses engagements et ne payait pas ses dettes. L'insolvable était *adjugé à son créancier* (*addictus*); il devenait *sa proie*. Le créancier avait sur lui un droit de détention, d'*emprisonnement privé*, dont l'exercice n'était point contrôlé par l'autorité publique, et dont les rigueurs n'avaient pas de juge. La prison et les fers, *ergastula*, ce n'était pas assez; la *vie* de l'insolvable était elle-même à la merci du créancier (1)! Aussi la question des dettes fut-elle une des plus brûlantes et des plus menaçantes. Montesquieu dit « que la constitution de Rome en fut plus d'une fois ébranlée (2). » Et s'il faut en croire Cicéron, ce fut surtout cette question qui servit de prétexte à l'institution des tribuns du peuple, ces grands ennemis de l'autorité du Sénat.

La Loi des Douze Tables et la loi Duilia apportèrent une amélioration à cet état de choses. L'intérêt à 12 pour 100 par an, telle fut la première victoire des plébéiens obérés sur les patriciens avares : victoire ni trop grande ni trop petite, et dont le caractère raisonnable doit corroborer notre opinion sur la valeur de l'*as usuraire*.

48. L'*as usuraire* ne resta pas toujours le taux de l'intérêt légitime annuel. Un plébiscite, rendu en l'an de Rome 406, réduisit ce taux à 6 pour 100. En l'an 411, la loi *Genucia*, rendue pour Rome seulement, prohiba toute espèce d'intérêts; mais elle ne dura pas. On en revint à l'ancien taux de 12 pour 100. Les em-

(1) Troplong, Préface du prêt.
(2) Défense de l'*Esprit des lois*.

pereurs Constantin et Justinien s'occupèrent, le second surtout, du taux des intérêts; et nous expliquerons quelles modifications ils introduisirent, en rapportant leurs Constitutions ou Nouvelles sur cette matière, qui rentrent dans notre sujet et que nous rencontrerons plus loin. (Voy. nos 64 et suiv.)

49. Les intérêts, dans le *mutuum*, ne peuvent pas être dus de plein droit : l'obligation qui naît de ce contrat étant formée *re*, par la chose, et consistant à rendre ce qui a été reçu, il est évident qu'elle ne saurait comprendre un objet tout nouveau, un accroissement à ce qui a été réellement donné. Si les parties veulent que l'argent donné en *mutuum* produise des intérêts, il faudra une manifestation spéciale de leur volonté à cet égard. Et encore cette manifestation de volonté ne peut-elle avoir lieu dans la première forme venue : elle ne résultera pas d'une simple convention, d'un pacte, même adjoint, même fait au moment de la tradition. Un pacte, en effet, ne produit d'obligation civile et n'*emprunte l'action* du contrat auquel on l'ajoute que tout autant que ce contrat est de *bonne foi*. Or le *mutuum* est un contrat de *droit strict*; l'obligation des intérêts ne pourra s'y adjoindre qu'en vertu d'un contrat spécial, formé *verbis* ou *litteris*.

Le plus souvent, c'est la *stipulation* qui intervient pour remplir ce but.

50. Ce n'est pas à dire que le *mutuum* ne pût être mêlé de stipulation qu'à l'occasion d'une promesse d'intérêts. Cette combinaison pouvait être nécessaire en d'autres circonstances; par exemple lorsque le prêteur voulait la garantie d'un *sponsor*, lequel ne pouvait intervenir que dans les obligations *verbis*; ou bien encore lorsque le prêteur, comptant l'argent à plusieurs emprunteurs, exigeait qu'ils fussent *correi in solidum*, ce qui ne pouvait s'obtenir qu'au moyen d'une stipulation.

51. Toute stipulation qui, à propos des intérêts, ou pour tout autre objet, vient s'ajouter au *mutuum*, ne s'identifie point pour cela avec ce contrat : elle en reste distincte et séparée; leur sort n'est nullement lié, et la stipulation peut être inutile sans que le *mutuum* soit vicié (1), car elle n'en est que l'accessoire.

(1) L. 9, § 4, D. 12, 1, De reb. cred.

52. Mais revenons à la stipulation qui a pour objet les intérêts. En principe elle est nécessaire, indispensable : en dehors d'elle point d'intérêts, ou du moins point d'action pour les réclamer.

Toutefois, il y a quelques exceptions à cette règle.

Ainsi, un simple pacte suffit pour s'obliger aux intérêts dans les *prêts maritimes* (*trajectitia*) (1), où le créancier est davantage exposé à perdre, tandis que, d'autre part, le commerce sur mer rend, en l'absence de sinistres, de plus grands bénéfices à l'emprunteur.

Un pacte suffit encore dans les *prêts de fruits* (2), à cause de la grande et sûre utilité qu'en peut retirer l'emprunteur ; peut-être aussi à cause de l'incertitude et de la mobilité de leur prix, double motif pour le créancier de craindre que leur valeur ne soit, au moment de la restitution, moindre qu'elle n'était au moment du prêt.

Le pacte d'intérêts est aussi productif d'action dans les prêts de l'argent *des villes* (3) ; et, depuis Justinien, dans les prêts faits par les *argentarii* (4). Cette protection accordée aux cités, ce privilége concédé aux banquiers dont les opérations nombreuses et rapides sont mères du crédit commercial, n'ont rien que de juste et de naturel.

53. Mais lorsqu'on est hors des cas où le pacte d'intérêts n'est pas muni de la *condictio*, il importe de savoir si ce pacte est absolument dépourvu de tout effet. — Non, certes ! De ce pacte résulte toujours, d'après les principes généraux du droit, un engagement *naturel* qui produit tous les effets de l'obligation civile moins l'action : il suit de là que les intérêts volontairement payés par suite d'une telle convention ne seront point répétés (5) ; que les intérêts promis de la sorte pourront être garantis par le gage que le débiteur a fourni au prêteur (6) ; que ces mêmes intérêts pourront, comme toute chose due *naturaliter*, entrer en compensation, servir de base à une novation, etc.

(1) L. 7, D, 22, 1, De usuris.
(2) L. 12, Cod. De usuris.
(3) L. 30, D. 22, 1, De usuris.
(4) Nov. 136, cap. 4.
(5) L. 3, Cod. 4, 32, De usuris.
(6) L. 4, Cod. 4, 32, De usuris.

54. Bien plus, si par un simple pacte le débiteur a consenti, non pas à payer des intérêts, mais à laisser prendre au créancier les fruits de la chose donnée en gage jusqu'à concurrence des intérêts légitimes, ce pacte, qui certes n'aurait pu donner au créancier le droit de demander les fruits, lui donne le droit de *les retenir* (1).

Du reste, le gage fourni, en pareil cas, par le débiteur, ne saurait garantir des intérêts plus forts que ceux qui étaient promis au moment où la chose a été engagée. Ainsi, le créancier gagiste qui aurait obtenu tout d'abord une promesse d'intérêts modérés, mais qui, par la suite, se serait fait promettre des intérêts plus élevés pour le cas où les premiers ne seraient pas payés à l'échéance ; ce créancier, dis-je, ne pourrait retenir le gage que jusqu'à concurrence des intérêts promis *ab initio* (2) : c'est à ceux-ci, et seulement à ceux-ci, que le gage fut affecté.

Le pacte par lequel on serait convenu « que le gage garantira les intérêts, » ne doit pas s'étendre à la *clause pénale* qui pourrait avoir été ajoutée au contrat, mais sur laquelle il n'aurait été rien convenu pour en garantir l'exécution (3). Car, dans l'intention du débiteur, les intérêts seuls devaient donner lieu à la rétention ; et la *clause pénale* devait, pour son exécution, suivre les règles du droit commun.

55. La convention ou stipulation d'intérêts n'a pas besoin d'être établie par écrit. D'autres moyens peuvent former la preuve de son existence (4).

Bien plus, la présomption « que l'obligation des intérêts existe » peut résulter de la longue prestation des usures (*cum longo tempore fuerunt præstatæ* (5)).

56. Il y a pourtant des jurisconsultes, tels que Noodt et Schulting (6), qui contestaient un pareil résultat. Ils invoquaient deux textes du Code, savoir : la *loi* 7, *Cod. De usuris*, et la *loi* 28, *Cod. De*

(1) L. 8, D. 20, 2, in quib. caus. pign.
(2) L. 4, Cod. 4, 32.
(3) L. 22, Cod. 4, 32.
(4) L. 1, Cod. 4, 32.
(5) L. 6, D. 22, 1.
(6) Voyez Pothier, Pand. Just., 22, 1, note 1.

pactis. La première est ainsi conçue : « Creditor *instrumentis suis probare debet* quæ intendit, et usuras se stipulatum, si potest. Nec enim si *aliquandò* ex consensu præstitæ sint, obligationem constituunt. » — Ce qui, en résumé, veut dire : « Quand on demande des intérêts, il faut apporter *la preuve* de la stipulation ; la prestation volontairement faite *quelquefois* (*aliquandò*) ne saurait constituer une obligation.

La seconde loi invoquée par Noodt s'exprime en ces termes : « Si *certis annis* quod nudo pacto convenerat, datum fuerit, ad præstandum in posterum indebitum solutum obligare non potuit eum qui pactum fecit, nisi placitis stipulatio intercesserit. » Le sens est : « Que, pour avoir payé pendant *un certain nombre d'années*, ce qu'on ne devait qu'en vertu d'un pacte, on n'a pu s'obliger par ce seul fait à continuer un tel payement dans l'avenir. »

57. Mais ne semble-t-il pas, dès l'abord, que les mots *aliquando* et *certis annis*, que présentent ces deux textes, et qui expriment un *nombre faible ou limité d'années*, ne peuvent entrer en comparaison avec l'expression *longo tempore*, employée par la *loi* 6, *Dig. De usuris*, où le principe que combat Noodt a été puisé? — Ne semble-t-il pas même que ces deux textes, par cela seul qu'ils prennent soin de rejeter la présomption d'une stipulation d'intérêts dans le cas d'une *prestation courte ou limitée* des usures, reconnaissent implicitement que le contraire doit être reçu dans le cas d'une prestation *durable ou illimitée* et que l'obligation des intérêts résultera d'une *prestation longue* ?

58. Quoi qu'il en soit, Dumoulin n'était pas de l'avis de Noodt et de Schulting : et c'est sur la *Loi* 6. *Dig. de usuris* qu'il s'appuyait précisément, non-seulement pour dire que la longue prestation des intérêts devait faire présumer qu'ils ont été stipulés, mais pour dire encore (et nous aurons à le voir) que le long service des arrérages faisait présumer l'existence d'une rente dans le droit français (1).

59. La *loi* 6, *Dig. De usuris*, contient autre chose encore. Puisqu'elle présume que des intérêts ont été stipulés, comme on

(1) Dumoulin, Tr. de us. quest. 20, n° 206.

ne conçoit pas d'intérêts sans un capital qui les produise, il était rationnel que, de la longue prestation des intérêts, elle tirât comme seconde conclusion, la présomption « *qu'un capital est également dû* (1). » Celui-là donc qui, pendant *dix ans* (ce qui était à Rome le *longum tempus*), a fait des payements à titre d'intérêts, est présumé non-seulement avoir *promis* des intérêts, mais encore s'être obligé pour un capital, au profit de celui par qui les payements ont été reçus.

60. Dans toute stipulation d'intérêts, deux règles doivent être observées :

1° Le taux adopté par les parties doit être *déterminé*.

2° Ce taux ne doit pas excéder le taux légitime.

61. La stipulation ainsi conçue : « ... *Et usuras si quæ competierint*, » qu'il faut traduire, je crois, par ces mots : « *Avec des intérêts convenables*, » ne produit aucun effet (2).

Il en est de même de celle-ci : « *Et avec les intérêts qui ont été convenus entre nous*, » si l'on ne fait pas apparaître le taux qui a été déterminé par la convention annoncée (3).

L'empereur Justinien accorda, sous ce rapport encore, un privilége aux banquiers, *argentarii* (4), en décidant que, dans tous les cas où ils auraient manqué de déterminer les intérêts convenus, ils pourraient exiger le *bes*, le 8 p. 100.

62. Il est encore essentiel, avons nous dit, que le taux légitime ne soit pas excédé.

Ce qui a été dit sur l'*as usuraire* nous a montré cet *as* comme étant le taux légal annuel. Nous savons aussi que deux lois d'une durée éphémère abaissèrent ce taux au-dessous de l'*as*; mais que le chiffre de 12 pour 100 par an fut bientôt rétabli.

63. Lorsque, pour la première fois, le législateur crut devoir limiter le taux, il n'appliqua pas cette limitation à toutes les choses susceptibles de produire des intérêts. Ainsi il permettait formellement d'excéder l'*as* dans les *prêts maritimes* (*trajecti-*

(1) L. 6, § 1, D. 22, 1.
(2) L. 31, D. 22, 1.
(3) L. 41, § 2, D. 22, 1.
(4) Nov. 136, cap. 5.

tia) (1), à cause des risques beaucoup plus grands courus par le capital ; et aussi dans les *prêts de fruits de la terre* (2), par les même raisons sans doute qui, dans dans le *mutuum* de cette espèce, avaient fait admetre et munir d'une action le simple pacte sur les intérêts (3). C'est sur ces points exceptionnels que portèrent les réformes de Constantin, et une partie de celles qu'introduisit Justinien.

64. Le premier décida par un édit « que, si l'on prêtait des *fruits de la terre* aux pauvres gens *(indigenti)*, on ne pourrait, à titre d'usures, rien recevoir au delà du *tiers en sus* des choses prêtées, c'est-à-dire qu'on aurait droit à trois boisseaux au plus, quand on en aurait prêté deux (4).

65. Justinien va plus loin ; et, dans sa *novelle* 32, il défend à ceux qui prêtent des fruits aux cultivateurs de se faire rendre, en sus de ce qui a été prêté, *plus d'un huitième par boisseau*. Rien n'est curieux comme la lecture de cette novelle, édictée d'abord pour la province de Thrace, mais étendue ensuite à toutes les provinces. L'intérêt que Justinien y témoigne aux cultivateurs n'était que trop justifié par les circonstances. Il y est dit, en effet, « que des gens avides profitaient des époques de stérilité pour se livrer à une coupable industrie ; qu'ils prêtaient une faible mesure de fruits, et, au moyen de ce prêt, s'emparaient de toute la terre des emprunteurs ; que plusieurs des habitants avaient dû quitter le pays, que d'autres étaient morts de faim, *et qu'il en résultait un deuil pareil à celui d'une invasion barbare.* »

La novelle ordonnait, en outre, la restitution rigoureuse, et sans aucune exception, des terres qui avaient été usurpées de la sorte, ainsi que des bœufs, brebis, esclaves, etc., que les emprunteurs s'étaient laissé prendre.

Constantin ne s'était occupé que du prêt de fruits, il avait respecté l'intérêt illimité dans les *trajectitia* et dans les prêts ordinaires d'argent ; il avait maintenu l'*as* pour tout le monde sans distinction. Justinien ne fit pas ainsi. Dans une constitution,

(1) L. 28, § 1, Cod. 4, 32.
(2) L. 23, Cod. 4, 32.
(3) Voyez ci-dessus, n° 52.
(4) L. 1, lib. 2, tit. 33, De us., in cod. Theod.

il décida, pour le *trajectitium*, que les usures ne pourraient jamais dépasser *douze pour cent* (1). Pour le *prêt ordinaire d'argent*, il abaissa considérablement l'ancien taux; mais il ne l'abaissa pas d'une manière uniforme à l'égard de tout le monde. Il distingua trois catégories de personnes : 1° les nobles (*illustres*), à qui il défendit de prêter à plus de *quatre pour cent* (trientes); 2° les négociants (*negotiatores*), à qui il permit de retirer de leurs prêts *huit pour cent* (besses); 3° les personnes ordinaires *cæteræ personæ*, pour qui le taux le plus élevé fut fixé à *six pour cent* (semisses) (2).

Ce n'est pas tout. Considérant, non plus la personne qui prête, mais la personne qui emprunte, Justinien abaissa à *quatre pour cent* le taux légitime dans les prêts d'argent faits aux *cultivateurs*, par quelque prêteur que ce fût. Il établit ce droit par la même *novelle* 32, dont nous connaissons déjà les termes et les motifs.

Justinien considérait ces diverses réformes comme tellement urgentes, qu'il attacha un effet rétroactif et à sa constitution sur les personnes qui prêtent à intérêt, et à sa novelle sur les cultivateurs (3).

66. Le taux usuraire fixé par la loi ne doit pas être excédé, ni *directement*, ni *indirectement*. Ainsi, la stipulation d'une *peine* pour le cas où le capital ne sera pas payé à l'échéance, doit se renfermer dans la mesure du taux légal des intérêts (4). Il serait autrement trop facile d'éluder la loi. Aussi est-il dit qu'une telle stipulation n'aura d'effet que déduction faite de ce qu'elle contient de trop (5).

Toutefois, il n'y aurait pas violation du taux légitime dans l'espèce où, l'emprunteur ayant engagé la possession d'un fonds, et permis au prêteur d'en percevoir tous les fruits pour lui tenir lieu d'intérêts, ce dernier aurait retiré de la perception des fruits un bénéfice même considérable. — Une convention pareille ne

(1) L. 26, § 1, Cod. 4, 32.
(2) L. 26, § 1, Cod. 4, 32.
(3) L. 27, Cod. 4, 32.
(4) L. 44, D. 22, 1.
(5) L. 9, D. 22, 1 et L. 15, Cod. 4, 32.

saurait être rescindée, à cause de l'incertitude qui règne sur la venue des fruits (1).

67. Le taux légitime des intérêts serait-il excédé dans le cas suivant: « Le prêteur a stipulé que pour lui tenir lieu des intérêts, il aurait la jouissance d'une maison: il habite lui-même cette maison, et ne veut pas la louer. — S'il la louait pourtant, il en retirerait quelque chose de plus. L'emprunteur peut-il se prévaloir de ce gain négligé, mais possible et facultatif pour le prêteur, et soutenir que la loi n'a pas été observée? ». Il n'y a rien d'illégal dans une pareille convention; il ne faudra pas dire qu'elle renferme un prêt produisant des intérêts trop élevés; il faudra plutôt y voir un louage à vil prix de la maison de l'emprunteur (2).

68. Nous avons reconnu, avec Ulpien, qu'un *mutuum* peut résulter d'une tradition de choses quelconques faites à une personne, afin que cette personne en opère la vente et en retienne le prix comme argent prêté. Or le plus souvent, sous prétexte qu'il avait été obligé de faire cette vente à vil prix pour prêter, le créancier stipulait des intérêts en rapport, non pas avec le prix réellement retiré de la vente, mais avec un prix idéal qu'il prétendait représenter la véritable valeur de choses par lui livrées. On comprend aisément comment l'usure illicite pouvait se glisser dans une telle convention. Il fallut donc en venir à dire que les intérêts d'un pareil prêt ne pourraient dépasser le taux légitime, c'est-à-dire devraient rester conformes au prix réel des choses vendues (3). — Cependant, lorsque les objets livrés à l'emprunteur pour les vendre ont été préalablement l'objet d'une estimation entre les parties, et qu'une valeur déterminée a été reconnue par elles à ces objets, il est juste que le créancier puisse stipuler les intérêts de l'estimation au taux le plus élevé; mais il ne peut rien exiger au delà (4).

69. Quel est l'effet de la violation des diverses règles sur le taux des usures?

(1) L. 17, Cod. 4, 32.
(2) L. 14, Cod. 4, 32.
(3) L. 25, Cod. 4, 32.
(4) L. 8, Cod. 4, 2, Si cert. pet.

70. On applique la maxime : *utile per inutile non vitiatur.* On n'annule donc pas la stipulation des intérêts pour le tout, mais seulement pour ce qui a été stipulé de trop (1).

De même, la stipulation d'*anatocisme* ne saurait nuire à l'effet de la stipulation d'intérêts licites (2).

A plus forte raison, la stipulation d'intérêts illicites ne détruira-t-elle pas l'obligation du capital (3).

71. Cependant, sur ce dernier point encore, la *novelle* 32, déjà citée, établit un droit particulier aux *emprunts des cultivateurs*, et ordonne que si le prêteur a stipulé d'un cultivateur des intérêts supérieurs au taux légal, il se verra *déchu, même de la créance du capital.*

72. Les intérêts qui *excèdent* le taux légitime ne sont *pas dus* même *naturaliter*. Pour eux, il ne peut donc y avoir lieu à la rétention du gage (4); le *fidéjusseur* ou le *mandator pecuniæ credendæ* n'en seront pas tenus (5); la répétition de ceux qui auront été payés sera admise (6) : pas de compensation, pas de novations possibles à leur sujet, etc.

73. Dans le cas où le débiteur a payé des intérêts illicites dont le créancier doit lui faire compte, la *répétition* dont nous venons de parler, aura lieu *si le capital a déjà été restitué.* Mais si le capital est encore dû, si le débiteur l'a encore en main, le compte de ce qui a été payé de trop se fera par un procédé plus simple que la répétition, il se fera par l'*imputation.* Le capital, dans cette dernière hypothèse, ne sera restitué que déduction faite de la somme que le prêteur a reçue indûment (7). Outre que l'imputation est un mode plus simple que la répétition, elle est bien plus avantageuse pour le débiteur : car, pour répéter, le débiteur aurait à faire une demande en justice ; pour exercer le droit d'imputer, il *offrira* tout simplement au créancier le capital diminué des intérêts payés injustement. Si le créancier refuse de recevoir cette

(1) L. 29, D. 22, 1.
(2) L. 29, *id.*
(3) L. 20, D. 22, 1.
(4) L. 19, Cod. 4, 35, Mandati.
(5) L. 20, Cod. 4, 32, De usuris.
(6) L. 26, § 1, D. 22, 6, De cond. indeb.
(7) L. 26, § 1, D. 22, 6, De cond. indeb.

offre, il consignera (*obsignabit*) la somme offerte; et, s'il y a contestation sur cette somme, le débiteur aura l'avantage d'être défendeur dans cette contestation.

74. Observons que le droit, soit de répéter, soit d'imputer les usures payées au-dessus du taux légitime, ne doit pas s'étendre et s'appliquer, sous prétexte d'analogie, à des intérêts qu'aurait volontairement payés le débiteur d'un capital *prêté gratuitement*; en d'autres termes, le payement d'intérêts qu'on n'a pas promis ne donne pas lieu, comme le payement d'usures excessives, ou à une répétition ou à une imputation (1).

Sans doute, si l'on peut dire des intérêts excédant le taux qu'ils ont été payés sur une cause illicite, on peut dire aussi des seconds qu'ils ont été payés *sine causa;* et, à la rigueur, on devrait en considérer le payement comme nul: mais, s'il n'y a pas de cause apparente dans un payement d'intérêts non promis, la loi suppose néanmoins, et présume, qu'on ne les a pas payés sans les devoir, et dans le fait même de leur numération, elle voit la reconnaissance, l'aveu d'un pacte exprès ou tacite d'après lequel ils seraient dus. Et cette présomption de la loi est d'autant plus naturelle, que d'abord elle s'appuie sur un fait matériel, ce payement qui a eu certainement quelque raison d'être; et que, de plus, elle ne porte aucune atteinte à des règles d'intérêt général. Celui-là, en effet, qui paye des intérêts sans les avoir promis dans une forme régulière, ne porte préjudice qu'à lui-même; tandis que celui qui a payé des intérêts illicites, même promis dans la forme requise pour une convention d'usures, viole une règle d'*ordre public*, une de ces règles auxquelles les particuliers ne peuvent déroger ni par une convention ni par tout autre acte. Le premier n'inspire aucune sollicitude, ne reçoit aucune protection, parce qu'après tout il aurait pu s'obliger valablement au payement qu'il a effectué, et parce qu'il n'a pas fait ce payement contre son gré. — Le second est protégé, même à son insu et malgré lui, non pas seulement pour être mis à l'abri de l'exploitation, mais encore et surtout pour qu'il ne puisse pas, par un acte privé, empêcher l'application d'une loi qui intéresse tout le monde.

(1) L. 26, § 1, D. 22, 6, De cond. indeb.

75. Nous avons vu que toute clause pénale doit se renfermer dans la mesure du taux légal des intérêts, sous peine d'être réduite de ce qu'elle contient de trop. A cet égard, il faut remarquer qu'il n'y aurait rien d'exagéré ni de réductible dans la clause pénale qui serait stipulée pour l'éventualité suivante : « Le créancier ne pouvant se faire payer de tout ce qui lui est dû, et se résignant à sacrifier quelque chose pour mener le débiteur à sa libération, lui remet la dette pour partie, mais en lui faisant promettre que, à défaut de payement à l'échéance de la partie non remise, il redeviendra débiteur de la somme primitive entière (1). » Certes le débiteur, dans l'espèce, serait mal venu à se plaindre : il est en faute pour la deuxième fois, et sa condition ne se trouve en rien aggravée relativement aux engagements justes et licites qu'il avait pris tout d'abord.

76. *Les intérêts courent*, c'est naturel, *du jour où ils ont été régulièrement promis*, à moins qu'ils n'aient été promis à partir d'un certain jour, ou sous condition.

Fréquemment on les stipule « pour le cas où le capital ne sera pas payé ; » ou bien on en stipule de plus forts « pour le cas où des intérêts moindres, tout d'abord promis, ne seront pas exactement comptés. » Dans ces deux cas, la condition de laquelle dépend l'obligation nouvelle, c'est la demeure du débiteur, *si debitor in mora fuerit;* et les intérêts nouveaux courent de plein droit *ex die moræ*.

77. Le débiteur qui manque de payer n'est en retard que si le manquement a dépendu de sa volonté. Il n'y peut être si le créancier lui-même est en demeure de recevoir, c'est-à-dire si le créancier refuse le payement, ou ne vient pas le chercher au lieu convenu (2). Quel que soit le temps qu'aura duré la demeure, quelle que soit encore la somme où s'élèvera le montant des intérêts promis pour le cas de manquement, le créancier *in mora* ne peut rien réclamer à titre d'intérêts, s'il est établi que le débiteur n'a *pas cessé d'offrir* le payement (3).

(1) L. 47, D. 2, 14, De pactis.
(2) L. 9, Cod. 4, 32.
(3) L. 122, § 5, D. 45, 1, De verb. oblig.

78. *Les intérêts sont dus jusqu'au jour où le créancier est payé*, soit qu'il reçoive le payement, soit qu'il se paye lui-même, par exemple en vendant le gage (1).

79. La consignation, *obsignatio*, régulièrement faite par le débiteur, interrompt aussi le cours des intérêts (2), tant qu'elle n'est pas retirée (3). Ceci n'a rien de surprenant, car le mode de payement ainsi nommé a une propriété plus grande encore, celle d'éteindre le gage (4).

80. Les *offres* préalables sont indispensables à la validité de la consignation et à son efficacité. Elles doivent être faites au créancier s'il est présent; et s'il est absent, adressées au juge (5).

81. Réciproquement, la consignation subséquente est nécessaire à l'efficacité des offres; les offres isolées ne produisent aucun effet juridique contre le créancier. Elles n'arrêtent le cours des intérêts que conditionnellement.

82. A propos de l'*antichrèse*, une doctrine particulière s'était introduite, et fut défendue par plusieurs interprètes, au nombre desquels Cujas. Elle consistait à dire que pour faire cesser de la part de l'antichrésiste la perception des fruits, à peine d'imputation sur le capital de ceux qu'il aurait continué de percevoir, les offres réelles faites par le débiteur suffisaient, sans qu'il fût besoin d'une consignation ultérieure. Ils se basaient sur le rescrit d'Antonin, qui dit: « *Ex prædiis pignori obligatis creditor, post oblatam sibi jure pecuniam, quam non suscepit, si fructus accepit, exonerari sortis debitum certum est* (6). » Le mot « *oblatam* » n'y est pas suivi, en effet, comme d'habitude, des mots « *et obsignatam.* » — Noodt se prononçait pour l'application des principes ordinaires de l'*obsignatio*, et s'appuyait sur la présence du mot *jure* après le mot *oblatam*. « *Jure*, » d'après lui, cela voulait dire offres selon la règle établie, c'est-à-dire « *suivies de consignation.* » Mais Pothier objecte, avec raison,

(1) L. 40, D. 22, 1.
(2) D. 46, 3, De solution.
(3) L. 7, D. 22, 1.
(4) L. 19, Cod. 4, 32.
(5) L. 6, Cod. 4, 32.
(6) L. 11, Cod. 4, 32.

au système de Noodt, que le texte du rescrit, *in fine*, parle d'*imputer* sur le capital les fruits perçus par l'antichrésiste, ce qui suppose incontestablement que le capital n'a pas été payé encore ; car on ne peut imputer, retenir quelque chose que sur ce qui est encore dû. Or l'*obsignatio* étant un payement, l'imputation ordonnée par le rescrit ne pourrait se faire après elle. — Le mot « *jure*, » ajoute Pothier, signifie ici tout simplement offre contenant tout ce qui doit être offert et faite à qui de droit.

83. Les offres et la consignation doivent comprendre toute la dette, c'est-à-dire le capital, et les intérêts qui peuvent en être dus (1) au jour des offres (2). Elles ne peuvent être faites pour partie, car ce serait là forcer le créancier à recevoir un payement partiel, tandis qu'il est de la nature du payement qu'il ne puisse se faire que du tout, à moins que le contraire n'ait été convenu ou permis par le créancier (3).

84. L'effet de la consignation cesse à l'égard des intérêts comme à l'égard de tout ce qui entre dans la créance, lorsqu'elle est *retirée* par le débiteur. Si la créance était usuraire avant la consignation, les intérêts recommenceront à courir dès l'instant de ce retrait : elle reprend, en un mot, toutes ses anciennes qualités, *restituitur qualis erat* (4).

85. Ce n'est pas seulement le *payement réel* qui fait cesser le cours des intérêts, c'est encore le *payement civil*, tel que celui qui résulte d'une *acceptilation* ou d'une *novation* (5).

86. La novation qui peut produire un tel effet est celle-là seulement qui résulte soit du contrat *verbis*, soit du contrat *litteris*.

Mais la novation qui résultait de la *litis contestatio* sous la procédure formulaire, n'arrêtait pas le cours des intérêts (6). Lui accorder cette propriété, c'eût été encourager le débiteur à

(1) L. 19, Cod. 4, 32.

(2) Notre Code civil n'arrête pas le cours des intérêts à partir du jour des offres; il exige que le débiteur consigne, outre la chose offerte, *les intérêts jusqu'au jour du dépôt*. (V. C. 1259-2°.)

(3) L. 41, § 1, D. 22, 1.

(4) Poth., Pand. de Just. D. 22, 1, n° XL.

(5) L. 18, D. 46, 2, De nov.

(6) L. 35. D. 46, 2, De nov.

être de mauvaise foi, et à se laisser faire un procès afin de conserver ce qu'il devait, sans en payer aucun intérêt, pendant la durée du *judicium*. Le créancier qui, en agissant *ex stipulatu*, n'avait pu *déduire en jugement*, avec le principal, que les intérêts courus depuis l'introduction d'instance jusqu'au *jugement accepté*, avait donc une seconde action contre le débiteur pour les intérêts courus depuis l'acceptation du jugement, et qui n'avaient pas été déduits dans la première (1).

La novation résultant de la *litis contestatio* n'éteignait même pas la *clause pénale* que le créancier pouvait avoir stipulée dans la mesure voulue, soit par chaque mois, soit par chaque semestre, soit par chaque année de retard dans le payement. Il y a mêmes raisons de décider que pour les intérêts ; et l'action du créancier sera la même (2).

87. La dette des intérêts prenait fin encore par les *prescriptions de trente et de quarante ans*, lesquelles, on le sait, éteignaient même la dette du capital.

Justinien, dans une constitution, va même jusqu'à décider « que cette prescription empêche le créancier de demander, non-seulement les intérêts à venir, mais encore tous les intérêts échus dans le passé et non payés (3). »

En vain le créancier prétendrait-il être payé des intérêts qui ne remontent pas encore à trente ou quarante ans, en soutenant que par chacune de ces années une action est née pour lui, action qui n'est pas encore prescrite ; la constitution impériale dit « que, l'action n'existant plus, il est très-inutile que ce juge connaisse de l'action sur les intérêts : » *Principali enim actione non subsistente, satis supervacuum est super usuris vel fructibus adhuc judicem cognoscere* (4).

88. Enfin, la manière la plus remarquable dont prenait fin, à Rome, la dette des intérêts, c'est ce qu'on appelait la *computatio dupli*; c'est-à-dire la cessation de toute productivité du ca-

(1) L. 1, Cod. 3, 1, De judiciis.
(2) L. 90, D. 45, 1, De verb. oblig.
(3) L. 26, Cod. 4, 32.
(4) L. 26, Cod. 4, 32.

pital, par ce seul fait que les intérêts courus depuis le prêt formaient une somme égale au capital lui-même.

Ce mode d'extinction de l'obligation des usures ne fut pas à toutes les époques entendu et appliqué de la même façon.

Le premier texte où il en soit question appartient à Ulpien. C'est la loi 26, § 1, D. 12, 6, *De condict. indeb.*, ainsi conçue : « Supra autem duplum usuræ, et usurarum usuræ, nec in stipulatum deduci, nec exigi possunt, et solutæ repetuntur quemadmodum futurarum usurarum usuræ. »

Cette loi défendait au créancier de stipuler ou d'exiger des intérêts au delà du capital doublé, c'est-à-dire au-dessus d'une somme égale au capital.

Ainsi, au temps d'Ulpien, le débiteur qui avait payé en intérêts, ou qui devait pour intérêts échus, une fois la somme prêtée, pouvait refuser de payer d'autres intérêts à l'avenir, et même répéter ceux que, par mégarde, il aurait payés à l'encontre de ce droit.

Mais une constitution de Caracalla, L. 10, Cod. *De usuris*, apporta une très-grave modification à la règle précédente. Cette constitution disait : « Usuræ per tempora solutæ non proficiant ad dupli computationem : tunc enim ultra sortis summam non exiguntur, quoties tempore solutionis summa usurarum excedit eam computationem. » Ce qui signifiait que les intérêts payés aux échéances ne devaient plus entrer dans le calcul du double.

Sous l'empereur Caracalla, c'étaient donc uniquement les intérêts *échus et non payés* qui pouvaient concourir à la formation de la somme égale au capital; et l'emprunteur ne cessait de devoir les usures que s'il avait passé, sans les payer exactement, un temps suffisant pour que le principal fût doublé par ce qui restait dû de ces usures. Mais le débiteur ne pouvait plus sous Caracalla, comme il le pouvait au temps d'Ulpien, faire entrer dans la *computation du double* les intérêts régulièrement payés aux échéances.

Ce que voulait Ulpien, c'est que le capital ne pût jamais, au moyen de la stipulation d'usures, se reproduire qu'une fois au plus pour le prêteur.

Ce que voulait l'empereur Caracalla, c'est que le débiteur fût libéré des intérêts alors seulement que le créancier aurait laissé s'accumuler des annuités en nombre suffisant pour doubler le principal.

Justinien crut devoir revenir au système d'Ulpien. Dans une constitution (1), il s'exprime ainsi : « Usuræ minutim et per intervallum solutæ cum duplo non compensantur, etiamsi non universæ simul solutæ fuerint. »

Dans une seconde constitution (2), Justinien ajoute : « Cursum insuper ultra duplum minime procedere concedimus, nec si pignora quædam pro creditori data sunt. »

Enfin, le même empereur répète ailleurs : « Præsens constitutio declarat usuras particulatim solutas duplum debitæ sortis non excedere. »

Ce sont là, de la part de Justinien, autant d'abrogations formelles, catégoriques, précises, de l'innovation qu'avait introduite Caracalla sur la *computatio dupli*.

Justinien ordonne donc, comme l'admettait Ulpien, que l'obligation des intérêts s'éteindra, non-seulement dès que l'emprunteur devra, en annuités échues et non payées, la valeur du principal ; mais encore dès que l'emprunteur, en payant régulièrement les intérêts aux échéances convenues, se trouvera, par ces payements successifs, avoir compté au créancier une somme égale à la somme prêtée.

Tous les interprètes sont d'accord sur la manière dont il faut comprendre la *computation du double* à l'époque de Justinien : je citerai, entre autres, Mackeldey (3) et Marezzoll (4).

89. Nous avons vu comment les prescriptions de trente et de quarante ans libéraient le débiteur, et pour le capital, et pour les intérêts soit passés, soit à venir. Ces deux délais sont ce qu'on appelait, à Rome, le *tempus longissimum*.

90. L'inaction du créancier pendant le *longum tempus* (lequel représentait une période de dix ans), produisait un autre effet,

(1) L. 29, § 1, Cod. 4, 32.
(2) L. 27, § 1. Cod. 4, 32.
(3) Théor. des Inst., p. 197, § 386.
(4) Précis, p. 324, § 121.

qui, pour n'avoir point l'importance du premier, n'en était pas moins remarquable.

91. L'inaction du créancier pendant dix ans faisait présumer une *remise tacite des intérêts* dont la dette remontait au delà du *longum tempus*. On supposait que le créancier avait voulu faire acte de bienveillance envers le débiteur : « *ut gratior apud reum videlicet esses, petendas (usuras) non petisti* (1) ».

De cette façon, on évitait au débiteur le danger qui aurait pu résulter d'une longue accumulation d'arrérages.

Sans aucun doute on accordait cette protection au débiteur, bien moins pour lui témoigner un intérêt dont il n'était guère digne, que pour punir le créancier, soit de sa négligence, soit des mauvais desseins qui l'auraient porté à laisser le débiteur s'avancer chaque jour davantage dans le chemin de la ruine.

92. De même, le créancier qui, pendant un *long temps*, a reçu des *intérêts moindres* que les intérêts convenus, est présumé avoir fait à son débiteur la remise du surplus (2). Cette conduite, en effet, a dû engager le débiteur à se considérer comme plus riche ou comme moins pauvre, et l'autoriser à vivre plus largement. Et il ne peut pas être permis au créancier de venir troubler le débiteur après une longue sécurité, pour lui réclamer un arriéré dont il ne tenait plus compte dans son passif; qui, peut-être, est devenu aussi considérable que le capital lui-même; et dont le payement inattendu réduirait presque toujours le débiteur à la misère.

Toutefois, le débiteur qui prétendrait invoquer cette présomption, et faire valoir le pacte exprès ou tacite en vertu duquel a lieu cette remise des intérêts faite par le créancier; le débiteur, dis-je, doit établir qu'il n'a jamais été mis en demeure, soit de payer les intérêts, soit de payer des intérêts plus forts lorsqu'il en a longtemps payé de moindres. Il doit établir même que, pour le payement de ces derniers, il n'a pas cessé d'être exact (3).

93. Telles sont les règles auxquelles était soumis, à Rome, le

(1) L. 17, § 1, D. 22, 1.
Voy. aussi L. 54, D. 24, 1, De don. int. vir. et rex.
(2) L. 5, Cod. 4, 32.
(3) L. 13, D. 22, 1.

prêt à intérêts. Je résume en peu de mots leurs principaux traits :

Le *mutuum* est un contrat *re* : son objet est nécessairement une chose *in genere* ;

Il est translatif de propriété ;

Il donne au prêteur un droit de créance ;

L'action attachée à ce droit est la *condictio ex mutuo*.

Le *mutuum* est, de sa nature, gratuit : l'emprunteur ne doit rendre que ce qu'il a reçu :

Cependant les intérêts sont permis dans les prêts d'argent et de denrées :

L'anatocisme est interdit.

Les intérêts doivent, en règle, être stipulés.

Le taux, fixé d'abord à 12 0/0, a subi plusieurs variations ; au point de vue de la chose prêtée ; au point de vue des spéculations auxquelles cette chose est appliquée ; et aussi d'après la qualité, soit de celui qui prête, soit de celui qui emprunte.

La *longue prestation* des intérêts fait présumer la dette des usures, et même la dette du capital.

L'intérêt stipulé doit être *déterminé*.

Il ne doit pas excéder le taux légitime.

L'obligation des intérêts s'éteint toujours avec l'obligation du capital.

Elle s'éteint spécialement par la *computation du double*.

La prescription de trente ou de quarante ans libère l'emprunteur de l'obligation des intérêts comme de la dette du capital.

La prescription décennale fait présumer, de la part du prêteur, une remise des intérêts courus avant les dix ans.

CHAPITRE II.

DE JURE EMPHYTEUTICO.

94. Nous avons vu comment la richesse monétaire s'introduit dans l'économie des peuples, sous l'empire de cet instinct qui porte

l'homme à donner à son avoir une forme simple et commode dans les transactions.

95. Nous savons aussi qu'avant cette richesse simplement représentative et purement légale, l'homme en rencontre une autre dont les avantages parlent plus haut à son esprit encore barbare, et à laquelle il s'attache tout d'abord énergiquement : je veux parler de la *richesse naturelle*, c'est-à-dire de la terre et de ses productions, ainsi que de tous les objets que, par d'habiles transformations, en sait tirer l'industrie humaine.

96. Toute la richesse naturelle vient du sol : c'est avec le sol, d'ailleurs, que la nature nous met immédiatement en contact. Guerriers, nous le conquérons ; citoyens, nous l'acquérons. La culture le féconde, et il nous rend presque au vingtuple ce que nous jetons dans son sein. De là cette forte organisation de la propriété foncière, que l'on trouve chez toutes les nations qui se sont élevées jusqu'au principe de l'appropriation individuelle.

97. Mais il peut arriver que le propriétaire du sol n'ait pas la puissance ou le vouloir de le cultiver lui-même, ou de le cultiver seul. La jeunesse et la force peuvent s'être retirées de lui, et peut-être n'a-t-il pas d'enfant dans lequel il se voie renaître et qui puisse travailler à sa place. Une maladie l'aura rendu inapte aux rudes labeurs de l'agriculture ; et il n'a pas d'esclaves à son service ; soit qu'il n'ait pas voulu s'en procurer, soit qu'un accident les lui ait enlevés, soit enfin qu'il vive sous une loi qui ne reconnaît pas l'esclavage. Ou bien ses domaines sont en friche et couverts de marais ; et l'activité de la *famille* entière ne suffit pas aux travaux ingrats qu'ils demandent.

Dans toutes ces hypothèses, et dans d'autres encore, le fonds de ce propriétaire sera-t-il stérile, restera-t-il infécond? Non ! car à côté de la terre sans bras, il y aura toujours des bras sans terre !

98. Les membres d'une société ne sont pas tous riches par la possession du sol ; il n'y a pas une fraction de la terre pour chacun d'eux. Un tel partage est inconciliable avec ces éternelles inégalités sociales qui dérivent de notre nature.

Loin de moi l'idée d'agiter ici des questions d'un autre domaine, et de réfuter ces utopies qu'enfante souvent la passion ou la misère, ces systèmes qui deviennent parfois une arme si redoutable entre les mains des partis. — Je veux néanmoins observer, en passant, que les Licinius Stolon et les Gracques euxmêmes, les auteurs de ces *lois agraires* sur la portée desquelles on s'est si grossièrement mépris, n'eurent jamais en vue une division nouvelle de la propriété privée, mais seulement la reprise de l'*ager publicus* sur les patriciens, qui s'en étaient à la longue attribué illégalement le *dominium*.

Les Gracques, comme tous les hommes raisonnables et impartiaux, reconnaissaient qu'il faut s'incliner devant les lois certaines et immuables que la nature nous a faites : ils respectaient la fortune acquise suivant les règles du droit, par le travail et l'économie ; et ne poursuivaient que celle dont la base était l'usurpation.

Dans l'état de civilisation, la richesse appartient au *mérite*, de même que dans l'état de guerre elle appartient à la *force*.

99. Que feront donc les hommes qui n'ont point de richesse, soit parce qu'ils n'en ont pas su acquérir, soit parce que l'hérédité fut pour eux ingrate et stérile? Ils vivront de leur travail, les uns livrant leur activité à l'industrie ou au commerce, les autres la consacrant à l'agriculture.

Ce sont ces derniers qui iront vers le propriétaire dont le fonds n'est pas cultivé. Et là, il se formera entre eux un contrat commutatif basé sur un intérêt réciproque, le *contrat de louage;* par lequel le *locateur* s'assurera un revenu tout en conservant sa propriété, tandis que le *conducteur*, après la redevance payée, y trouvera encore de quoi vivre, et même de quoi économiser pour devenir propriétaire à son tour. — Le premier se verra dans le présent récompensé du travail passé : le second peut espérer que l'avenir le récompensera du travail présent.

100. La combinaison du louage est une de celles que l'homme entrevoit les premières. On la rencontre chez tous les peuples; elle forme un de ces contrats de droit naturel que la loi civile ne peut s'empêcher de consacrer et de régulariser. Elle est le corollaire inévitable du droit de propriété.

Je n'ai pas à tracer les règles du louage ; mais je devais en rappeler les origines et les causes naturelles, avant d'arriver à l'emphytéose, qui est une de ses variétés.

101. Le mot *emphytéose* ne fit son apparition que dans les constitutions du Bas-Empire. Mais la chose qu'il exprime était anciennement connue. D'autres nations que Rome en avaient apprécié l'utilité et adopté l'usage : c'est ainsi que Pharaon donna la possession de certaines terres aux Égyptiens, à condition d'en remettre le cinquième des fruits (1).

102. L'emphytéose est une *concession de jouissance à long terme*, présentant des caractères particuliers que je définirai bientôt.

103. Mais il faut auparavant faire place à un débat qui s'est élevé entre les savants sur le point de savoir quelles sont, parmi les longues concessions de jouissance connues dans l'ancienne Rome, celles dont le droit emphytéotique dérive le plus directement.

Est-ce dans les vieilles concessions de l'*ager publicus;* est-ce dans la *possession des fonds provinciaux;* est-ce, à une époque moins reculée, dans les *locations de l'ager vectigalis*, qu'il faut chercher la première apparition des principes avec lesquels l'emphytéose se produisit plus tard?

104. M. Laboulaye (2), rendant compte d'un savant mémoire de M. de Vuy, dont l'objet est précisément l'*emphytéose envisagé dans ses origines* (3), soutient, avec l'auteur du mémoire en question, que les règles de l'emphytéose ne sont autres que celles des concessions de l'*ager publicus* accommodées à des besoins nouveaux.

M. Troplong (4) repousse l'idée d'une parenté quelconque entre le *fundus emphyteuticus* et l'*ager publicus*. Selon lui, c'est spécialement à l'*ager vectigalis* qu'il faut se référer pour trouver le germe du droit emphytéotique.

Je résume de mon mieux cette discussion délicate :

« Aux premiers temps de Rome, dit M. de Vuy, le sol romain fut divisé en trois parties ; et Denys attribue cette division à Romulus. De ces trois parts, l'une appartenait au roi et au culte,

(1) Genèse, 49, 24, 26.
(2) *Revue de législ.*, t. IX, p. 393.
(3) Mémoire couronné par l'Université d'Heidelberg.
(4) Louage, n° 31.

l'autre aux citoyens; *la troisième restait commune* (1). Cette dernière, c'est l'*ager publicus*, qui s'accrut successivement par les déchéances et la conquête.

» Dans l'origine, ces communaux servirent de *pâturages;* mais après l'agrandissement de l'*ager publicus*, les pâturages furent laissés à la plèbe; tandis que l'État affermait les *carrières*, *mines*, *salines;* et que les Patriciens se faisaient accorder la possession *du reste* moyennant une redevance.

» Cette redevance, d'après Hyginus (2), était ordinairement du dixième des grains et du cinquième des fruits d'arbres et de vignes. La location se faisait communément pour cent ans (3).

» Indécis au sujet du nom à donner à ce contrat, les jurisconsultes, s'il faut en croire Festus, avaient fini par le qualifier de vente (4).

» Il n'y avait pas cependant aliénation de la part de l'État: car la redevance, *vectigal*, était un aveu perpétuel du domaine que l'État conservait (5). C'était d'ailleurs un principe incontesté « que les propriétés de la République étaient imprescriptibles. » La possession des patriciens n'avait, du reste, aucune défense dans le droit civil : et MM. de Savigny et Nieburh émettent l'opinion « que les préteurs introduisirent leurs interdits dans le but unique de protéger cette possession (6). »

« De même, ajoute M. de Vuy, le peuple romain avait le *dominium* de tout le sol des provinces, même pour la portion laissée aux anciens habitants (7). Ceux-ci n'étaient plus que des *possesseurs;* et les principes établis pour les locataires de l'*ager publicus* trouvèrent dans cette situation une application naturelle. »

M. de Vuy montre ensuite comment cette seconde possession perpétuelle se rapprochait d'une véritable propriété : « Ce n'était pas le *dominium*, lequel était passé aux mains de l'État; mais

(1) Laboulaye, *loc. cit.*, p. 394.
(2) *Gæs.*, p. 205.
(3) *Id.*
(4) Laboulaye, *loc. cit*, p. 394.
(5) Tite-Live, 31, 13.
(6) Laboulaye, *loc. cit.*, p. 395.
(7) Gaïus, 1, 7.

c'était un *droit réel*, qui donnait l'action publicienne (1); qu'on défendait par les interdits protecteurs de l'*ager publicus* (2); qu'on pouvait aliéner par la tradition (3); qu'on pouvait grever de servitudes au moyen de pactes et stipulations (4). »

M. de Vuy conclut en disant : « que les deux possessions de l'*ager publicus* et des *fonds provinciaux* étaient de vraies propriétés en fait; et en droit, de vraies locations. Elles renfermaient, vis-à-vis du concédant (l'État), un simple usufruit; et une propriété vis-à-vis des tiers (5). »

De là M. de Vuy arrive à l'*ager vectigalis*, à cette portion du sol que nous appellerions aujourd'hui *communale;* et que les cités, les colonies, les municipes concédaient, à longue jouissance, comme un *petit ager publicus*, et suivant les mêmes règles.

Ici encore l'on constate une indécision des jurisconsultes touchant la qualification à donner à ce contrat.

Gaïus, pourtant, y voyait plutôt un louage qu'une vente (6). Papinien partageait cette opinion (7), qui fut alors prédominante.

C'était bien là une différence avec l'*ager publicus*, dont la concession passait pour une vente; « mais cette différence, dit M. de Vuy, était plus dans les mots que dans les faits : car le conducteur de l'*ager vectigalis* avait aussi un *jus in re*, un *quasi-dominium :* il faisait les fruits siens par la séparation, tandis que l'usufruitier ne les acquiert que par la perception (8); il transmettait la possession par testament ou par sucession (9); il avait la publicienne (10), et les interdits possessoires (11), etc. — Le

(1) Cicero ad Att., 6, 1.—Fragm. vat., § 316. — L. 2, § 2, D. de public., 6, 2.
(2) Gaïus, 4, 138, 141.
(3) Gaïus, 2, 18, 21.
(4) Gaïus, 2, 31.
(5) Laboulaye, *loc. cit.*, p. 395.
(6) Comm. 3, § 145.
(7) L. 5, § 4, D. loc. cond., 19, 12.
(8) L. 24, § 1, D. 22, 1, De usuris et fruct.
(9) L. 219, D. Div.
(10) L. 12, § 2, D., 6. 1.
(11) L. 15, § 1, D. 2, 8.

seul côté par lequel le conducteur de l'*ager vectigalis* ressemblât au locataire ordinaire, c'étaient les charges de la jouissance : comme le locataire, il devait un prix annuel, le *vectigal*; comme le locataire, il avait droit à une diminution de prix dans les années stériles (1), comme lui, il encourait la résiliation du contrat pour non-payement des fermages; et c'est une opinion généralement reçue par les commentateurs que la dégradation du fonds amenait la déchéance pour le conducteur de l'*ager vectigalis*, comme pour le locataire (2).

» Enfin, à très-peu de chose près, l'*ager vectigalis* se confond avec le *fundus emphyteuticus;* et même Tribonien a considéré les deux mots comme synonymes dans une rubrique du Digeste (3). »

On voit maintenant où tendaient les raisonnements de M. de Vuy. Établir une chaîne entre le *fundus emphyteuticus* et l'*ager publicus*; prouver que l'*ager publicus* ne diffère pas du *sol provincial* ni de l'*ager vectigalis*; montrer la synonymie de celui-ci avec le fonds emphytéotique, afin de pouvoir dire ensuite que cette synonymie existe pour les deux premiers aussi bien que pour le dernier : tel est le fond de son système.

Ce qu'oppose M. Troplong à cette série de raisonnements et à cet enchaînement d'idées, c'est que, selon lui, l'*ager vectigalis* n'est nullement comparable, ni au sol provincial, ni à l'ager publicus.

« L'*ager publicus*, dit-il, était l'objet d'une concession sans durée certaine et sans stabilité, limitée et révocable au gré de l'État (4). En vain le *vectigal* avait été régulièrement payé à la République, cela ne suffisait point pour assurer le bail : le bail de l'*ager publicus* pouvait être brisé malgré tout par le concédant; celui-ci conservait toujours un *droit de retrait;* et, pour ceux qui savent l'histoire, les lois agraires ne furent autre chose que l'exercice légitime de ce retrait perpétuel.

» Le conducteur de l'*ager vectigalis*, au contraire, avait une

(1) L. 15, § 4, D. 19, 2.
(2) Laboulaye, loc. cit., p. 396.
(3) L. 6, tit. 3, Si ag. vect., id est, emphyt.
(4) Troplong, Louage, n° 31.

paisible et solide tenure, dont le propre était de ne pouvoir être troublée tant que le *vectigal* était fourni (1).

» Quant à cette partie de l'*ager publicus* qui consistait en mines, salines, carrières, et que nous avons vue affermée par l'État, il faut remarquer avec soin qu'elle n'était point l'objet d'un louage proprement dit. L'État ne donnait pas à bail la terre elle-même; il mettait seulement en adjudication *la ferme et la dîme* qu'il avait le droit de percevoir sur les détenteurs de ces parties du sol (2); contrat qui ne pouvait être comparé en rien à la concession de l'*ager vectigalis*.

» Il faut ajouter à cette double considération, que l'*ager publicus* ne survécut guère à la République. Démembré déjà par les guerres civiles, jeté comme une proie à l'avidité des légions et aux espérances des factieux (3), l'*ager publicus* dût disparaître presque en entier; et ses faibles et derniers restes furent bientôt éclipsés par l'opulente étendue du domaine impérial. Du temps de Paul, il en existait à peine quelques fragmenst lointains, par exemple dans la Germanie transrhénane; et encore les rescrits des empereurs venaient-ils les enlever aux possesseurs, tantôt pour en doter des vétérans, tantôt pour les vendre (4). »

C'est ainsi que M. Troplong achève de combattre toute assimilation entre l'*ager publicus* et l'*ager vectigalis*.

« Ce dernier a-t-il plus de ressemblance avec *la possession du sol provincial?* — Mais, dit M. Troplong, la possession provinciale fut, pour cela, trop précaire dès le principe, à la suite de la conquête, alors que les Romains se proclamaient propriétaires sans réserve du sol conquis, et en dépouillaient parfois les antiques possesseurs : et plus tard, cette possession fut, au contraire, trop élargie pour cela, lorsqu'une époque plus douce arrivant, il fut permis aux provinciaux de jouir comme propriétaires des héritages paternels, sous la seule condition de ne payer qu'un *modique vectigal* représentant, non pas la jouissance du sol, mais seulement la reconnaissance de la suprématie romaine.

(1) L. 1, D. 6, 3, Si ager vect.
(2) Nieburh, t. III, p. 187.
(3) Tacite, ann. 13, 18.
(4) Troplong, Louage, 31.

Ni dans sa phase originaire, ni dans sa phase dernière, la possession provinciale ne fut comparable à ce qu'est l'*ager vectigalis.* »

Cet argument, d'après M. Troplong, doit renverser la seconde assimilation entre le *fundus provincialis* et l'*ager vectigalis*, présentée par M. de Vuy.

105. Pour moi, s'il m'était permis d'élever la voix entre deux autorités si puissantes, je serais porté à reconnaître qu'il y a du vrai dans les deux systèmes, et qu'aucun des deux n'est exclusivement vrai.

Je dirais, avec M. de Vuy, qu'on peut faire remonter l'idée de l'emphytéose jusqu'à l'*ager publicus* à certains points de vue. J'ajouterais, avec M. Troplong, qu'il y a dans l'*ager vectigalis* des principes nouveaux qui ne lui venaient nullement de l'*ager publicus*, ni du *fundus provincialis*, et que l'emphytéose s'appropria.

106. Ainsi, j'admettrais que c'est dans les vieilles combinaisons de l'*ager publicus* et du *fonds provincial* que l'emphytéose a puisé ce principe remarquable qui donne au droit du conducteur une *réalité* que n'a pas le droit du locataire, et à sa possession une étendue et une protection que n'a pas la possession de l'usufruitier.

107. Mais j'admettrais aussi que c'est à l'*ager vectigalis* exclusivement qu'il faut rapporter le *caractère rémunérateur* de la redevance emphytéotique, et la *stabilité* du droit accordé à l'emphytéote.

En effet, ni le vectigal dû par les patriciens, ni le vectigal dû par les habitants des provinces, n'ont, dans leur raison d'être, rien de commun avec le canon emphytéotique.

Le vectigal des patriciens n'est que le signe, souvent menteur, d'une propriété mal retenue par l'État : il n'est qu'un impôt déguisant une faveur, qu'une pure formalité établie pour faire supporter à la plèbe un monopole de la richesse territoriale publique, ajouté aux priviléges déjà si nombreux du patriciat : il n'est qu'une charge douteuse dont le patriciat finit même par se débarrasser grâce à son influence toujours croissante.

Le vectigal des provinciaux n'est que la reconnaissance de la suprématie romaine ; un tribut offert à la victoire arrogante, à la domination orgueilleuse.

Aucun des deux n'est payé comme prix de la possession et de la jouissance abandonnées par l'État.

Le vectigal dû aux cités est, au contraire, le prix de la concession du fonds et le payement des avantages que cette concession procure aux conducteurs. Là, nulle idée de favoritisme ou d'orgueil ; il y a un contrat véritablement commutatif.

Ce fut cette dernière tournure qu'emprunta le canon emphytéotique. Il ne put la trouver et la prendre que dans l'*ager vectigalis*.

De même, l'*ager vectigalis* pouvait seul lui transmettre cette règle qui rend l'emphytéote maître absolu de son droit, moyennant le payement régulier du canon.

108. Il me reste maintenant à examiner à quelle époque remonte l'apparition de l'emphytéose, et sous quelles modifications des anciens principes elle fut définitivement constituée.

109. Le premier monument où il soit fait mention de l'emphytéose est un fragment d'Ulpien, *L.* 3, § 4, *D. De reb. min.* 27, 9, ainsi conçu : « Si jus ἐμφυτευτικον, vel ἐμβατευτικον habeat pupillus, etc. » Mais MM. de Vuy et Laboulaye sont d'avis que ce texte a été interposé (1).

Quoi qu'il en soit, l'emphytéose se dessina surtout au moment de la décadence.

110. On sait les malheurs de cette triste époque, la misère et les lourdes charges qui pesèrent en ces temps sur les populations. Il y eut une désertion graduelle des provinces, et le domaine impérial, alors immense, devint vacant et improductif.

Les empereurs durent chercher des moyens d'attirer les travailleurs sur ce domaine par l'appât de concessions territoriales. Pour engager les paysans à venir, il fallait leur offrir quelque chose de mieux et de plus avantageux qu'un *louage*, c'est-à-dire la perspective d'un droit plus large, d'une plus longue jouissance ; l'espoir de profiter tant qu'ils voudraient, eux et même leurs héritiers,

(1) *Rev. de législ.*, p. 393.

des améliorations qu'ils étaient appelés à faire sur les fonds concédés.

Mais, d'un autre côté, il ne fallait pas aliéner le domaine impérial, le démembrer, enlever au prince la splendeur nécessaire dont ce *dominium* immense l'environnait.

C'est alors que l'on fit appel aux principes qui régissaient les anciennes concessions de jouissance à long terme.

111. Sous Dioclétien et sous Maximien, le bail emphytéotique se trouve pratiqué même sur les biens des particuliers.

Des causes nouvelles étaient venues produire ce dernier résultat. Les exigences de l'impôt devenaient de jour en jour plus insatiables : la terre n'y pouvait suffire ; elle fut en grande partie abandonnée. Le titre du Code Théodosien, *de omni agro deserto*, est là pour attester que le fisc offrait les fonds moyennant le seul payement de l'impôt, et même qu'il les fit prendre par force aux localités, avec l'obligation de subir cette charge.

Ceux qui n'abandonnèrent pas la terre la vendirent à vil prix aux grands propriétaires, de façon que la propriété du sol se trouva concentrée en quelques mains. Mais les rares propriétaires eurent à leur tour besoin de bras pour défricher, féconder, mettre en culture les immenses étendues de sol (*latifundia*) qu'un long abandon avait rendues stériles. Ils durent suivre l'exemple que leur offraient les empereurs.

112. Là se révèle la véritable idée contenue dans le mot *emphyteusis*. Ce mot vient du grec ἐμφυτευειν, qui signifie planter, semer, greffer. L'emphytéose eut, en effet, pour destination principale de rendre productif le sol qui ne l'était pas ou qui avait cessé de l'être.

113. Il est facile maintenant de comprendre pourquoi le droit de l'emphytéote fut un *droit réel*, pourquoi sa possession fut une *quasi-propriété*, pourquoi elle était respectée tant et si longtemps que le canon était payé.

114. Toutefois, le concédant n'aliénant pas le *dominium* dans l'emphytéose, les jurisconsultes furent en désaccord sur la qualification à donner à ce contrat, de même qu'ils l'étaient autrefois sur celle à donner aux concessions de l'*ager publicus* et de l'*ager vectigalis*.

Il faut arriver jusqu'à Zénon pour trouver une réponse définitive à cette question. Zénon décida « que l'emphytéose n'aurait rien à emprunter ni à la vente ni au louage ; qu'elle formerait un contrat particulier, revêtu de son action spéciale (*actio emphyteuticaria*), et, tirant sa force de ses propres conventions, un *jus tertium* (1).

115. Justinien a consacré ce droit. Mais quelques points restaient encore à régler pour le cas où les parties n'auraient fait aucune convention à leur sujet.

Par exemple, dans une année stérile, l'emphytéote aurait-il droit à une diminution du canon, comme le locataire? Pourrait-il, comme le locataire, enlever à l'expiration du bail ses *améliorations?* La chose périrait-elle pour le locateur, comme dans la location ordinaire ?

C'étaient là des questions délicates ; voici comment elles furent résolues par Justinien :

116. Dans le silence des parties, le *canon* ne reçoit aucune diminution pour les années stériles ; car ce n'est pas en vue des fruits, c'est en vue de son droit réel et de sa possession que l'emphytéote s'est obligé à le payer.

L'emphytéote ne peut enlever les *emponemata*, c'est-à-dire les additions, augmentations provenant de son fait ; car ce contrat a pour but principal l'amélioration du fonds concédé.

Enfin, pour ce qui est des risques, on distinguera le cas de *perte partielle* (*res imminuta, deterior facta*), du cas de *perte totale*. La perte partielle sera supportée par l'emphytéote, qui devra le canon entier tant qu'il restera quelque chose du fonds, *quamdiu aliquid remanet*. La perte totale sera supportée par le propriétaire auquel l'emphytéote ne peut plus rien devoir dès que l'objet en vue duquel il s'était obligé a péri tout entier (2).

117. Ce n'est pas tout ; et d'autres controverses s'étant élevées, il fallut trancher encore de nouveaux points.

L'emphytéote pourrait-il aliéner son droit, et à quelles conditions ? Suffirait-il qu'on eût manqué une seule fois au payement du canon pour encourir la déchéance ?

(1) L. 1, De jur. Emphyt., Cod. 4, 66.
(2) L. 2 et 3, Cod., De jur. Emph., 4, 66.

Justinien répondit de la manière suivante :

L'emphytéote, bien qu'il soit tenu du canon *propter personam*, peut néanmoins transmettre son obligation à d'autres que ses héritiers, et se substituer un emphytéote nouveau, sous deux conditions : 1° à la condition que le *dominus* sera prévenu et pourra pendant deux mois exercer un droit de *préemption ;* 2° à la condition que si le *dominus* ne prend pas le marché pour lui, il pourra réclamer le cinquantième du prix.

Enfin, la résiliation ne sera encourue que dans le cas où ce canon n'aura pas été payé pendant trois ans. Alors le droit de l'emphytéote s'éteint, et la chose revient au *dominus* sans que le premier puisse la retenir sous prétexte d'impenses ou d'améliorations, lesquelles sont toujours perdues pour lui (1).

118. Tel est le dernier état de l'emphytéose ; telle nous la retrouverons lorsqu'elle fera sa réapparition au moyen âge pour jouer un rôle important dans l'organisation sociale de cette époque.

CHAPITRE III.

DE QUIBUSDAM JURIBUS QUÆ PER TEMPUS VITÆ CREDITORIS DURANT.

119. Le *fœnus sortium* assurait un revenu au prêteur ou à ses successeurs jusqu'à l'extinction de l'obligation des intérêts.

L'*emphythéose* assurait un revenu au concédant ou à ses successeurs tant que le contrat n'était pas résilié.

120. Je passe maintenant aux combinaisons qui avaient pour but de créer un revenu, non plus avec ce caractère de perpétuité qui le rendait transmissible aux héritiers du créancier, mais avec un caractère simplement viager qui faisait de la mort du créancier une cause particulière d'extinction du droit.

Dans cette dernière catégorie rentrent : 1° la stipulation *quoad vivam ;* 2° les *annua legata ;* 3° les legs d'*usufruit*, de *revenu*, d'*usage*, de *services d'esclaves*.

(1) L. 2 et 3, Cod. 4, 66, De jur. Emphy.

A chacun de ces droits viagers, je consacrerai une section de ce chapitre.

121. Sans doute, les diverses dispositions que je viens d'énumérer n'ont, sous le plus grand nombre de rapports, aucun lien entr'elles; mais il est facile de distinguer au milieu de leur variété ce caractère commun et cette destination identique qui leur valent de se trouver réunies et groupées dans mon travail.

SECTION PREMIÈRE.

DE SIPULATIONE QUOAD VIVAM.

122. Justinien fait mention de la *stipulation quoad vivam*, dans ses Institutes, lib. III, tit. 25 § 3.

Le stipulant s'exprime en ces termes : « *Decem aureos annuos qouad vivam dare spondes?* »

123. Cette stipulation est bien moins remarquable par son objet que par les moyens donnés au promettant pour se refuser à continuer le payement des *dix* après la mort du stipulant. Je m'explique :

La stipulation en elle-même est inattaquable; la *capacité* des parties contractantes n'est pas en question; l'*objet* est de ceux qui peuvent entrer dans une obligation; la *cause* n'est pas illicite.

Mais cette stipulation offre quelque chose de singulier et d'étrange au premier abord, dans une de ses modalités, dans le terme que les parties lui assignent comme limite de son exécution.

En effet, il est de la nature des stipulations, et des contrats en général, que, s'il est permis de s'obliger *à partir d'un certain temps*, il n'est pas permis, en droit strict, de ne s'obliger que pour un certain temps: *placet enim obligationem ad tempus constitui non posse, non magis quàm legatum* (1). De même que l'on ne concevrait pas une chose léguée *jusqu'aux kalendes prochaines*, de même on ne peut concevoir une chose stipulée et promise jusqu'à une époque fixée par les contractants.

(1) L. 44, § 1, D. 44, 7, De oblig. et act.

Autrement dit, si l'on peut, au moyen d'un terme, retarder l'exécution, l'exigibilité d'une obligation, on ne peut lui créer par un terme un mode d'extinction. Une fois exigible, le droit qui résulte de la stipulation ne peut être éteint que par certains moyens juridiques auxquels la loi attache cet effet; le *dies venit* imprime à l'obligation quelque chose de perpétuel, que la loi seule peut détruire, et contre quoi sont impuissants tous les faits de la création des parties, toutes les modalités ajoutées par elles au contrat; *nam quod alibi deberi cœpit, certis modis desinit deberi* (1).

124. Il faut donc reconnaître que, dans la stipulation *quoad vivam*, le terme désigné par les contractants comme devant amener l'extinction du droit, ne peut être invoqué par le promettant. La mort du stipulant pourra avoir lieu sans que le débiteur soit libéré par ce seul fait; cette modalité, introduite dans la stipulation, est comme non avenue; elle reste sans effet; l'obligation de payer les *dix* se perpétuera; le créancier mort, ses héritiers invoqueront un droit qui n'a été frappé d'aucune extinction légale. Tel est, je le répète, le résultat imposé par le Droit civil.

125. Mais, je me hâte de le dire, le Droit prétorien ne laissa pas, en pareil cas, le promettant sans secours. Le Préteur attribue aux pactes certains effets, et entre autres la propriété de servir de base à une exception. Cette exception sera utilement invoquée contre les héritiers du stipulant qui demanderaient au promettant la continuation des payements périodiques après la mort de leur auteur : il serait inique, en effet, de ne pas respecter la volonté expressément manifestée par les parties, alors que cette volonté n'a rien de contraire à l'ordre public ni aux mœurs; *planè post tempus stipulator, vel pacti conventi, vel doli mali exceptione summoveri poterit* (2).

En somme, le droit civil obligerait le promettant ou ses ayants cause à payer les *dix* à perpétuité; mais le droit honoraire lui donne un moyen de se soustraire à tout payement postérieur à la mort du stipulant.

(1) L. 44, D. 44, 7.
(2) L. 44, § 1, D. 44, 7.

126. Ainsi se trouvait organisé à Rome un contrat par lequel on se faisait promettre une prestation périodique pour toute la durée de la vie. Mais des prestations pareilles pouvaient être dues autrement qu'en vertu d'une stipulation ; les legs en étaient même la source la plus féconde ; et tous les revenus viagers dont je dois encore parler sont créés par des dispostions testamentaires.

SECTION II.

DE ANNUIS LEGATIS.

127. Souvent le testateur avait, en dehors du cercle de ses successeurs légitimes, quelque personne affectionnée dont il voulait reconnaître les services, ou dont le bonheur l'intéressait à d'autres titres.

Il cherchait alors des moyens d'assurer à cette personne le bien-être et l'indépendance, la satisfaction des besoins ou même des désirs, pour le temps de la vie, mais non au delà. Car, s'il prétendait adresser sa libéralité à l'homme qui avait bien mérité de lui, le testateur ne prétendait pas en étendre le bénéfice aux héritiers de cet homme, étrangers, inconnus pour lui.

En ce cas, le testateur ne diminuait pas définitivement et pour toujours sa succession ; il ne dépouillait pas sans retour ses propres héritiers d'un ou de plusieurs objets de son patrimoine ; il se contentait de mettre à la charge de ces derniers une prestation périodique, dont le payement devait durer autant que l'existence du légataire, mais devait cesser à sa mort.

Rien n'était plus naturel, plus équitable et aussi plus fréquent que de pareilles dispositions.

Dictées presque toujours par la reconnaissance ou par des sentiments encore plus élevés et plus purs, tels que l'amour paternel (1), l'amour conjugal (2), ces libéralités méritèrent l'attention des jurisconsultes et plus tard celle du législateur. Il fallut les organiser, leur faire un droit propre en dehors du droit com-

(1) L. 26, § 2, D. 36, 2. — L. 22, D. 33, 1.
(2) L. 5, D. 33, 1.

mun des legs, déterminer surtout avec soin ce qui les séparait de certaines autres dispositions qu'on aurait pu confondre avec elles.

Ce double but fut rempli par des titres du Digeste ou du Code dont je vais extraire les principes généraux (1).

128. L'*annuum legatum* est une disposition par laquelle on lègue des prestations de quantités déterminées en nature ou en argent, et susceptibles d'un renouvellement périodique.

Je rappellerai d'abord que l'*annuum legatum*, legs de simples prestations périodiques et limitées, bien qu'il frustrât l'héritier moins qu'un legs de propriété, et bien que sa cause fût des plus louables, n'était point pour cela soustrait à la plupart des règles rigoureuses et exactes qui dominent la matière des libéralités testamentaires.

Il n'échappait point, par exemple, à l'application des principes sur la *factio testamenti*, sur la *capacité active* et *passive* du testateur et du légataire, sur la *révocation*, sur la *caducité*, etc.

Mais certains traits remarquables donnaient au legs d'annuités une nature spéciale; c'étaient : 1° la présence de *plusieurs legs* dans une seule disposition adressée à une seule personne; 2° un *dies cedit multiple* comme le droit même du légataire; 3° l'extinction de l'obligation de l'héritier par la mort du légataire.

129. J'examinerai tour à tour ces trois points.

I. *L'annuum legatum contient plusieurs legs.*

Et d'abord, voici sa formule la plus ordinaire : « Titio hæredem *in singulos annos* (2) [vel *quotannis*] (3), decem dare volo. »

130. On est tout d'abord porté à se demander pourquoi et comment une disposition pareille est multiple et susceptible de décomposition, tandis que la *stipulation in singulos annos*, conçue dans les mêmes termes, est une et indivisible (4).

Cette différence s'explique pourtant.

Le legs d'annuités est, pour le législateur, présumé fait en con-

(1) Ce sont les titres 1 et 2 du liv. XXX du Digeste, et 3 du liv. XXX du Code.

(2) L. 10, D. 36, 2, qu. dies. Leg. ced.

(3) L. 12, § 1, 36, 2, *id.*

(4) L. 16, § 1, D. 45, 1.

sidération et dans l'intérêt de la seule personne du légataire, sans préoccupation ni des successeurs de celui-ci, ni des héritiers du testateur. Le testateur a voulu, avant tout et par-dessus tout, faire au légataire un don duquel il profite aussi longtemps qu'il le pourra, c'est-à-dire *tant qu'il vivra*, et par chaque année de son existence. En d'autres termes, l'intention dominante du disposant a été que le légataire eût à recueillir une prestation annuelle pour l'affecter à ses besoins annuels, prestation toujours uniforme, tous les ans la même. L'héritier aurait peut-être trouvé plus avantageux ou plus commode d'avoir à délivrer dès le principe un capital une fois donné, et de ne pas rester par la suite grevé d'une dette dont le retour a lieu régulièrement; mais le testateur ne s'est pas inquiété de cette préférence; il n'a pas songé à son héritier, il n'a eu en vue que son légataire. Enrichir le légataire, chaque année, jusqu'à ce qu'il meure; attacher son legs bien moins au patrimoine qu'à la personne du légataire : telle est l'idée que l'on doit prêter au testateur.

Et l'on ne peut pas dire qu'il y a dans cette espèce un legs auquel le testateur assigne un *terme extinctif* contre les règles reçues en matière de terme; on ne peut pas soutenir que ce legs est perpétuel, en objectant la maxime *ad tempus legari non potest;* non! car il n'y a pas ici un legs unique, il y a un legs pour chaque année, autant de legs que d'années; et si l'on considère chacun de ces legs en particulier, au lieu de les considérer groupés comme ils le sont dans la disposition, on reconnaîtra qu'ils ont une existence indépendante les uns des autres, qu'il n'y a entre eux aucun rapport, aucun lien qui soumette nécessairement le second au sort du premier, les derniers au sort du second.

C'est la pensée que le jurisconsulte Paul exprime en disant : *Plura legata sunt, et primi anni purum, sequentium conditionale; videtur enim hæc inesse conditio, si vivat* (1). Le premier legs, celui de la première année, est pur et simple; les autres sont conditionnels, et la condition à laquelle chacun d'eux est soumis, c'est l'existence du légataire au moment de leur ouverture.

131. Pourquoi, au contraire, la *stipulation in singulos annos* ne

(1) L. 4, D. 33, 1.

renferme-t-elle pas plusieurs stipulations ? C'est que le promettant qui s'engage à des payements successifs, périodiques et d'égales sommes, n'agit ainsi que dans son intérêt, pour sa propre convenance, et ne considérant que lui-même. Il a mieux aimé diviser sa dette en plusieurs prestations ; il a entendu ne pas l'acquitter entière par une prestation unique ; mais il ne s'est pas enquis si le stipulant se proposait, ou non, d'affecter les annuités à ses besoins annuels. En un mot, le droit du stipulant est attaché à son patrimoine, et non à sa personne. Une fois ouvert, ce droit n'aura pas à renaître et à s'ouvrir de nouveau tous les ans ; il se perpétuera jusqu'à ce qu'un fait juridique vienne opérer son extinction : *stipulatio hujusmodi una est, incerta et perpetua* (1).

La *stipulation in singulos annos* est donc une, aussi bien que les legs d'une quantité distribuée en plusieurs payements ; tandis que *l'annuum legatum* se décompose en plusieurs legs distincts et séparés, en autant de legs que le légataire vivra d'années.

II. *Le dies cedit, dans l'annuum legatum, est multiple.* Cette conséquence découle virtuellement de la règle qui vient d'être expliquée. En effet, il y a plusieurs legs, le droit du légataire naît et s'ouvre plusieurs fois ; il y aura donc autant de *dies cedit* que de legs, un *dies cedit* chaque année.

132. On sait ce qu'est le *dies cedit;* c'est le moment où le droit prend naissance, *dies a quo incipit deberi pecunia* (2) ; c'est l'heure où le droit se fixe, où se déterminent et *la personne* à qui le legs est acquis, et ce qui forme l'*objet* du legs, et la mutation des *risques*, etc....

Mais l'effet principal que le *dies cedit* est appelé à produire, c'est la *transmissibilité du legs*, du droit éventuel du légataire, aux héritiers de ce dernier. En cela, le *dies cedit* empêche que le légataire ne soit à la merci de l'héritier, qui, en retardant l'addition jusqu'à la mort du légataire, pourrait rendre le legs caduc.

Je me borne à rappeler sommairement tous ces principes.

133. Dans l'espèce de legs qui m'occupe, le *dies cedit* doit re-

(1) L. 16, § 1, D. 45, 1. – Cujacius, ad eamdem legem.
(2) Ulpien.

venir tous les ans ; pour la première année où le legs est *pur et simple* (1), le *dies cedit* aura lieu au temps ordinaire pour tous les autres legs, c'est-à-dire à *la mort du testateur*, si le *legatum annuum* a été fait sans condition, et à l'*événement de la condition*, si cette modalité y a été ajoutée (2).

Pour la seconde année et les suivantes, il reviendra dans ces années le jour même où il a eu lieu dans la première.

134. A chacune des époques où le *dies cedit* reviendra, il y aura à considérer si le légataire *existe*, s'il est toujours *capable* de recueillir le legs, si l'objet légué pour l'année où l'on se trouve n'a point péri (3). Le legs a-t-il été fait à un esclave, il faudra voir si l'esclave appartient au même maître que l'année précédente, et si le maître de l'année actuelle est capable (4) ; ou bien si l'esclave est maintenant affranchi, auquel cas il acquerra désormais le legs pour lui-même (5).

Si le legs d'annuités a été fait sous cette clause « *tant que ce légataire remplira une condition* », il faudra, tous les ans, examiner si la condition est remplie ; car le *dies cedit* ne peut avoir lieu, et le legs de l'année s'ouvrir, que par l'accomplissement de cette condition (6).

III. *Le droit du légataire s'éteint par sa mort.* — Cette conclusion était prévue ; elle est facile à comprendre.

135. Il y a plusieurs legs, et chaque legs a son *dies cedit.* Dans toute espèce de legs, le légataire *doit exister* à l'époque où le *dies cedit* a lieu ; sinon, la disposition est caduque. L'héritier sera donc débarrassé du legs d'annuités dès qu'il se présentera un *dies cedit* où le légataire n'existera plus, c'est-à-dire dès l'année où le légataire sera mort.

136. On pourrait encore raisonner de la manière suivante : le *dies cedit*, en matière de legs, a pour effet de rendre le droit du légataire transmissible. Point de *dies cedit*, point de transmission

(1) L. 4, D. 33, 1.

(2) Voy. Règ. gén. des Legs.

(3) Car le testateur peut faire varier pour chaque année l'objet de la prestation. L. 11, D. 36, 2.

(4) L. 11, D. 33, 1.

(5) L. 12, § 3, 3 D., 36 2.

(6) L. 101, § fin. D. 35, 1, De condit. et demonst.

de ce droit. Or à quel moment le *dies cedit* peut-il avoir lieu? Ce moment nous est déjà connu : quand le legs est conditionnel, le *dies cedit* n'aura lieu qu'à l'événement de la condition. Nous savons, en outre, que le legs d'annuités est soumis à la condition perpétuelle : *si legatarius vivat* (1). Tout cela prouve que le *dies cedit* ne peut plus avoir lieu dès que le légataire a cessé d'exister, car la condition *si vivat*, dont il dépend, ne peut plus dès lors se réaliser. Le *dies cedit* n'ayant pas eu lieu, le droit au legs n'a pu être transmis. Ce droit s'est donc éteint avec la vie du légataire.

137. Je ferai observer que l'extinction de l'*annuum legatum* par la mort du créancier découle de la nature même des choses, tandis que nous avons reconnu un effet tout contraire pour la stipulation *quaod vivam* (2), où l'on est obligé de recourir à l'exception *pacti conventi* ou *doli mali*, pour repousser les héritiers du stipulant (3).

138. Après les trois points principaux qui viennent d'être développés, quelques points secondaires doivent encore être mis en lumière pour compléter l'idée qu'il faut se faire du legs d'annuités.

139. Ainsi, outre que le *dies cedit* est annuel dans ce legs, c'est *au commencement de chaque année*, et non à la fin, qu'il a lieu : *initio cujusque anni hujus legati dies cedit* (4). Cette règle peut paraître sévère à l'égard de l'héritier, mais elle est éminemment logique. En effet, le *dies cedit* doit se reproduire tous les ans à la même époque; or à quelle époque a-t-il eu lieu la première année? A la mort du testateur, si, dans le principe, le legs était pur et simple ou à terme; et si, dans le principe, le legs était conditionnel, à l'événement de la condition. Dans les années qui succéderont à la première, le *dies cedit* se reproduira nécessairement à l'une ou à l'autre de ces époques; car, s'il ne se reproduisait par la suite qu'après l'année révolue, on ne pourrait pas dire qu'il a eu lieu tous les ans, ce qui serait contraire aux principes.

(1) L. 4, D. 33, 1.
(2) Voy. ci-dess., sect. I, p. 53, n° 127.
(3) L. 44, § 1, D. 44, 7.
(4) L. 12, § 1, D. 36, 2.

De là cette conséquence remarquable, que si le légataire d'annuités meurt après l'année commencée, il n'en a pas moins acquis un droit définitif et transmissible *sur toute l'annuité*, de façon que ses héritiers, qui ne peuvent prétendre à exercer son droit après le décès de leur auteur, profiteront néanmoins de l'annuité (1), celle-ci étant entrée dans son patrimoine par la seule force du *dies cedit*, et n'ayant pu cesser d'en faire partie par le seul événement de sa mort.

Le *dies cedit* n'aurait pas lieu cependant *ab initio anni*, si les annuités léguées consistaient, non plus en argent, mais dans les *fruits* de certains fonds (2); il serait impossible, en ce cas, à l'héritier de délivrer ce qu'il n'a pas encore perçu.

140. Enfin, il faut apprendre à distinguer le *legatum annuum* de certains legs qui lui ressemblent en quelque chose, mais qui ne sont pas susceptibles de l'application de ses règles.

Dans la section suivante, où il sera parlé du *legs de l'usufruit*, j'aurai lieu de comparer le *legatum annuum* avec ce dernier.

Je le comparerai maintenant avec le *legs d'une quantité distribuée en plusieurs termes de payement.*

141. Ce dernier rentre tout à fait dans les règles générales. Dans cette espèce, en effet, il n'y a pas à présumer que le testateur ait prétendu avant tout faire une libéralité accommodée à la vie du légataire et à chaque année de cette vie. Il est à présumer, au contraire, que le testateur s'est préoccupé exclusivement de son héritier, et n'a eu d'autre but, en divisant la quantité léguée, que de rendre pour son héritier moins lourde et plus facile la délivrance de cette quantité : *non legatario consultum, sed hæredi prospectum, ne urgeretur ad solutionem* (3).

Cela étant, il n'y a plus aucune utilité à dire que la disposition renferme plusieurs legs, que le *dies cedit* est multiple, que le droit au legs n'est pas transmissible; les raisons qui font admettre ces particularités au sujet de l'*annuum legatum*, ne peuvent être invoquées ici.

(1) L. 22, D. 33, 1. — L. 5, D. 33, 1.
(2) L. 26, § 2, D. 36, 2.
(3) L. 12, § 4, D. 36, 2.

142. Le legs d'une quantité distribuée en plusieurs payements est donc unique ; le *dies cedit* n'a lieu pour lui qu'une fois, et les héritiers du légataire pourront demander que le payement leur soit continué jusqu'à épuisement de la quantité léguée.

Il y a, comme on voit, une très-grande importance à distinguer ce legs du legs d'annuités.

143. Mais comment et à quels signes reconnaîtra-t-on l'un ou l'autre ? Souvent la volonté du testateur ne sera pas si clairement exprimée qu'un doute ne soit possible : il pourra se présenter des nuances délicates à saisir. Il est, par conséquent, utile de tracer quelques principes qui puissent guider l'esprit dans une telle distinction.

1° Si le testateur n'a pas déterminé le nombre d'années pour lequel la prestation périodique est laissée, il y a apparence qu'il a voulu faire un *legs d'annuités* (1). Il n'a pas considéré son propre héritier, puisqu'il met à sa charge un payement qui se renouvelle sans lui assigner une fin : d'autre part, il n'est pas probable qu'il ait considéré les héritiers du légataire ; s'il eût voulu prolonger à leur profit le retour du legs, le testateur l'aurait sans doute fait entendre.

Et peu importe que le testateur, au lieu de laisser une prestation payable tous les ans, ait laissé une prestation payable *par jour*, *par mois*, etc. De telles dispositions rentrent toutes dans le *legatum annuum* (2). Elles paraissent avoir été inspirées aussi par un désir unique, celui de faire vivre le légataire.

2° Lors même que le testateur a déterminé le nombre d'années ou de mois pendant lequel la prestation doit être payée, le legs pourra néanmoins être *annuum*, c'est-à-dire susceptible de s'éteindre avec la vie du légataire, s'il a été fait à titre d'aliments, *alimentorum nomine* (3). Par cela seul qu'on lègue des aliments, on semble avoir voulu restreindre le bénéfice de la disposition à la personne du légataire.

Mais si le legs d'annuités, fait avec détermination d'un nom-

(1) L. 12, § 4, D. 36, 2.
(2) L. 12, § 6, *ibid.*
(3) L. 20, D., 36, 2. — L. 26, § 2, D. 36, 2.

bre d'années, *in certum annorum numerum*, ne porte point la qualification d'alimentaire, il ne s'éteint pas avec l'individu auquel il a été adressé (1); et les héritiers du légataire ont droit au payement des annuités jusqu'à épuisement du nombre d'années fixé par le testateur.

3° L'emploi de la conjonction *donec* dans la disposition révèle encore l'intention de faire un *annuum legatum* (2).

Donec signifie « jusqu'à ce que ». « *Attiæ, donec nubat, decem annos aureos damnas esto hæres dare.* » Cette formule indique que le droit du légataire doit prendre fin lors d'un *événement déterminé*. Or ce résultat ne pourrait être obtenu, s'il n'y avait qu'un seul legs dans la disposition : *ad tempus legari non potest*, avons-nous déjà répété à plusieurs reprises.

Par cela seul que le mot *donec* a été employé, il y a donc nécessairement plusieurs legs, un legs par année, et un *dies cedit* annuel, toutes choses qui appartiennent exclusivement à l'*annuum legatum*.

4° Il faut encore induire qu'il y a un legs d'annuités, c'est-à-dire un legs multiple, de ce seul fait que *le terme fixé pour son exécution est naturellement sujet à un retour périodique.*

Telle est la disposition par laquelle il serait légué une somme pour *les jours de marché* [*in diem nundinarum*] (3), ou des distributions de pain *pour un anniversaire* (4), ou des subsides pour l'entretien des *jeux chrysantins* (lesquels se célébraient tous les quatre ans) (5).

Par cela seul que le jour du marché revient toutes les semaines, que l'anniversaire revient tous les ans, que les jeux reviennent tous les quatre ans, et que ce retour périodique a lieu *naturellement*, de telle façon que le testateur n'a pu l'ignorer, on présume que ce dernier a voulu faire plusieurs legs et non pas un seul.

5° Le testateur est encore censé avoir fait un legs annuel, lors

(1) L. 18, D. 33, 1.
(2) L. 17, D. 33, 1.
(3) L. 20. § 1, D. 33, 1.
(4) L. 23, D. 33, 1.
( ) L. 24, D. 33, 1.

qu'il a légué à une personne « *ce que, de son vivant, il avait l'habitude de lui donner par an* (1). » Il a voulu, c'est évident, perpétuer après lui la libéralité que toute sa vie il avait faite : il a entendu léguer non pas une somme égale à une annuité, mais une somme susceptible de se renouveler pendant toute la vie du donataire.

6° Quelquefois le legs d'annuités prend une tournure sous laquelle on pourrait le confondre avec un droit de servitude qu'établirait le testateur sur un de ses héritages au profit du légataire ; par exemple, si le testateur a condamné son héritier à fournir annuellement telle partie des fruits d'un fonds, ou, parmi ces fruits, tant de choses de tel poids, de telle qualité. » Il n'y a pas là, dit Paul (2), de servitude, ni sur la personne ni sur le fonds ; il n'y a qu'un simple fidéicommis d'annuités destiné à revivre tous les ans, et à prendre fin avec la vie du fidéicommissaire.

144. En résumé, deux éléments principaux concourront à former l'opinion sur le point de savoir s'il y a, ou non, legs d'annuités ; ce sont : 1° les formules, les termes dont le testateur s'est servi ; 2° l'appréciation de certaines circonstances qui ont dû nécessairement exercer une influence sur son esprit.

145. Une assez large voie est ouverte à l'interprétation ; mais, par cela même, il n'y faudra marcher qu'avec une extrême circonspection.

SECTION III.

DE USUFRUCTU, ET REDITU, ET USU ET HABITATIONE ET OPERIS, LEGATIS.

146. Au lieu de laisser au légataire une somme annuelle préfixe, ou bien une quantité de fruits ou autres objets déterminés d'avance, il peut entrer dans les vues du testateur de léguer quelques droits personnels qu'il croit s'accommoder mieux à la position, aux besoins, aux intérêts du légataire, et devoir par leur exercice donner à celui-ci des résultats plus avantageux.

(1) L. 10, § 2, D. 33, 1.
(2) L. 12, D. 33, 1.

Tels sont les legs dont j'ai à m'occuper dans les trois paragraphes suivants.

§ 1er. De usufructu legato.

147. Le legs d'usufruit, lui aussi, présente quelques traits particuliers, quelques dérogations au droit commun des legs. Le trait le plus remarquable, c'est que le *dies cedit*, pour le legs d'usufruit, n'a lieu qu'*après l'adition d'hérédité*, c'est-à-dire que le *dies cedit* se confond, dans ce legs, avec le *dies venit;* que le droit ne s'y fixe qu'au moment même où il devient exigible; et que l'ouverture de ce droit n'a lieu qu'à l'époque même de son échéance.

148. Cela tient à deux motifs : 1° L'usufruit consiste dans un fait, *in facto consistit.* En effet, l'usufruitier ne rend les fruits siens que par la perception; c'est lui qui travaille le fonds et fait venir les fruits : ces actes matériels constituent seuls l'usufruit, et l'on ne conçoit pas un droit d'usufruit tant que ce droit n'est pas exercé, tant que l'usufruitier n'a pas commencé à jouir. *Tunc enim constituitur ususfructus quum quis jam frui potest* (1). Or à quel moment, dans l'hypothèse d'un usufruit légué, pourront commencer cette jouissance, cet exercice matériel du droit? Ils ne peuvent commencer, c'est certain, avant que le legs soit définitivement assuré contre la caducité par l'option que l'héritier doit faire entre l'acceptation et la répudiation de l'hérédité, c'est-à-dire avant l'*adition*, qui seule peut rendre efficaces le testament et les dispositions qu'il renferme. Le droit de l'usufruitier ne pouvant exister avant l'adition, et un *dies cedit* quelconque ne pouvant exister avant le droit dont-il amène l'ouverture et fixe les effets, il faut reconnaître que le *dies cedit* dans le legs d'usufruit ne peut être antérieur à l'adition d'hérédité.

2° Dans les legs ordinaires, la principale utilité du *dies cedit*, c'est de rendre le droit éventuel du légataire transmissible aux héritiers; un tel effet ne peut avoir lieu pour l'usufruit, puisque c'est un droit exclusivement personnel, et qui ne passe

(1) L. 3, D. 36, 2.

point aux héritiers : *hanc, cùm personæ cohæreat, recte dicitur antè aditam hæreditatem diem non cedere* (1); *et, cùm ad hæredem non transferatur, frustrà est si antè quis diem ejus cedere dixerit* (2). L'effet capital du *dies cedit*, la transmissibilité du droit, ne se produisant pas, il n'aurait servi à rien de fixer le *dies cedit* à une époque antérieure à l'adition.

149. Toutefois, Labéon pensait que les deux raisons données ici même étaient insuffisantes pour empêcher le *dies cedit* de remonter à la mort du testateur dans le legs pur et simple d'usufruit; il disait : Si, pour supprimer le *dies cedit* avant l'adition, on n'invoque pas d'autres motifs que la non-transmissibilité de l'usufruit, on doit le supprimer aussi après l'adition; car, après l'adition, l'usufruit n'est pas plus transmissible qu'avant. On pourrait même ajouter que, si la transmissibilité du droit au legs forme la première utilité du *dies cedit*, elle n'est point sa seule utilité : le *dies cedit* en a d'autres, on le sait; il détermine l'*objet* sur lequel porte le droit du légataire, la *personne* à qui le legs est acquis, etc. (3), toutes choses dont la fixation n'est pas plus indifférente dans le legs d'usufruit que dans le legs de propriété.

150. Mais l'avis de Julien prévalut sur celui de Labéon (4), et il fut définitivement admis que l'*adition* serait l'époque du *dies* de l'usufruit légué.

151. Du reste, ce *dies cedit* n'est pas multiple comme celui du legs d'annuités; il n'a lieu qu'une fois. C'est une fois seulement, et non point tous les ans, que l'on aura à considérer la capacité du légataire; et, en supposant ce légataire esclave, le maître à qui il appartient..... *quanquàm ususfructus in fruendo consistat, id est facto aliquo ejus qui fruitur et utitur, tamen semel dies cedit* (5).

152. Ici se place naturellement la comparaison du *legs d'usufruit* et du *legs d'annuités*.

(1) L. 9, D. 36, 2.
(2) L. 9, D. 36, 2.
(3) Voy. ci-dessus.
(4) M. Ortolan, Inst., tit. 1, p. 650. — Vatic, J. R. Fragm., § 60.
(5) L. 1, D. 7, 3, Quand. de ususf. leg. ced.

Ces legs diffèrent l'un de l'autre d'abord sur les deux points que je viens de relever, c'est-à-dire sur le nombre des *dies cedit*, aussi bien que sur leur époque.

Ils présentent d'autres différences.

1° Le *legs d'usufruit s'éteint par la* CAPITIS DEMINUTIO *du légataire;* tandis que l'*annuum legatum* ne s'éteint que par la MORT (1). Cela tient, sans doute, au caractère alimentaire qui a été reconnu à ce dernier; cela tient aussi à cette loi économique d'après laquelle on doit laisser le moins longtemps possible un usufruit séparé de la propriété, et multiplier les moyens qui tendent à en faire cesser la séparation.

L'*annuum legatum*, devant pourvoir à l'alimentation, semble laissé, par cela même, en vue de l'existence naturelle du légataire, et non en vue de son existence civile. La même observation ne peut être faite touchant le legs d'usufruit.

De là découle cette conséquence, que, si le testateur voulait que le legs d'usufruit fût conservé au légataire après la *capitis deminutio*, il devait nécessairement employer une formule dans le genre de la suivante : « Titio usumfructum fundi lego, et quotiescumque capite minutus erit, eumdem usumfructum ei do (2). » Pareille précaution n'était pas imposée dans le legs d'annuités.

2° Si le legs d'usufruit s'éteint, comme l'*annuum legatum*, par la mort du légataire, cette règle commune n'est point fondée pour tous deux sur les mêmes raisons.

C'est surtout dans l'intérêt de la propriété, et dans une idée d'ordre public, que la loi empêche l'usufruit de se perpétuer pendant plusieurs générations. C'est uniquement pour respecter la volonté présumée du testateur, qu'elle fait finir le legs d'annuités avec la vie du légataire.

3° Si le légataire de l'usufruit meurt après la maturité des fruits, mais avant leur perception, il n'en transmet rien à ses héritiers, n'ayant pu les faire siens; tandis que le légataire d'annuités transmet son droit pour toute l'année, par cela seul qu'il était vivant au commencement de l'année (3).

(1) L. 5, D. 33, 1.
(2) L. 8, D. 33, 1.
(3) L. 1, D. 33, 1.

4° Les différences qui ont trait à la *nature du droit* conféré aux deux légataires sont plus frappantes encore : le légataire de l'usufruit a un droit réel, un démembrement de la propriété, il jouit par lui-même du fonds; tandis que le légataire d'annuités n'a qu'un droit personnel, une simple créance contre l'héritier.

153. Mais la volonté du testateur sera quelquefois obscure; ce qu'il a voulu léguer n'apparaîtra pas toujours clairement. En certains cas, il sera difficile de distinguer si un legs prétendu d'usufruit n'est pas plutôt le legs, soit de la propriété même, soit seulement de l'usage, soit de quelque autre servitude.

Chaque fois que de telles difficultés seront soulevées, il faudra, comme il a été dit au sujet des *annua legata*, peser mûrement les termes de la disposition, les circonstances au milieu desquelles elle a été faite, et même jusqu'aux habitudes et aux idées favorites du testateur (1).

Une ou deux applications feront mieux saisir l'utilité de cette règle.

Quand le testateur a dit : « *Scorpum servum meum Semproniæ concubinæ meæ servire volo.* » Le mot *servire*, élastique et vague, n'indique pas d'une façon précise si l'esclave, objet du legs, doit entrer simplement au service de la légataire, et la propriété en rester à l'héritier ; ou bien s'il est donné définitivement et sans retour. On ne sait trop si c'est l'usufruit, ou bien si c'est le *dominium*, que contient le legs? Papinien était d'avis que l'usufruit seul avait été légué dans l'espèce (2).

Un testateur a légué *l'usufruit d'une somme d'argent*, en ajoutant que *le légataire sera dispensé de donner caution*. On sait que la caution est essentielle dans le *quasi-usufruit*, aux termes d'un sénatus-consulte dont la date n'est pas certaine, mais que M. Ortolan (3) place aux derniers temps de la République, vers le règne d'Auguste ou de Tibère.—Le testateur, par cette clause *ne eo nomine satisdetur*, qui tend à supprimer en

(1) L. 33, § fin. D. 33, 1.
(2) L. 24, D. 33, 2.
(3) T. I, p. 437. Instit.

faveur du légataire ce qu'une loi prudente a établi en faveur de l'héritier ; le testateur a-t-il voulu faire entendre que sous ce legs qualifié legs d'usufruit, on devait voir néanmoins un legs de la propriété de l'argent? Julien ne l'interprétait pas ainsi. D'après lui, cette disposition ne renfermerait que l'usufruit de la somme d'argent; et, malgré la dispense exprimée par le disposant, le légataire devrait donner caution pour obtenir la délivrance du legs (1).

Si l'on est curieux de connaître d'autres espèces où il y a doute sur la nature du droit légué, on en peut trouver de remarquables dans les lois 39, D., *De us. et usuf. leg.*; 22, § 1, D. 34, *De alim. leg.*; 20, §§ 1 et 2, D. 7, 8, *De us. et hab.* ; 58, § 1, D. 7, 1, *De usuf. et quemad.* ; 20, D. 7, 1 ; 41, D. 33, 1, etc.

154 Le legs d'usufruit est susceptible de certaines modalités particulières.

Ainsi, l'on peut léguer un usufruit *in singulos annos*, ou *in menses*, ou *in dies*, etc., au lieu de le léguer purement et simplement.

On retombe alors dans les règles du *legs d'annuités*; il y a plusieurs legs, et plusieurs *dies cedit: puto non cedere simul (diem), sed per tempora adjecta.*—J'ai suffisamment établi ailleurs et la raison d'être et les conséquences de cette double multiplicité (2).

Que si l'on a légué *in dies singulos* un objet qui ne produit pas des fruits quotidiens, un résultat bizarre se produira. En effet, le *dies cedit* qui devrait avoir lieu chaque jour, ne pourra pas se réaliser ainsi; car tout *dies cedit* suppose un droit, et tout droit suppose un objet. Or il n'y a pas chaque jour un droit pour le légataire, puisqu'il n'y a pas chaque jour un objet pour ce droit; il n'y aura donc pas un *dies cedit* quotidien.

On résout cette petite difficulté en plaçant, dans l'espèce, le *dies cedit* aux divers jours où la chose donnera des fruits, et en admettant autant de *dies cedit* qu'il y aura de perceptions à faire (3).

(1) L. 6, D. 36, 4. Rer. In possess. legat.
(2) Voyez ci-dessus, section Ire.
(3) L. 1, § 1, D. 7, 3.

L'usufruit peut encore être légué *alternis annis*, c'est-à-dire à deux ou plusieurs personnes pour en jouir à tour de rôle pendant un an, un mois chacune.

Ce legs est également multiple; il a aussi plusieurs *dies cedit*, lesquels auront lieu aux diverses époques où l'un des légataires cessera de jouir pour laisser entrer l'autre en jouissance (1).

Si le testateur, dans le legs d'usufruits alternatifs, a omis d'indiquer lequel des légataires commencera à exercer l'usufruit, les légataires devront sur ce point s'entendre et se mettre d'accord, sous peine de ne pouvoir commencer ni les uns ni les autres; *nisi consenserint uter eorum prior utatur, invicem sibi impedient* (2). En effet, ils ne peuvent pas concourir dans l'exercice du droit d'usufruit, puisque le testateur a exprimé un vouloir contraire; *non id actum videtur ut concurrerent* (3).

155. L'usufruit peut être légué *universel* ou *à titre universel*, ou bien *à titre particulier*.

On sait quelle est la principale importance de la distinction à faire entre le dernier de ces legs et les deux premiers.

Les dettes sont à la charge des masses, tel est le premier chef de cette importance. En vertu de ce principe, l'usufruitier universel ou à titre universel sera tenu des dettes du testateur (4); tandis que l'usufruitier d'un objet particulier, (*rei singularis*), n'aura pas à contribuer à leur payement. Et rien n'est plus concevable : car, *puisqu'il n'y a de biens que les dettes déduites*, le droit de l'usufruitier à titre universel ne doit s'exercer que sur ce qui reste du patrimoine une fois l'*æs alienum* retranché. Au contraire, en donnant à son légataire l'usufruit d'un objet individuel, le testateur a, par cela même, témoigné le désir que cet objet fût joui exempt et libre de toute charge provenant de son fait.

Si les dettes sont à la charge du légataire d'un usufruit à titre universel, il faut dire aussi que toutes les créances, tous les

(1) L. 13, D. 33, 2.
(2) L. 34, D. 7, 1. De usuf. et quemad.
(3) L. 34, § 2, D. 7, 4. Quib. mod. ususf. amit.
(4) L. 69, D. 35, 2, Ad leg. falc.

droits actifs de la succession, tomberont en retour dans sa jouissance : *quod in actionibus erit, computandum* (1).

De plus, lorsque l'usufruit a été légué à titre universel, il y a pour l'héritier un droit d'option; il peut, à son choix, offrir au légataire, ou l'usufruit de la masse de biens en nature, ou *l'usufruit de l'estimation* de cette masse (2). Au contraire, lorsque l'usufruit a été légué à titre particulier, l'héritier ne peut pas refuser d'abandonner la jouissance de l'objet en nature.

Cela s'explique ainsi : dans le premier de ces deux legs, le testateur s'est proposé d'assurer au légataire une richesse produite par la jouissance de *tous ses biens indistinctement*, sans se préocuper du prix que le légataire pourrait attacher à l'un plutôt qu'aux autres ; tandis que, dans le second de ces legs, le testateur paraît avoir voulu procurer au légataire la jouissance d'une chose déterminée, de celle-là et non de toute autre. Peut-être le testateur a-t-il, dans sa disposition, recherché l'agrément ou la convenance de l'usufruitier ; voilà pourquoi ce dernier jouira de l'objet spécifié, sans que l'héritier puisse le repousser en lui offrant l'usufruit de l'estimation de cet objet.

L'héritier qui, se trouvant en face d'un légataire d'usufruit à titre universel, se décide, ainsi qu'il en a la faculté, à fournir l'usufruit de l'estimation de la masse, a le droit de retrancher de cette estimation un capital correspondant à la dette périodique des impôts, dette qui, dans l'espèce, va rester à sa charge. — Il serait injuste de lui refuser cette rétention ; car, s'il avait pris le parti d'abandonner la jouissance en nature, les impôts auraient dû être payés par le légataire, comme charge de la jouissance, suivant les principes de l'usufruit.

§ 2. De reditu legato.

156. Si le *legs du revenu* est comparable au legs d'usufruit, ce n'est qu'en ce sens qu'il attribue aussi au légataire les fruits d'un ou de plusieurs héritages du testateur. — Mais, sous tous les autres rapports, le droit conféré au légataire est diamétralement opposé dans les deux dispositions.

(1) L. fin., D. 33, 2.
(2) L. 32, § 8, D. 33.

157. Le légataire du revenu n'a aucun droit sur le fonds dont les fruits lui sont attribués ; il n'a pas l'exercice de la jouissance, aucun démembrement de la propriété n'est attaché à sa personne, la perception des fruits ne les rend pas siens, lors même qu'elle serait faite par lui-même ou par quelque autre personne en son nom ; etc... — Tout son droit se résume dans une action contre l'héritier pour demander la délivrance des fruits spécifiés par le testateur.

158. Aussi l'héritier chargé d'exécuter le legs du revenu pourra-t-il vendre le fonds dont les fruits ont été légués, sans qu'il puisse être question pour l'acheteur d'avoir à souffrir la jouissance du légataire (1).

Si c'est le revenu d'une maison qui a été légué, le légataire ne peut pas prétendre l'habiter lui-même (2).

159. En revanche, l'héritier, qui dans le legs d'usufruit n'a qu'une obligation de souffrir, et non une obligation de faire, pourra se trouver, dans le legs de revenu, *obligé activement*. Il est, en effet, tenu d'entretenir le fonds dont les fruits ont été légués, *reficere prædium*, de manière que son rapport ne diminue pas (3).

160. Le legs de revenu tient du legs d'annuités, en ce point surtout que comme le legs d'annuités il semble avoir été, dans l'intention du testateur, accommodé à chaque année de la vie du légataire. Il faut conclure de là qu'il y aura pour lui un *dies cedit annuel*, et que ce *dies cedit* aura lieu au commencement de chaque année, si la chose dont le revenu est légué n'est pas un fonds (4).

161. Il faut conclure aussi de cette similitude que le legs du revenu s'éteint avec l'existence du légataire, et ne se transmet point à ses héritiers. La loi, interprétant encore la volonté du testateur, voit dans une telle disposition soit le caractère alimentaire de l'*annuum legatum*, soit le caractère personnel du legs de l'usufruit (5).

(1) L. 38, D. 33, 2. — L. 120, D. 30, *De legatis*.
(2) L. 38, D. 33, 2.
(3) L. 38, D. 33, 1.
(4) L. 22, D. 33, 1. — V. *suprà*, n° 139.
(5) L. 22, D. 33. 1.

§ 3. De legato usus, habitationis et operarum.

162. L'*usus*, c'est le droit de *se servir* de la chose d'autrui, mais non d'en jouir. L'usager retire toute l'*utilité* que peut rendre l'objet de son droit, mais il n'en retire pas les fruits. En fait de fruits, l'usager n'a droit qu'à ceux qui lui sont chaque jour nécessaires.

163. L'usage ne diffère pas seulement de l'usufruit quant à l'étendue du droit, il en diffère encore en ce qu'il ne peut être cédé ni loué. Il en diffère aussi en ce qu'il est indivisible, et ne peut pas, comme l'usufruit, être constitué ou perdu pour partie.

Au demeurant, il est, comme l'usufruit, un droit sur la chose (*in re*); il se constitue et s'éteint par les mêmes modes que l'usufruit.

164. L'*habitatio*, c'est le droit d'habiter la maison d'autrui. L'*habitatio* n'est, à vrai dire, ni un usufruit ni un usage; elle est un droit particulier, *proprium aliquod jus* (1). Elle diffère de l'*usus* en ce qu'elle peut être *louée*, depuis Justinien (2) Elle diffère de l'usufruit en ce qu'elle ne se perd ni par le *non-usage* ni par la *capitis deminutio* (3); car elle ne constitue pas une servitude personnelle. Elle n'est pas, à proprement parler, un droit unique, un démembrement du domaine, mais seulement un fait, un avantage quotidien ouvert et acquis chaque jour au légataire : *tale legatum in facto potiùs quàm in jure consistit* (4).

165. Les *operæ* comprennent toute l'utilité que l'on peut retirer d'un esclave. Mais, faisaient observer les jurisconsultes romains, les *operæ* consistent bien plus dans le fait de celui qui fournit ses services que dans le fait du légataire; d'où les conséquences suivantes : 1° le légataire peut tirer un prix des services de l'esclave; 2° le *legatum operarum* ne s'éteint ni par le *non-usage*, ni par la *capitis deminutio*; et 3° par une singularité qui le sépare complétement des servitudes personnelles, la *mort même* du légataire ne l'éteint pas; il passera aux héritiers, qui

(1) *Instit. de Just.*, liv. II, tit. 5, § 1.
(2) *Idem.*
(3) L. 10, D. 7, 8.
(4) L. 10, D. 4, 5.

en jouiront tant que l'esclave continuera de vivre (1) ; de façon que, si le testateur veut faire finir le legs des *operæ* avec la vie du légataire pour le cas où le légataire mourra avant l'esclave, il devra l'exprimer formellement.

166. Je ne m'appesantirai pas davantage sur les caractères particuliers de ces trois espèces de legs. Il me suffit d'avoir rappelé leurs notions principales. Ils n'ont pas la même importance que les précédents.

Du reste, le legs de ces droits est susceptible des diverses modalités que comporte le legs d'usufruit.

Ils peuvent être légués *purement et simplement*, et dans ce cas ils n'ont qu'un *dies cedit*, lequel a lieu à partir de l'*adition*.

Ils peuvent aussi être légués *in singulos annos*, *menses*, *dies*, ou *alternis annis;* et, dans ces cas, il y aurait un *dies cedit multiple* se reproduisant périodiquement. Tout ce qui a été dit à cet égard pour le legs d'usufruit, leur sera applicable (2).

---

167. J'ai terminé l'examen de cette série de droits que l'on établissait à Rome, pour durer autant que la vie du créancier, et s'éteindre avec elle.

J'ai, par là, achevé de remplir le cadre que je m'étais tracé, et dans lequel il fallait faire entrer les principales sources du revenu romain.

(1) L. 5, D. 7, 7.
(2) D. 11, D. 33, 2. — L. 21, E. 7, 8, De us. et hab.

DEUXIÈME PARTIE.

DROIT FRANÇAIS.

DES RENTES.

168. Si l'on voulait, *aujourd'hui*, faire rentrer dans une seule et même définition, tous les droits connus sous le nom de RENTE, on pourrait dire : « La rente est une créance mobilière donnant droit d'exiger perpétuellement ou viagèrement des prestations périodiques en argent ou en nature, comme représentation d'un capital mobilier ou immobilier, qu'en principe on n'a pas le droit d'exiger (1). »

169. Mais il s'en faut beaucoup que les divers droits ainsi nommés aient eu de tout temps en eux-mêmes cette simplicité, et entre eux cette communauté des caractères généraux que leur a faites la législation actuelle : et peu d'études présentent plus d'attrait que celle des transformations subies par certains de ces droits à travers les vicissitudes des mœurs et des institutions.

170. Le Code Napoléon, issu de la grande Révolution qui détruisit les inégalités féodales, devait maintenir, et a maintenu, l'abolition de toutes *rentes seigneuriales* quelconques, prononcée par la loi de 1789.—Je ne m'occuperai donc point de ces dernières d'une manière spéciale; j'en parlerai seulement lorsque l'évoca-

(1) Voy. les art. 529, 530, 1909, 1912, 1913, 1977, Cod. Nap.

tion de leurs principes pourra jeter quelque lumière sur d'autres sujets.

171. Le Code Napoléon envisage les rentes à deux points de vue principaux : 1° sous le rapport du capital dont elles sont la représentation ; 3° sous le rapport de leur durée.

Au premier point de vue, il les divise en rentes *constituées* et rentes *foncières;* au second, il les divise en rentes *perpétuelles* et rentes *viagères.*

On appelle *rente constituée*, celle qui est établie moyennant l'aliénation d'un capital *mobilier;* et *rente foncière* celle qui est établie moyennant l'aliénation d'un *immeuble.*

On nomme *rente perpétuelle*, celle qui est due pour un temps non limité dans sa durée; et *rente viagère*, celle dont la durée est bornée à la vie d'une ou de plusieurs personnes déterminées.

Ces diverses énonciations demandent de nombreux développements, et ne pourront être parfaitement comprises que dans le cours même de cette dissertation. Je prendrai les diverses rentes à leur naissance, et je les suivrai à travers toutes leurs phases jusqu'au dernier état de notre droit.

172. Je commencerai par exposer la RENTE CONSTITUÉE.

J'examinerai ensuite la RENTE FONCIÈRE.

Je finirai par l'étude de la RENTE VIAGÈRE.

Et, pour ne rien laisser de côté dans cette importante matière, je consacrerai un Appendice aux RENTES SUR L'ÉTAT, et à quelques-uns des principes exceptionnels qui les régissent.

CHAPITRE PREMIER.

DE LA RENTE CONSTITUÉE.

173. Ce chapitre se divisera en trois sections correspondant :

La première à l'ANCIEN DROIT ;

La seconde au DROIT INTERMÉDIAIRE ;

La troisième au DROIT ACTUEL.

SECTION PREMIÈRE.

DE LA RENTE CONSTITUÉE SOUS LES COUTUMES.

174. Lorsque, dans notre ancien droit, les théories des théologiens, formulées par les actes des Papes et par les ordonnances des Rois, eurent proscrit le Prêt à intérêt, et condamné les capitaux à une oisiveté stérile, la nécessité de faire fructifier de nouveau l'argent stimula le génie inventif des économistes. Plusieurs contrats furent alors imaginés, qui, séparés par des traits caractéristiques du prêt à intérêts, procuraient cependant quelques-uns de ses avantages (1).

Tel fut le contrat de *constitution de rente.*

175. La constitution de rente, dit Pothier, peut être définie : « un » contrat par lequel une des parties vend à l'autre une rente an- » nuelle et perpétuelle, dont il se constitue le débiteur pour un » prix licite convenu entre eux, qui doit consister en une somme » d'argent qu'il reçoit de lui, sous la faculté de pouvoir toujours » racheter la rente lorsqu'il lui plaira, pour le prix qu'il a reçu » pour sa constitution, et sans qu'il puisse y être contraint. »

176. L'analyse de cette définition montre :

Que le contrat de constitution de rente est une *vente* ;

Que la chose vendue y est essentiellement rachetable ;

Que, si le rachat peut être toujours offert par le vendeur, il ne peut jamais être exigé par l'acheteur ;

Que le prix de rachat ne peut être supérieur au prix de vente.

177. Avant d'entrer dans de plus longues explications, il est bon de rapporter comment l'érudition de nos anciens jurisconsultes cherchait à rattacher les rentes constituées au droit romain.

On a cru en trouver le premier germe dans la loi 33, *De usuris*, et dans la loi 11, *Cod. de debitoribus civitatum*, lesquelles défendent aux administrateurs des biens des villes de forcer au remboursement les débiteurs qui payent exactement les intérêts des sommes par eux empruntées, et offrent des ga-

(1) Troplong, t. XIV, sur l'art. 1909.

ranties de solvabilité (1). — Mais cette injonction donnée aux administrateurs ne signifie pas qu'il y ait dans le prêt de l'argent des villes un contrat de constitution de rente (2); elle signifie seulement que ce sera un acte de sage administration que de ne pas exiger des bons débiteurs les capitaux des cités. Bien plus, cette injonction même est la preuve qu'il n'y avait dans les prêts faits par les cités nulle trace de constitution de rente; car, si les débiteurs de ces communautés eussent été des débiteurs de rentes constituées, dont le principal, par la nature du contrat, est inexigible, il eût été inutile de recommander aux officiers municipaux de ne pas l'exiger.

178. C'est avec plus de fondement que Dumoulin (3) trouve dans la Novelle 160 de Justinien un vestige du contrat de rente constituée pratiqué au VIe siècle. Il est dit dans cette Novelle que la ville d'Aphrodise, en Thrace, avait placé à la charge d'une prestation annuelle en argent une grosse somme d'or qu'elle avait recueillie de plusieurs legs. La redevance devait durer tant que les emprunteurs garderaient la somme d'or. Or ceux-ci, pour ne plus continuer le service de la redevance, s'étaient prévalus de la constitution de Justinien, qui fait cesser le cours des intérêts par la *computation du double* (4). Dans la Novelle même, l'empereur décide que sa constitution sur le double des intérêts n'est point applicable à l'espèce proposée, vu que la prestation annuelle dont il s'agit en cette espèce ressemble bien moins aux intérêts d'un prêt qu'à un revenu annuel : *Hanc de creditoribus conscripsimus ; præsens verò species illam non attingit, si quidem hoc magis annuo reditui quàm usurarum præstationi simile videtur.*

179. Il est certain que cette décision de Justinien a dû faire naître l'idée de la rente constituée, lorsque le prêt fut devenu l'objet d'une prohibition. Mais il n'est pas moins sûr que le contrat de constitution de rente ne fut point pratiqué sous une législation

(1) Loyseau. *Des Rentes*, liv. I, ch. 6.
(2) Pothier. *Contrat de const.*, n° 7.
(3) Tract. de usuris, quæst. 75.
(4) Voyez ci-dessus, première partie, page 35, n° 88.

qui, comme celle de Rome, admettait dans le *mutuum* la stipulation d'usures.

En tout cas, l'usage de ce contrat ne remonterait jamais au delà de Justinien. Je n'ai donc pas eu tort de dire, dès le début, que les institutions romaines ne présentaient aucun droit usité et organisé qui offrît une parfaite similitude avec notre rente constituée.

Et même en France, ce n'est pas immédiatement, ce n'est pas tout d'un coup, que la rente constituée s'introduisit; c'est seulement vers les XIIIe et XIVe siècles qu'on en fit un très-grand usage. C'est dans ces temps, en effet, que se sont élevées les premières disputes sur sa légitimité. Il a pu s'en faire quelques-unes auparavant, mais c'étaient des cas rares (1).

180. On avait donc trouvé une combinaison qui dispensait l'emprunteur de la plus dure obligation qu'engendre le prêt, *de l'obligation de rendre*. Celui qui plaçait ainsi son capital l'aliénait perpétuellement; et l'on pouvait dire hautement qu'il faisait non plus un *mutuum* productif d'intérêts, mais bien un achat de la rente (*emptio*). Les lois sur l'usure n'étaient point faites pour ce nouveau contrat. Le prêt à intérêts avait disparu; les canonistes se trouvaient en face d'une vente.

La découverte était précieuse; elle devint populaire. Évêques, communautés religieuses, noblesse, bourgeoisie, chacun la mit en pratique; elle assura des revenus aux prébendes, colléges, canonicats et autres dignités ecclésiastiques, dont elle augmenta la dot... (2).

Et néanmoins, il se rencontrait encore des théologiens rigides qui étaient inquiets de cette invention, qui crurent que l'*usure* avait trompé leur vigilance, et qui semèrent des doutes dans les consciences (3).

D'autre part, les débiteurs obérés par des rentes qui s'élevaient alors jusqu'au denier dix, exploitèrent ces alarmes, et se prétendirent écrasés par des usures iniques (4).

(1) Pothier. Contr. de Coust., n° 8.
(2) Troplong. Prêt, 418.
(3) Troplong. Prêt, 419.
(4) Pothier, n° 10.

181. En 1420, le clergé de plusieurs diocèses de Silésie s'adressa au pape Martin V pour le consulter sur cet usage, que la requête qualifiait d'immémorial, de populaire et de raisonnable (1) : le pape déclara de tels contrats juridiques et licites. Cependant des doutes régnaient encore en Allemagne : Calixte III les leva par une bulle de 1455, conforme à celle de Martin V (2).

182. Mais il est à remarquer que les deux papes n'autorisaient la rente constituée qu'à la condition qu'elle fût *assignée* sur un immeuble, c'est-à-dire à la condition que le créancier de la rente fût rendu propriétaire, jusqu'à concurrence du capital, des fonds qui lui étaient hypothéqués : les intérêts que l'on faisait produire au capital n'étaient plus, dès lors, considérés comme des usures, mais bien comme des sommes tenant lieu au créancier du revenu des fonds dont il était censé propriétaire jusqu'à due concurrence. C'est qu'on n'était pas encore assez avancé pour réduire à sa juste valeur l'obstacle que la puissance spirituelle avait mis à *toute espèce de conventions usuraires* (3).

Sous l'empire de ce respect pour la prohibition religieuse, le système de la communication de la propriété fit même des progrès au point que, par deux bulles, de 1569 et de 1570, Pie V déclara illégitime tout prêt fait à des personnes qui n'avaient pas de fonds de terre.

Quelque temps auparavant, on était allé jusqu'à admettre des lignagers au retrait de pareilles rentes (4).

Par suite de cette erreur, on assimilait très-fréquemment des rentes à celles que nous appelons foncières, et qui sont une copropriété dans le fonds ; et l'on était arrivé jusqu'à dire qu'elles ne pouvaient pas être rachetées (5).

183. Tel était l'état des choses, lorsque Dumoulin écrivit son Traité *De usuris*. Il reconnut au premier coup d'œil que l'usage du retrait lignager et l'usage du non-rachat dans ces sortes de rentes portaient sur un faux principe ; il le démontra. Par arrêt

(1) Troplong. *Loc. cit.*, 419.
(2) Troplong. *Loc. cit.*
(3) Merlin. Rép. Rent. const., 4.
(4) Merlin. *Loc. cit.*
(5) *Idem.*

du Parlement de Paris, du 12 mars 1552, une rente fut déclarée rachetable malgré l'*assignat* qui la faisait reposer sur une transmission fictive de la propriété : et cet arrêt fut confirmé par un autre beaucoup plus solennel de l'an 1559 (1).

184. On connaît maintenant les vicissitudes que la rente constituée eut à traverser avant d'être régie par les principes que je vais exposer. Cet exposé comprendra six paragraphes :

Le premier traitera de la nature du contrat de constitution de rente ;

Le second, des règles qui devaient y être observées ;

Le troisième, des différentes clauses qui pouvaient y être insérées ;

Le quatrième, de la nature des rentes constituées, et de leurs arrérages ;

Le cinquième, des moyens par lesquels s'établissait le droit de rente constituée ;

Le sixième, des manières dont s'éteignait ce droit.

§ 1er. De la nature du contrat de constitution de rente.

185. Arrivé au point où ses règles définitives sont fixées, le contrat de constitution de rente n'est autre chose, avons-nous dit, qu'une vente. C'est la vente de l'objet incorporel appelé rente, moyennant un prix qui consistait nécessairement en argent. Le vendeur, c'est le débiteur de la rente ou le constituant ; l'acheteur, c'est celui qui achète le droit de rente, c'est le crédirentier. La faculté de rachat est de l'essence de cette vente.

Chose étrange cependant, deux questions vont s'élever, dans la solution desquelles Pothier déserte immédiatement les principes de la vente pour appliquer au contrat de constitution de rente les principes du prêt.

186. En premier lieu, Pothier présente le contrat de constitution de rente comme un contrat réel, *qui re perficitur*, dans lequel l'obligation du vendeur de la rente ne peut naître avant la tradition du prix, dans lequel la rente ne doit être servie, et ses arrérages commencer à courir qu'après le payement du principal (2).

(1) Merlin. *Loc. cit.*
(2) Pothier. *Loc. cit.*, nos 2 et suiv.

187. Ce sentiment, il faut le dire, n'a point reçu l'adhésion d'un de nos meilleurs esprits, de l'annotateur même de Pothier, de notre professeur M. Bugnet. « Pourquoi donc présenter ce contrat comme réel, tandis que l'obligation passive de servir la rente peut résulter du consentement; tandis que, d'un autre côté, l'obligation de payer le prix est la conséquence immédiate du concours des deux volontés? Les effets obligatoires sont ici, comme dans toute autre vente, produits par le consentement; et le payement de la somme capitale, aussi bien que le service des arrérages, sont de part et d'autre l'exécution de l'obligation, et non pas la cause génératrice de cette même obligation (1) »

Ces vérités sont frappantes.

188. Il est juste de dire que Pothier semblait prévoir l'objection et la devançait en ces termes : « Il ne faut pas croire que, si quelqu'un s'était engagé envers moi de me compter, dans un certain temps, une somme de deniers pour laquelle je lui constituerais une certaine rente, cette convention ne fût pas obligatoire : » et plus loin : « Elle donnerait lieu, en cas d'inexécution, à des dommages-intérêts envers moi, si j'ai souffert de cette inexécution; néanmoins cette convention n'est pas le contrat de constitution de rente, qui ne se contractera que lorsque cette somme me sera payée (2). »

189. Mais ce qu'on cherche vainement dans Pothier, c'est l'expression nette et formelle d'un motif sérieux qui serve de fondement à cette décision. Sans doute, la crainte de l'usure semble avoir dominé Pothier et les jurisconsultes de son temps. Mais cette crainte est loin de paraître à tout le monde suffisamment justifiée; cette crainte peut être écartée, d'ailleurs, par une simple et facile application d'un principe très-connu du contrat de vente.

Telle est la pensée qui a porté M. Bugnet à écrire la note suivante : « Pourquoi ne pas permettre que le débiteur de la rente doive les arrérages du jour du contrat (lorsque le prix de constitution n'a pas encore été compté)? Si le débiteur doit ces

(1) M. Bugnet sur Pothier, not. sur le n° 3.
(2) Pothier. *Loc. cit.*

arrérages, on peut bien admettre que le créancier doit par compensation les intérêts moratoires, et il ne sera plus nécessaire de voir dans la constitution de rente un contrat *qui re perficitur* (1). »

190. Et, en effet, ce contrat est une vente, tout le monde l'admet; Pothier et ses contemporains le proclament. Ce n'est même qu'en répétant, bien haut et bien longtemps, « c'est une vente, » qu'on est parvenu à le faire accepter. Or, je trouve écrit dans Pothier lui-même :

« Que, dans toute vente où la chose vendue est frugifère, l'acheteur doit les intérêts du prix, non pas du jour de la mise en demeure; mais bien de plein droit, *ex naturâ contractus*, du jour où il est entré en possession et jouissance de la chose, etc. (2). » Et je me demande s'il y a quelque chose de plus frugifère que la rente.

En supposant donc que les arrérages commencent à courir dès le jour du contrat, les intérêts du prix de constitution courront de plein droit depuis la même époque. L'usure semble bien éloignée d'un tel arrangement.

191. Je le répète, on aimerait à voir Pothier justifier plus complétement et plus catégoriquement une dérogation semblable au droit commun de la vente; de la vente qui est au contrat de constitution ce que le genre est à l'espèce.

192. Vainement on invoque les analogies du contrat de constitution avec le prêt; ces analogies n'embrassent pas le point en question. Si le *mutuum*, à Rome, rentrait dans la catégorie des contrats *re*, tout le monde en sait la raison; c'est parce que dans le *mutuum*, comme dans les autres contrats réels, l'obligation du débiteur consistait à rendre; or, pour être obligé à rendre, il faut nécessairement avoir reçu. Au contraire, dans le contrat de constitution de rente, il y a précisement absence de l'obligation de rendre; car le remboursement y peut être offert, mais il n'y peut être exigé; la seule obligation du débiteur, c'est le service de la rente; et l'on conçoit aisément que cette dernière dette puisse

(1) Note sur Pothier. Cont. de Cons., nos 31 et suiv.
(2) Pothier. Vente, 283 et suiv.

exister indépendamment de toute tradition. Je considère donc le contrat de constitution de rente comme *consensuel*.

193. En second lieu, Pothier soutient que ce même contrat est unilatéral. Pénétré de son idée sur le caractère de réalité qu'il lui attribuait, ne voyant rien de fait avant la tradition du prix, il faisait aussi de cette tradition l'obligation unique du crédi-rentier. Cette obligation étant remplie, Pothier ne lui en cherchait et ne lui en reconnaissait aucune autre.

194. L'inflexible logique qui conduisait Pothier à ce second résultat doit me conduire à un second désaccord avec lui. J'aurai encore l'opinion de M. Bugnet avec moi : « Le contrat de constitution est synallagmatique, disons-nous : dans le cas où le prix a été seulement promis, c'est évident ; et, dans le cas où les deniers de constitution ont été livrés, il est synallagmatique tout autant qu'une vente au comptant (1).

195. Et l'acheteur au comptant n'est-il donc tenu à rien ? Il est tenu des obligations qui résultent de la bonne foi ; il est passible des conséquences de son dol. L'acquéreur de la rente, en outre de ces obligations, n'a-t-il pas celle de venir chercher la rente, lorsqu'elle est quérable ? En dehors de ces obligations actives, n'a-t-il pas des obligations passives ? N'est-il pas privé de certains droits, du droit d'exiger le remboursement, du droit de le refuser s'il lui est offert ? Le contrat de constitution de rente est donc *synallagmatique*, et non pas unilatéral.

196. Le contrat de constitution de rente diffère du prêt à intérêts, suivant tout le monde, en ce que le principal n'en est pas exigible comme le capital prêté ; et, suivant nous particulièrement, en ce qu'il est consensuel et synallagmatique, tandis que le prêt est réel et unilatéral.

§ 2. Des règles auxquelles le contrat de constitution de rente était assujetti.

197. Ces règles sont relatives :

1° Au taux sur lequel la rente est constituée ;

(1) M. Bugnet sur Pothier, not. sur le n° 3.

2° Aux choses qui peuvent former, soit le prix de constitution, soit les arrérages;

3° A l'aliénation du principal;

4° A la faculté du rachat.

198. I. Du taux.— Le taux, c'est le rapport numérique entre les arrérages dus pour un an et le principal. Celui qui vend une livre de rente pour dix livres de capital, constitue une rente sur le taux du denier dix. Celui qui vend un sou de rente pour douze sous, la constitue sur le taux du denier douze. Plus le principal grandit, la rente restant la même, et plus le taux de la constitution diminue; plus le montant du principal est faible, et plus le taux de la rente est élevé.

199. En face des craintes que soulevait l'usure, la fixation du taux de la rente ne pouvait pas être laissée à l'arbitraire des parties; et, bien que l'on eût réussi à faire envisager le contrat de constitution de rente comme une vente, le législateur n'oublia jamais les analogies qu'il présentait encore avec le prêt à intérêts, et combien les arrérages se rapprochaient des *usuræ*. L'intérêt public exigeait que le taux fût réglé par le prince; c'est ce qui eut lieu.

Déjà par les extravagantes *Reginini*, les papes Martin V et Calixte III (en 1420 et 1455) avaient autorisé le taux du *denier dix*.

La coutume d'Orléans, rédigée en 1509, avait défendu (art. 379) d'acheter des rentes à un taux plus élevé. Ainsi cent livres de capital ne pouvaient être payées plus cher que dix livres de rente.

Charles IX, par son édit de mars 1567, établit le *denier douze*. Henri IV, par son édit de juillet 1601, réduisit le taux au *denier seize*. Louis XIII l'abaissa au *denier dix-huit*. Louis XIV le réduisit au *denier vingt*, qui est notre taux actuel (5 pour 100). Toutefois, il faut mentionner, en outre, un édit de 1720, qui tenta de réduire encore le taux au *denier cinquante*, mais qui ne fut pas enregistré; et un édit de 1724, qui établit le *denier trente*, mais dont l'application fut courte, car un autre édit de juin 1725 vint bien bientôt rétablir le *denier vingt*.

200. Il est bon de remarquer que le taux n'était ainsi réglé

qu'en faveur du débiteur, c'est-à-dire du vendeur de la rente.

C'est lui qui avait besoin d'argent, c'est lui qu'il fallait protéger. Quant au créancier, à l'acquéreur de la rente, rien ne l'empêchait de payer un prix plus élevé que le taux légal; d'acheter, par exemple, au denier vingt-cinq, au denier cinquante. Il n'était pas restituable contre un tel acte. — En cela il était traité plus rigoureusement que l'acheteur d'un héritage. Dumoulin, en effet, admettait ce dernier à la restitution, lorsqu'il justifiait d'une *lésion énorme*; mais il n'y admettait, en aucun cas, l'acquéreur d'une rente, « car s'il est possible de dire que l'un a pu se tromper sur la valeur du fonds, il est impossible de prétendre que l'autre ait pu ignorer la valeur de la rente (1). »

201. Une élévation trop grande du sort principal aurait pu toutefois renfermer un avantage indirect, une donation de ce qui avait été compté au delà du prix auquel on aurait pu se tenir. Si donc on achetait une rente au dernier vingt-cinq, alors que la loi autorisait le denier vingt, il fallait que le débiteur fût capable de recevoir à titre gratuit; il fallait, pour la partie du prix qui était *donnée*, appliquer, le cas échéant, les règles de la réduction et du rapport, etc.

202. Lorsque la rente avait été constituée au taux légal, c'eût été éluder la loi protectrice du débiteur que d'exiger de lui, directement ou indirectement, autre chose que l'obligation de la rente. Si le débiteur avait, par exemple, concédé au crédi-rentier, pour un certain temps ou jusqu'au rachat, la jouissance de quelque immeuble en compensation des arrérages, il y aurait eu lieu d'examiner si les fruits perçus n'avaient pas une valeur plus grande que les arrérages dus; et, en ce cas, de répéter ce qui avait été perçu de trop.

203. Lorsque le roi levait un impôt extraordinaire du dixième ou du vingtième sur *sur tous les revenus* de ses sujets, cet impôt devait atteindre les rentes comme les autres biens frugifères, et il devait définitivement rester à la charge du crédi-rentier. Mais le fisc, pour faire rentrer cet impôt, demandait au debi-rentier le

(1) Du reste, la décision indulgente de Dumoulin à l'égard de l'acquéreur d'un héritage, n'est point passée dans le Code civil; l'art. 1683 pose une règle qui ne reçoit pas d'exception.

dixième ou le vingtième du revenu de tous ses biens indistinctement, et par conséquent, du capital de la rente aussi bien que de tout autre objet, sans s'informer si une rente était due sur ces revenus. On ne pouvait pas, d'autre part, réclamer le dixième du revenu de ce capital au crédi-rentier qui ne l'avait plus entre ses mains. Il arrivait donc, par la force des choses, que le débiteur payait pour le compte et en acquit du créancier, la fraction du revenu produit par la rente que ce dernier devait au Roi. Les arrérages ne pouvaient, en conséquence, être exigés par le crédi-rentier que déduction faite des dixièmes ou vingtièmes en question. Mettre cette imposition à la charge du débiteur de la rente, lorsque la rente avait été constituée au taux légal, et stipuler de lui, en ce cas, qu'il ne retiendrait pas l'imposition sur les arrérages, c'eût été encore exiger indirectement du débiteur plus que la loi ne permettait.

204. C'était une question que de savoir si, deux personnes constituant une rente, toujours au taux légitime, mais en se déclarant *solidaires* pour le payement de cette rente, ajoutaient à leur dette normale quelque chose d'illicite. On décidait pourtant, que, si la solidité des constituants donnait une plus grande sûreté au créancier, elle n'augmentait pas, pour cela, la quantité de la dette; pas plus que ne l'augmentent une hypothèque, une caution : le taux n'était donc point excédé dans ce cas.

205. Mais il était excédé, et il y avait stipulation illicite, si l'on convenait : « que la rente augmenterait pour le cas où la loi viendrait à élever l'intérêt de l'argent et le fur des rentes. » En effet, cette loi étant promulguée, le principal serait devenu moindre relativement aux arrérages dûs, le prix de constitution se serait trouvé dimiué; et le débiteur aurait, en fait, constitué la rente à un taux plus élevé que le taux qui avait lieu au temps du contrat; ce qui est contraire aux principes du contrat de constitution. Car ce contrat est une vente; et, dans toute vente, il est essentiel que le prix de la chose vendue se règle eu égard à ce qu'elle vaut au temps du contrat, et non pas eu égard à une valeur future et incertaine (1).

(1) Pothier. Rent. const., n° 14.

206. Voyons maintenant par quelle sanction était assuré le respect de la règle concernant le taux.

Cette sanction consistait, tantôt dans la nullité du contrat avec imputation des arrérages sur le principal, tantôt dans la simple réformation du contrat.

1° Le contrat était *annulé*, et le débiteur pouvait *imputer* les arrérages déjà payés sur le principal, lorsqu'il y avait eu contravention formelle et inexcusable à la loi sur le taux (1) : et aussi, lorsque le taux porté au contrat étant légal, le créancier avait stipulé, par quelque clause particulière, un lucre manifeste et excessif, qui montrait qu'il avait voulu éluder la loi en paraissant la respecter ; par exemple, s'il avait stipulé, en payement des arrérages, la jouissance d'un fonds du constituant, *sans que celui-ci pût lui demander compte* (2).

207. Quand la nullité était prononcée, le constituant avait un droit d'option. Il pouvait, ou rembourser le principal déduction faite des arrérages imputés sur lui, ou bien, après avoir calculé ceux-ci, constituer une rente nouvelle au taux légitime pour ce qu'il restait devoir du principal.

208. Lorsque le débiteur optait pour le *remboursement réel*, Dumoulin accordait au créancier, sur tous ses biens, une hypothèque qui résultait du contrat de constitution, et qui avait date du jour de cet acte.

209. Lorsque le débiteur optait pour la *constitution d'une rente nouvelle* ayant pour capital l'ancien principal, arrérages déduits, Dumoulin reconnaissait au créancier la même hypothèque, dans les mêmes conditions de généralité, de date et de rang, mais pour le principal seulement de la rente nouvelle. Et, pour ce qui était des arrérages de cette dernière, il pensait que l'hypothèque affectée à leur garantie ne devait dater que du jour de la nouvelle constitution (3).

Pothier se séparait de Dumoulin sur ce dernier point, et voulait conserver l'hypothèque résultant du premier contrat, indistinctement pour le principal et pour les arrérages de la nou-

(1) Pothier. Rent. const., n° 18.
(2) Pothier. *Loc. cit.*, n° 24.
(3) Dumoulin. Tract. de usur., quæst. 15.

velle rente ; « car, disait-il, l'obligation de la constituer faute de restituer la somme, était une obligation du premier contrat. »

210. Cette nullité avec imputation des arrérages avait lieu, même quand la rente avait été constituée au profit d'un incapable (1); car autrement les usuriers auraient pu, par l'interposition d'un mineur, d'un interdit, d'un absent au nom duquel ils auraient paru contracter, violer impunément la loi qui règle le taux des rentes. De plus, c'est un principe de droit : « que l'injustice commise dans un contrat par celui qui contracte au nom d'un autre, peut-être opposée par exception au mineur ou autre au nom duquel il a contracté, lorsque ce mineur ou autre veut se servir du contrat (2). »

211. Et cette décision avait lieu quand même, par suite de l'insolvabilité du tuteur, le mineur n'aurait plus eu aucun recours contre lui ; si ce n'est pourtant dans un cas, le cas où les deniers des mineurs avaient été criés en justice et adjugés à rente par le juge au fur d'un denier formellement plus fort que le denier légal. On disait alors : *bonæ fidei professor est, qui auctore judice comparavit* (3) : et Pothier, dans cette espèce, concluait à la simple réformation du contrat (4).

2° *La simple réformation du contrat* intervenait dans tous les cas où la loi régulatrice du taux avait été violée, non plus d'une façon formelle et inexcusable, mais seulement d'une manière indirecte ; c'est-à-dire lorsque la rente avait été constituée au taux légal, mais que, par une clause particulière (telle que la clause de servir la rente sans retenue des dixièmes du roi) le créancier recevait quelque avantage au delà du taux (5).

212. Lorsque le contrat était réformé, le débiteur pouvait *répéter* ce qu'il avait payé de trop en arrérages ; mais il ne pouvait pas, comme au cas d'annulation, l'imputer sur le principal.

213. L'action en nullité et l'action en réformation étaient toutes

(1) Dumoulin. Tract. de usur., quæst. 13.
(2) L. 4, §§ 18, 23, 24, 25, D., *De doli mali et met. except.*
(3) L. 137, ff., *De reg jur.*
(4) Pothier. Rent. const., nos 21 et 22.
(5) Pothier. *Loc. cit.*, n° 23.

deux perpétuelles et imprescriptibles. Car le temps ne fait qu'augmenter l'injustice au lieu de la diminuer(1) : et, de plus, on appliquait la maxime : « *L'usure ne se couvre jamais* (2). »

214. Le droit de *répéter les arrérages*, en cas de *réformation* du contrat, *se prescrivait* cependant *par trente ans* ; c'est-à-dire qu'il ne pouvait être exercé que pour des arrérages payés depuis trente ans au plus avant la demande, tandis que le droit de les imputer sur le principal ne se prescrivait pas. On ne pouvait plus alléguer ici la maxime « l'usure ne se couvre jamais » : car cette maxime doit être entendue en ce sens, que le débiteur était toujours recevable à demander la nullité d'une convention usuraire et à se défendre de l'exécuter; mais non en ce sens qu'il eût perpétuellement la répétition des usures qu'il avait indûment payées. Cette répétition devait se prescrire, puisque celle même des choses volées se prescrivait (3).

Mais quant aux actions en nullité et en réformation, je le répète, le créancier pour s'en préserver, ne pouvait pas se prévaloir de ce que la rente aurait été servie pendant trente ans ou plus. Car si la longue prestation des arrérages faisait, en l'absence de tout titre, acquérir à l'*accapiens* le droit de rente (comme il sera expliqué plus loin), c'est parce qu'il y avait présomption légale que ce dernier avait acheté son droit pour un prix légitime; tandis que, dans l'espèce d'un titre où la loi du taux est violée, cette présomption se trouve détruite par le titre lui-même, et c'est le cas de la maxime : *Meliùs est non habere titulum, quam habere malum, aut vitiosum* (4).

II. En quoi devaient consister les arrérages, et le prix de la constitution.

215. 1° *En quoi devaient consister les arrérages.* — Jusques à Charles IX, on avait pu constituer à prix d'argent des rentes, non-seulement d'une somme d'argent, mais encore d'une certaine quantité de grains ou autres espèces. — Ce roi, par un édit de novembre 1565, prohiba formellement les dernières, et convertit toutes les

(1) *Idem*, n° 25.
(2) Dumoulin. Tract. de usur., quæst. 15.
(3) Pothier. Rent. const., n° 23.
(4) Pothier. *Loc. cit.*, n° 25.

rentes de cette nature constituées antérieurement, en rentes d'une somme d'argent sur le pied du denier douze de leur principal. La valeur des grains étant variable et incertaine, il était facile, dans ces sortes de constitutions, d'excéder le taux légitime et de voiler l'usure.

Depuis 1565, les arrérages de la rente constituée durent donc être promis et payés en argent.

216. 2° *En quoi devait consister le prix de la constitution.* — Le prix avait à réunir un plus grand nombre de conditions que les arrérages. — Il devait d'abord *consister en argent* : c'est là, nous l'avons vu, un des principes *essentiels* que le contrat de constitution de rente tenait de la vente.

217. D'après Pothier, le prix devait encore être réellement compté, et toute clause par laquelle on serait convenu « que la rente commencerait à courir auparavant, » devait être nulle (1). — Mais dans le système que j'ai cru devoir adopter [V. pag. 82], et qui fait de la constitution de rente un contrat consensuel, cette numération réelle perd son caractère d'absolue nécessité.

218. La *quittance d'une dette*, contractée par le constituant envers l'acheteur de la rente, pouvait tenir lieu de la numération du prix ; soit qu'elle fût donnée au constituant, avant le contrat de constitution, soit qu'elle lui fût donnée par ce contrat même. Et il importait peu que la dette dont il était donné quittance en payement de la rente fût antérieure, ou bien contemporaine, au contrat de constitution : c'est ainsi que le vendeur d'un héritage se faisait souvent, par le contrat même de vente constituer une rente par l'acheteur en payement du prix de l'héritage.

219. A ce sujet, une question délicate s'était présentée à l'esprit de Dumoulin (2) : « Un marchand pouvait-il, comme le vendeur d'un héritage, se faire constituer une rente en payement de la somme pour laquelle il avait vendu ses marchandises ? »

Ce grand jurisconsulte répondait négativement, et il donnait deux raisons de son opinion : 1° le marchand retirant de la vente de ses marchandises le profit habituel aux détaillants, il ne de-

(1) Pothier. Rent. const., n° 29.
(2) Dumoulin. Tract. de usur., quæst. 22.

vait pas lui être permis d'en retirer un second profit, en se faisant constituer une rente pour le prix ; 2° ces sortes de constitutions auraient pu être la matière de plusieurs fraudes; un marchand eût obligé un homme qui avait besoin d'argent à acheter des marchandises qui lui eussent été inutiles, et qu'il eût été forcé de revendre à perte; et, dans le cas où cet acheteur en aurait eu vraiment besoin, il les lui aurait vendues au delà de leur valeur. Dans les deux cas, l'acheteur des marchandises aurait constitué une rente plus forte que le taux légitime, eu égard à la valeur effective qu'il aurait reçue pour le prix des marchandises.

A cette époque, en effet, s'était introduite la malheureuse et détestable pratique d'un contrat appelé *Mohatra*, par lequel celui qui avait besoin d'argent achetait des marchandises chèrement et à crédit, pour les revendre au même instant au marchand lui-même, argent comptant et à bon marché (1).

Pothier cependant observe que la décision de Dumoulin ne doit pas être suivie à la rigueur (2); surtout lorsque les marchandises sont à l'usage de l'acheteur, et qu'elles lui ont été vendues au juste prix; en un mot lorsqu'il n'y a pas fraude. — M. Bugnet se montre favorable à cette décision; et il fait remarquer, en outre, que la conversion du prix en rente est même susceptible d'offrir un grand avantage à l'acheteur des marchandises, qui pourra, par le rachat, opérer sa libération en temps plus opportun (3).

220. Le prix de la constitution devait être une *somme principale*. Une constitution de rente qui aurait été faite en payement d'arrérages ou d'intérêts (même d'intérêts moratoires déjà dûs au crédi-rentier), eût été frappée de nullité avec imputation des arrérages sur le capital. — Il y aurait eu *anatocisme*, contrairement aux lois qui défendaient *ne usuræ usurarum exigantur*. Le débiteur pouvait même déférer le serment au créancier sur le point de savoir « s'il n'était pas vrai que le prix de la nouvelle constitution fût en payement des arrérages de l'ancienne (4). »

(1) Cette définition du Mohatra est donnée par Pascal, dans sa 8me Provinc.
(2) Pothier. Rent. const., n° 35.
(3) M. Bugnet sur Pothier. Cont. de const., n° 35.
(4) Pothier. Rent. const., n° 38.

221. Si la *dette*, en payement de laquelle une rente était constituée n'était pas encore exigible au temps du contrat de constitution, les arrérages de la rente ne devaient commencer à courir qu'à partir de l'échéance de la dette ; autrement le taux légitime aurait été dépassé, puisque l'acquéreur aurait stipulé, en outre des arrérages, un payement anticipé.

En résumé, somme d'argent ou quittance d'une dette, en tout cas somme principale, tel devait être le prix de la constitution de rente.

222. Il ne faut pas oublier cependant de mentionner une rente d'une nature particulière, que l'on constituait à titre gratuit, sans recevoir de capital, la RENTE PAR DON ET LEGS. Cette rente était ordinairement créée en faveur des hospices, des fabriques, pour fondation de messes et obits, ou pour toute autre cause pie. On la constituait aussi pour cause de dot.

Dans ces divers cas, le contrat de constitution cessait d'être une vente ; il devenait une libéralité ; et, comme tel, il était soumis à toutes les règles de forme et de fonds qui dominent soit les donations, soit les testaments.

Il cessait d'être consensuel pour se plier aux *solemnités* de la donation ou du testament. Il perdait aussi son caractère synallagmatique pour emprunter le caractère *unilatéral* des dispositions à titre gratuit.

La *rente par don et legs* n'était pas un trafic et un commerce d'argent (1) ; elle était un acte de bienfaisance ; aussi était-elle exempte des précautions que l'on avait introduites, par crainte de l'usure, dans les constitutions de rente à titre onéreux (2).

Et, par exemple, elle n'était *pas nécessairement et de sa nature rachetable ;* car la faculté de rachat n'avait été établie en faveur du débiteur d'une rente constituée que par crainte de l'usure. D'un autre côté, *le testateur pouvait astreindre le débiteur à racheter* la rente, dans un temps déterminé, et pour un prix déterminé, supérieur au taux légal ; ce qui était incompa-

(1) Loyseau. Liv. I, chap. 7 ; n° 2.
(2) *Idem.*

tible avec une constitution à titre onéreux, puisque l'obligation de racheter l'aurait fait dégénérer en prêt (1).

Ajoutons que les arrérages de la rente par don et legs ne tombaient pas sous le coup de la prescription de cinq ans, qui frappait les arrérages de la rente constituée à titre onéreux (2).

223. III. De l'aliénation du capital. Le prix de la constitution devait être aliéné perpétuellement, et partant rester inexigible. C'est en cela surtout que ce contrat s'éloignait du prêt, et se rapprochait de la vente.

224. Il y avait pourtant certaines constitutions de rente dans lesquelles Dumoulin reconnaissait au créancier le droit de stipuler le rachat forcé.

Dumoulin se basait sur un arrêt de 1517, qu'il rapporte lui-même (*quæst.* 27), et qui décidait : « Que si une rente est *constituée pour prix d'un héritage*, ou *pour un retour de partage d'immeubles*, par le contrat de vente ou par le partage; la clause que le débiteur sera tenu de racheter la rente au bout d'un certain temps, est valable. » Cet arrêt se justifie, dit Pothier (3), en ce que, dans les deux cas qu'il vise, la stipulation d'exigibilité est une clause du contrat de *vente* ou de *partage*, plutôt qu'une clause du contrat de *constitution*. Elle ne renferme d'ailleurs aucune injustice, puisqu'elle a le même effet que si, sans faire aucune constitution de rente, il eût été stipulé que le retour, ou le prix, serait payé au bout de ce temps, avec les intérêts jusqu'au payement, ce qui est très-licite; car, si les intérêts de purs deniers étaient interdits, les intérêts du prix d'un héritage ou d'un retour de partage étaient *ex naturâ contractus* (4).

225. Dans les constitutions de rente ordinaires le principe de l'inexigibilité du capital ne fléchissait qu'en deux cas : 1° lorsque le constituant tombait en *faillite* ou en *déconfiture ;* 2° lorsque le constituant *manquait d'accomplir quelque condition* du contrat sans laquelle le créancier ne lui eût point livré son argent

(1) Troplong. Prêt., n° 427.
(2) Merlin. Rép. Rent., p. Don et legs, § 1.
(3) Pothier. Rent. const., n° 47.
(4) Pothier, vente, n° 283.

pour acquérir la rente (1) ; comme lorsqu'il avait promis de faire emploi, et qu'il ne le faisait pas ; ou bien, lorsqu'il avait hypothéqué à la rente un héritage qu'il prétendait franc de toute autre hypothèque, et qui ne l'était point.

Dans ces deux cas, il y avait *faute* ou *fausse déclaration* de la part du débiteur : il n'accomplissait pas les conditions sous lesquelles il avait reçu le prix de la constitution ; et il ne pouvait reprocher qu'à lui-même les faits en vertu desquels le remboursement lui était demandé.

La clause par laquelle on aurait stipulé le remboursement en vue de tout autre événement que ces deux circonstances exceptionnelles, était illicite. Et Dumoulin (Quæst. 8) la repoussait « même lorsqu'elle aurait visé le cas de perte des hypothèques de la rente par suite d'un incendie ou de tout autre accident de force majeure (2). »

226. Quant à la résolution forcée du contrat provenant du non-payement des arrérages pendant un certain nombre d'années, (résolution qu'admet l'art. 1912 de notre Code civil) elle était vivement combattue par les canonistes ; et l'Ordonnance de 1629 (Code Michaud) vint même la prohiber en ces termes : Art. 149. « Ayant reçu plainte qu'en aucuns de nos parlements, » il se pratique un usage contraire à nos ordonnances, contrai- » gnant le débiteur au rachat des rentes, à faute de payement » des arrérages, nous avons aboli et abolissons ledit usage, et » défendons à tous nos juges, tant de nos cours de parlement » qu'autres, de contraindre lesdits débiteurs au rachat des » rentes constituées, si non en cas de stellionat. »

Ajoutons, pour être exact, que cette ordonnance n'était suivie ni à Toulouse, ni en Bretagne ; et que la coutume était, par toute la France, d'insérer dans les contrats de constitution la clause : « Que, faute par le débiteur de servir la rente pendant deux ou trois années, le créancier pourrait en exiger le remboursement (3). »

(1) Pothier. Rent. Const., n° 114.
(2) Pothier. Rent. const., n° 48.
(3) Troplong. Prêt, n° 473.

227. IV. De la faculté de rachat. — Le débiteur pouvait toujours se libérer de la rente en remboursant au créancier le prix de la constitution.

228. Cette faculté était *de l'essence* du contrat;

D'où il suit :

1° Qu'elle était *imprescriptible*;

2° Qu'elle était *toujours sous-entendue*;

3° *Qu'on ne pouvait y déroger*, à peine de nullité avec imputation des arrérages sur le principal;

4° Qu'on devait regarder comme *nulle* toute clause qui tendait à *restreindre ou à gêner*, de quelque façon que ce fût, l'exercice de cette faculté. Ainsi étaient nulles, la clause : « que le débiteur ne pourrait racheter qu'en indiquant un autre bon emploi des deniers de constitution » ; et la clause : « que le débiteur qui voudrait racheter serait tenu d'avertir le créancier un certain temps à l'avance (1). »

229. Le *prix du rachat* ne pouvait pas excéder le prix de la constitution. Sans cela, le créancier aurait pu, au cas de remboursement, recevoir du débiteur quelque chose de plus que les arrérages fixés par la loi. Aussi annulait-on la clause : « que le débiteur, en cas d'une augmentation sur les espèces, ne pourrait racheter qu'en rendant le même nombre d'écus qu'il avait reçus » ; et la clause : « qu'en cas de rachat, le débiteur payerait en entier l'année courante, bien que le terme n'en fût pas encore entièrement échu » (2).

230. Dans les contrats de vente, louage et autres, on pouvait stipuler : « que le créancier retiendrait en payement, pour le prix de l'estimation qui en serait faite, les choses qu'on lui avait hypothéquées ou données en nantissement » (3). Un tel pacte ne pouvait être valable dans le contrat de constitution de rente, parce qu'il était de l'essence de ce contrat que le débiteur pût toujours racheter la rente, en rendant le prix de la constitution (4).

(1) Pothier, n° 52.
(2) Pothier, n° 53.
(3) Pothier, n° 55.
(4) Pothier. Rent. const., n° 55.

§ 3. Des divers pactes qui pouvaient être apposés dans les contrats de constitution de rente ou depuis.

231. Ces pactes se rangeaient en trois catégories : ils concernaient ou la sûreté du fonds de la rente, ou les arrérages, ou le rachat.

I. Pactes concernant la sureté du fonds de la rente.—Les principaux étaient :

1° *La clause de passer acte devant notaire.* L'effet de ce pacte était que le débiteur s'obligeait de passer acte devant notaire à ses frais de la constitution de rente, à la réquisition du créancier ; et de lui fournir une grosse en parchemin.

232. En cas de refus du débiteur, le créancier pouvait l'*assigner en reconnaissance du titre sous seing privé*, et obtenir une sentence qui le condamnât à la prestation de la rente, aux frais de contrôle du billet et aux dépens de l'instance. Cette sentence donnait au créancier les mêmes droits d'hypothèque sur les biens du débiteur et les mêmes droits d'exécution, que lui aurait donnés l'acte devant notaire.

Toutefois, cette sentence était sujette à la prescription de trente ans ; tandis que, dans certains pays qui avaient adopté la disposition de la loi *Quùm notissimi* (1) sur la durée de l'hypothèque résultant des actes authentiques, le titre notarié n'était sujet qu'à la *prescription de quarante ans* contre l'obligé et ses héritiers. Aussi reconnaissait-on, dans ces derniers pays, que le créancier avait droit de ne pas se contenter de la sentence, et d'exiger en tout temps l'acte devant notaire ; tandis que dans les autres coutumes, on décidait que le créancier, une fois la sentence obtenue, n'était plus recevable à demander l'exécution de la clause, n'ayant aucun intérêt à faire cette demande.

Cette clause était un acte accidentel du contrat, et ne devait point s'y suppléer si elle y avait été omise.

2° La *clause d'assignat* ; par laquelle le constituant assignait la rente à l'avoir et à prendre sur un certain héritage dont il se dessaisissait jusqu'à due concurrence, pour en saisir le créan-

(1) Cod. VII, 39, 7. *De præscript.* XXX, *vel* XL *ann.*

cier, déclarant le constituant ne posséder l'héritage, jusqu'à ladite concurrence, qu'à titre de constitut et de précaire.

233. Cette clause n'avait d'autre effet, selon Loyseau, que de donner au créancier une *hypothèque spéciale* sur l'immeuble (1).

3° *La clause de faire emploi, donner caution, ou autres sûretés.* Faire emploi, c'était consacrer le prix de la constitution à l'acquisition d'un certain héritage, ou au payement d'une certaine dette, à l'effet de faire subroger le créancier de la rente aux priviléges du vendeur; ou aux droits, actions et hypothèques du créancier payé.

234. On déposait les deniers chez un notaire, pour y rester jusqu'à l'emploi; ou bien on les livrait au débi-rentier, à la charge de remplir cette obligation. Dans ce dernier cas, le créancier avait la *condictio causâ datâ causâ non secutâ*, pour, le cas échéant, assigner le constituant, et le faire condamner à rapporter l'acte d'emploi dans un temps très-court, sinon à rendre l'argent qu'il avait reçu (2).

Même solution lorsque le constituant avait reçu les deniers à la charge de fournir une caution, ou une garantie d'un autre genre, dans un délai déterminé, et qu'il manquait à sa promesse.

4° *La clause par laquelle un héritage que le constituant hypothéquait pour la sûreté de la rente était déclaré franc de toute autre hypothèque.*

235. Si la déclaration de franchise était reconnue fausse et faite de mauvaise foi, cette clause donnait au créancier l'action dérivant du *stellionat* pour faire condamner le débiteur, *et par corps*, à rapporter la décharge de l'hypothèque, sinon à racheter la rente. Mais le créancier n'avait cette action qu'à la condition de n'avoir pas connu lui-même les hypothèques frauduleusement célées; car s'il les avait connues, il ne pouvait se plaindre de ce qu'on eût cherché à le tromper, *nemo sciens fallitur;* bien plus, il eût été lui-même suspect, n'ayant pas relevé le mensonge du constituant, d'avoir fait insérer cette clause pour se procurer une voie d'exiger le rachat.

Il n'y avait pas lieu non plus à l'action de stellionat, ni à la

(1) Pothier. Rent. const., n° 64.
(2) Pothier, n° 67.

contrainte par corps, lorsque la déclaration fausse du constituant avait été faite de bonne foi : mais, comme il y avait toujours faute de sa part à avoir affirmé ce dont il n'était pas certain, et que le créancier n'avait aliéné ses deniers qu'en vue d'une garantie hypothécaire complète et d'une hypothèque en premier rang, il était juste que le créancier conservât, même dans ce cas, le droit d'exiger ou la décharge de l'hypothèque, ou le rachat. Le juge pouvait être, de son côté, plus indulgent; et accorder, en vue de la bonne foi, quelque délai pour le remboursement.

5° *La clause par laquelle le créancier stipulait quelque chose du débiteur pour décharger de l'hypothèque un de ses héritages.*

236. D'après les principes posés plus haut, une pareille clause ne pouvait intervenir que dans une constitution faite sur un taux moindre que celui de l'ordonnance. — S'il n'en était pas ainsi, le constituant était admis à faire annuler la convention, et, en conséquence, à répéter la somme donnée ; à la charge néanmoins de rétablir l'hypothèque de l'héritage, si l'héritage était encore en sa possession.

Que si l'héritage avait été aliéné par lui, il pouvait encore, non plus répéter la somme, mais la compenser avec des arrérages échus ou à échoir, jusqu'à due concurrence (1) : et, dans le cas où il n'était pas échu assez d'arrérages pour que cette compensation pût avoir lieu au moment où il convenait au débiteur de racheter, le créancier était tenu de faire déduction de ce qui s'en manquait sur le principal.

Mais le créancier pouvait valablement recevoir une somme du *tiers détenteur* de l'immeuble hypothéqué pour prix de sa décharge ; de même qu'il le pouvait de *la caution* qu'il aurait libérée de son cautionnement; pourvu néanmoins que l'abandon de ces garanties lui fît courir un véritable risque de perdre la rente, par l'insolvabilité imminente du débiteur. Car alors, et seulement alors, la somme qu'aurait reçue le créancier pouvait être considérée comme le *prix des risques* dont il se chargeait, et dont il déchargeait d'autres personnes qui, sans cela, eussent été tenues de ces risques (2).

(1) Pothier. Rent. const., n° 76.
(2) Notre Code a décidé tout autrement dans l'art. 1288.

237. II. PACTES CONCERNANT LES ARRÉRAGES. — Les principaux étaient :

1° *La clause de délégation;* par laquelle le créancier stipulait qu'il serait payé des arrérages de sa rente sur les fermages ou loyers de l'héritage où la rente était assignée.

Cette clause donnait pouvoir au créancier d'exiger des locataires et fermiers de cet héritage les fermages et loyers en payement de ses arrérages; et la *signification* qu'il leur faisait de cette délégation équivalait à une *saisie-arrêt* des fermages et loyers en question (1).

2° *La clause de non-rétention des dixièmes et vingtièmes.* — Ce qui a été dit des règles du taux a fait comprendre qu'une telle clause ne pouvait intervenir que dans une constitution faite sur un taux moindre que celui de l'ordonnance.

Si donc les sommes à payer par le débiteur pour impositions de ce genre, réunies aux arrérages stipulés de lui, formaient un total supérieur aux arrérages que le créancier avait pu légitimement stipuler, tout ce qui excédait ces derniers était susceptible de rétention par le débiteur.

3° *La clause de payer par demi-terme ou d'avance.* — La légitimité de cette clause était contestée dans les constitutions faites au taux légal. « Elle aggrave, disait-on, la condition du débiteur, car on exige de lui quelque chose de plus que l'*apex usurarum.*

Toutefois, Pothier [n° 85] la déclarait licite, en ce que, les arrérages étant dus jour par jour, le débiteur n'avait pas à se plaindre de ce qu'au bout de six mois on lui demandât une demi-année d'arrérages.

Mais il en était bien autrement, ajoutait Pothier, de la clause *de payer chaque année d'avance :* celle-là eût été vraiment usuraire. Le créancier aurait, en fait, retenu sur le prix de la constitution les arrérages de la première année; et il eût fallu, pour qu'elle pût être acceptée, que les arrérages stipulés ne fussent pas supérieurs à ceux qu'aurait produit, au taux légitime, le principal déduction faite d'une annuité de la rente.

III. 238. PACTES CONCERNANT LE RACHAT. — Toutes les clauses tendant à restreindre ou à gêner l'exercice de la faculté de rachat

(1) Pothier. Rent. const., n° 79.

étaient nulles, nous l'avons vu. Celles, au contraire, qui tendaient à le faciliter, étaient valables.

On pouvait stipuler, entre autres clauses :

1° *Que le rachat aurait lieu pour une somme moindre que le prix de constitution;* en observant toutefois, puisqu'il y avait là une libéralité du créancier, les règles relatives à la capacité de donner et de recevoir, à la réduction, au rapport, etc.

On pouvait stipuler encore :

2° *Que le rachat se ferait entre les mains d'une certaine personne aussi valablement qu'en celles du créancier;*

Ou 3° *Que le rachat pourrait se faire en plusieurs payements.*

§ 4. De la nature des rentes constituées, et de leurs arrérages.

239. I. Depuis l'adoption de la théorie de Dumoulin sur le principe du rachat, la rente constituée, même avec assignat et hypothèque spéciale sur un immeuble, ne fut plus qu'une dette de la personne, un simple droit de créance; et ne put, en aucun cas, être confondue avec la rente foncière. Le débiteur de la rente en était personnellement tenu, et tenu sur tous ses biens. Y avait-il clause d'assignat, il était obligé hypothécairement sur le fonds assigné; mais cette hypothèque n'était que l'accessoire de son obligation. L'héritage assigné périssait-il, l'obligation continuait à subsister; l'hypothèque était perdue sans doute, mais la perte de l'accessoire n'avait pu entraîner celle du principal.

240. L'importance qu'elles durent acquérir et la grande place qu'elles tinrent dans les fortunes, valurent aux rentes constituées d'être rendues *immeubles* dans beaucoup de coutumes, en dépit de la maxime : *Actio ad mobile est mobilis.*

Dans les coutumes même ou la rente constituée resta meuble, telles que les coutumes de Reims, Blois, Troyes, elle pouvait être grevée de substitution, tout comme les immeubles (1).

Les coutumes de Paris et d'Orléans, qui lui donnaient le qualification d'immeuble, et qui faisaient à cet égard le droit commun, se fondaient sur cette raison : «Que la rente constituée n'avait pas pour objet une somme d'argent, le prix d'achat n'étant

(1) Ordonnance de 1747, tit. I, art. 3.

pas exigible ; mais bien des arrérages exigibles chacun an à perpétuité, jusqu'au rachat, arrérages qui ressemblaient au revenu annuel et perpétuel que produisent les héritages pour ceux qui en sont propriétaires (1). »

Mais ce qui fit, bien mieux encore qu'un tel raisonnement, la fortune de cette opinion, c'est qu'elle fut suivie par les canonistes.

241. Ne se rattachant à rien d'immobile et de fixe, les rentes constituées n'avaient *pas de situation*; c'étaient des droits personnels qui ne pouvaient être régis que par la loï de la personne à qui ils appartenaient. Elles étaient donc réputées meubles ou immeubles, suivant le système adopté par la coutume qui régissait le créancier. C'est, en effet, le créancier, et non le débiteur de la rente, qu'il fallait considérer à cet égard. Car, dit Pothier (n° **115**), lorsqu'on demande si les rentes sont un bien meuble ou un bien immeuble, on les considère *comme biens* : or, c'est dans le patrimoine du rentier qu'elles sont un bien.

Si le créancier, domicilié d'abord dans un pays où la rente constituée était immeuble, transférait son domicile dans un pays où elle était meuble; la rente, immeuble d'abord, devenait mobilière et réciproquement.

242. Si la rente constituée, appartenant d'abord à une personne régie par une coutume qui la réputait immeuble, passait ensuite à un successeur, soit à titre universel, soit à titre particulier, dont la coutume admettait le principe contraire; elle devenait meuble, *et vice versâ* (2).

Une des plus singulières applications de cette théorie était la suivante : Un habitant de Reims ou de Blois (où la qualité de meuble était reconnue à la rente constituée) instituait-il pour son *successeur aux meubles* un habitant de Paris ou d'Orléans (où l'immobilisation était admise); toutes les rentes constituées du premier entraient dans le patrimoine du second. Mais y entraient-elles à titre de *propres*, ou bien à titre d'*acquets* ? Sur ce point, grande controverse. Elles sont propres, disaient les uns; car,

(1) Pothier, n° 112.
(2) Pothier. *Loc. cit.*, n° 116, 117.

dans la personne de l'héritier Parisien, elles sont *immeubles, et immeubles venus de succession*. — Elles sont acquêts, disaient les autres; car le propre doit être un *ancien héritage*, c'est-à-dire qu'il doit avoir eu la qualité d'immeuble anciennement et avant la transmission, dans la personne du *de cujus*.

Suivant Pothier, qui ne se prononce pas (nº 117), ce dernier avis était celui de Boullenois et de l'annotateur de Lebrun, qui rapporte à son appui un arrêt du 14 mai 1697, et une sentence des Requêtes du 10 avril 1710.

243. Toutefois, le créancier d'une rente immeuble, qui aurait concédé sur elle une hypothèque, n'aurait pas pu ensuite, en lui enlevant le caractère immobilier soit par un changement de domicile, soit par la transmission qu'il en aurait faite à une autre personne, dépouiller ses créanciers de leur droit de suite sur la rente hypothéquée. Ainsi jugea un arrêt de 1687 (1).

244. Certaines rentes constituées avaient pourtant une situation, et se trouvaient régies par la coutume du pays où le bureau de payement était établi, au lieu d'être régies par celle du domicile du créancier. Telles étaient les RENTES SUR LE ROI (2).

245. La rente constituée, n'étant qu'une créance, même dans les pays d'immobilisation, *se divisait de plein droit* entre les héritiers, soit du créancier, soit du débiteur.

Il ne faudrait pas néanmoins conclure de là que chaque héritier du débiteur pût *racheter isolément* sa part héréditaire: la division produite par le décès du débiteur n'avait pas pour effet de faire d'une rente plusieurs rentes; et nous verrons plus loin, en parlant de la faculté de rachat, que cette faculté était indivisible.

246. II. DES ARRÉRAGES — Les arrérages *étaient dus chaque jour*, mais ils n'étaient dûs ainsi que sous la condition que le débiteur conserverait l'utilité soit du capital, soit du revenu, pendant tout le cours de l'année dans laquelle ils échéaient; et ils ne pouvaient être exigés, à moins de clause contraire et licite, qu'*après l'année révolue*.

(1) Pothier, nº 118.
(2) Pothier. Rent. const., nº 189.

247. Les arrérages étaient-ils *quérables* ou *portables?* A cet égard, Dumoulin distinguait le cas où le débiteur et le créancier étaient *ejusdem fori*, du cas où ils n'avaient pas un domicile commun : dans le premier, il la déclarait portable, à moins de stipulation contraire (1) ; dans le second, il la déclarait quérable.

248. Les arrérages n'étaient dus que sous la déduction des impositions extraordinaires établies par le Roi sur le revenu, à moins qu'il n'y eût clause licite de non-rétention ; comme il a été expliqué plus haut. Mais le débiteur n'aurait pu retenir d'autres impositions que celles établies sur la rente même et qu'il avait payées en acquit du crédi-rentier. Ainsi, les impositions extraordinaires qui auraient été établies sur l'héritage, *objet de l'assignat* (2), restaient à la charge du débiteur.

249. Les arrérages étaient soumis à *deux sortes de prescriptions.* La première (qui s'appliquait aussi aux arrérages des autres rentes) consistait en ce que les *quittances de trois années consécutives* d'arrérages formaient une présomption de payement des annuités précédentes, une fin de non-recevoir contre la demande que le créancier aurait faite de celles-ci.

La seconde consistait en ce que, si le créancier laissait *accumuler plus de cinq années* d'arrérages, il ne pouvait plus exiger que les cinq dernières, et devait être débouté de la demande du surplus, *sans même que le débiteur eût besoin d'invoquer cette présomption* (3). Cette seconde prescription procédait d'une ordonnance de Louis XII, de l'an 1510, où il est dit: « Qu'il arrivait souvent que les créanciers de ces rentes, après avoir laissé accumuler beaucoup d'arrérages, qui excédaient le capital, faisaient vendre, pour en avoir le payement, les biens de leurs débiteurs qu'ils réduisaient ainsi à la mendicité. »

(1) *Tract. de usur.*, quæst. 9.

(2) Telles étaient les impositions extraordinaires établies sur tous les héritages d'une paroisse pour les réparations de l'église ou du presbytère; ou sur les héritages voisins d'un grand chemin pour la réfection de ce chemin.. — Nous aurons occasion de voir que le créancier d'une rente foncière devait contribuer avec le débiteur de cette rente au payement de telles impositions; mais il y avait pour lui des motifs qui n'étaient pas applicables au créancier d'une rente constituée.

(3) Pothier. Rent. const., n° 133.

L'ordonnance avait soin d'ajouter que « la prescription ne s'appliquait pas aux rentes *foncières* » (1).

250. Mais la question pouvait être posée (et elle le fut) de savoir si la même prescription devait s'appliquer aux rentes *constituées pour prix d'un héritage* (2).

On disait, pour les soustraire à tant de rigueur : que la constitution de rente pour prix d'un héritage n'était pas un contrat odieux comme ceux qu'avait voulu restreindre l'ordonnance; qu'une pareille constitution était favorable et n'était jamais nuisible au constituant, puisque, s'il n'eût pas constitué la rente, il aurait dû les intérêts du prix dès son entrée en jouissance, intérêts qui n'étaient pas sujets à la courte prescription de cinq ans : que l'acheteur, à la faveur d'une telle prescription, pourrait avoir tout à la fois la jouissance de l'héritage, et celle du prix qu'il n'avait pas encore payé....

Mais Pothier (n° 138) rapporte qu'un arrêt du 13 juin 1679 refusa de faire à la règle de l'ordonnance aucune autre exception que celle faite par l'ordonnance elle-même en faveur des rentes foncières; et que cette jurisprudence fut toujours suivie au Châtelet d'Orléans. Il ajoute néanmoins « que la question souffrait grande difficulté. »

La prescription quinquennale des arrérages avait lieu, même contre les incapables, les successions vacantes, l'Église, les communautés, les hôpitaux, etc., sauf leur recours contre ceux qui auraient dû faire les diligences pour l'interrompre (3).

III. Dans le doute sur la nature d'une rente, devait-on la présumer constituée a purs deniers et rachetable?

251. Dumoulin soutenait que le créancier, lorsqu'on ignorait la nature de la rente, ne devait pas être obligé d'en souffrir le rachat. Ses arguments étaient :

1° Que la rente constituée étant la seule rachetable parmi les nombreuses rentes connues alors (telles que les rentes créées par

(1) Pothier. *Loc. cit.*

(2) Nous avons déjà vu que les rentes constituées ainsi pouvaient s'établir sous la condition favorable au créancier, qu'elles seraient rachetées au bout d'un certain temps. (*V.* n° 224.)

(3) Pothier. *Loc. cit.*, 139.

bail d'héritage, ou pour retour de partage et d'échange, ou pour cause de donation, de legs, de dot, lesquelles ne comportaient point la faculté de rachat), il n'y avait pas lieu de présumer que la rente dont le débiteur offrait le rachat appartînt à la première espèce plutôt qu'à toutes les autres.

2° C'était au débiteur, qui voulait faire accepter le rachat, de prouver le fondement de sa prétention, en vertu de la règle : *ei qui dicit incumbit probatio.*

3° Personne, de droit commun, n'étant obligé de se défaire de ce qui lui appartient, le créancier à qui appartenait la rente ne pouvait être obligé de l'aliéner que si l'on justifiait qu'elle était rachetable.

252. Néanmoins, dit Pothier (n° 166), le sentiment contraire prévalut dans la jurisprudence, qui en donna les raisons suivantes :

1° Dans le doute sur la nature d'un droit, on doit le réputer de la nature la moins onéreuse pour le débiteur, et qui tend le plus à sa libération : *semper in obscuris quod minimum est sequimur* (1). *Propensiores esse debemus ad liberationem* (2).

2° Les rentes constituées à prix d'argent sont les plus communes; la présomption doit être pour elles.

3° Les créanciers n'auraient qu'à cacher les titres de leurs rentes pour mettre les débiteurs dans l'impossibilité d'exercer leur droit de rachat, faute de pouvoir établir que la rente est constituée; ces derniers n'ayant pas les titres qui le justifient, et ignorant souvent, lorsque la rente est ancienne, où ils ont été passés.

4° Quand même le créancier serait de bonne foi, il doit s'imputer à faute de n'avoir pas les titres : le débiteur n'en doit pas souffrir.

253. La rente dont on ignorait la nature était donc rachetable; telle est du moins l'opinion qui triompha. Mais sur quel pied devait alors se faire le rachat ? — On déterminait le prix du rachat en établissant la plus ancienne existence connue de la rente, et en recherchant le taux qui avait lieu à cette époque. Ce dernier était le taux présumé de la constitution; ce devait être aussi le taux du rachat.

(1) L. 9, D. *De reg. jur.*
(2) L. 47, D. *De oblig. et act.*

§ 5. Comment s'établissait le droit de rente constituée.

254. L'existence de la rente constituée pouvait résulter d'autres faits que de la représentation du titre primordial. A défaut de celui-ci, les ACTES RÉCOGNITITIFS pouvaient constituer au moyen de preuve.

Ici, comme en matière d'obligations ordinaires, Pothier distinguait, d'après Dumoulin, deux sortes de reconnaissances : les reconnaissances *ex certa scientia*, appelées aussi *in forma speciali et dispositiva*, où la teneur de l'acte primordial était reproduite ; et les reconnaissances *in forma communi*, dans lesquelles on se chargeait et on se reconnaissait débiteur d'une rente déjà constituée, mais sans reproduire la teneur du contrat de constitution.

Les premières faisaient foi de leur contenu par elles-mêmes. Les secondes ne suffisaient point pour obliger leur auteur à la prestation de la rente, lorsqu'il n'y en avait qu'une seule ; il en fallait, pour suppléer le titre primordial, *trois* ou un plus grand nombre passées par des personnes qui s'étaient succédé l'une à l'autre. *Deux* auraient pu cependant suffire, d'après Pothier, selon les circonstances ; surtout lorsqu'étant passées à un temps éloigné l'une de l'autre, elles établissaient une possessien de 30 ans.

255. Dumoulin enseignait encore, et Pothier le dit après lui (n° 157), que le droit de rente s'établissait quelquefois même au pétitoire *sans le titre primitif*, et sans aucune déclaration d'hypothèques, par le rapport de simples actes de la prestation des arrérages ; et il distinguait trois cas :

1° *Si la prestation des arrérages avait duré dix ans et plus*, sans doute elle ne faisait pas acquérir le droit de rente : mais elle établissait, en faveur de l'*accipiens*, une présomption que le *solvens* devait renverser par la preuve contraire, pour refuser le service de la rente.

2° Si la prestation des arrérages avait eu lieu *pendant trente ans et plus*, elle formait, non plus une simple présomption *juris tantùm*, mais une présomption *juris et de jure*, un droit de prescription produisant la propriété. Dans ces deux premiers cas, il fallait que les quittances produites par l'*accipiens* fussent *causatæ tanquàm de reditu perpetuo*, c'est-à-dire portassent

« que la somme avait été payée pour arrérages d'une rente perpétuelle. »

3° Si la prestation des arrérages avait duré *cent ans et plus*, non-seulement elle formait prescription comme la prestation trentenaire; mais encore cet effet n'était point subordonné à la teneur des quittances, qui n'avaient plus besoin d'être *causatæ*. Il suffisait qu'elles fussent *uniformes*.

Mais ce n'est pas ici le siége de la matière des Preuves et des Présomptions. Cette matière rentre bien plutôt dans un *Traité des obligations en général*. C'est là que l'on doit chercher des explications plus étendues, dont la longueur m'égarerait hors des limites où je dois me renfermer.

§ 6. De quelles manières s'éteignait la rente constituée, et spécialement du rachat.

256. La rente constituée s'éteignait d'abord par divers modes qui lui étaient communs avec les autres obligations, savoir : la *remise* faite par le créancier; la *novation*; la *confusion*; les *prescriptions* de trente et quarante ans; et enfin, par un mode spécial et le plus naturel de tous, le RACHAT, dont je ne puis laisser dans l'ombre les particularités.

257. A un point de vue, le RACHAT n'est autre chose qu'un payement. Il n'était pas dû, c'est vrai, puisqu'il n'était pas exigible; mais, comme le payement, il libérait d'une obligation et opérait l'extinction d'une dette. Comme le payement, il ne pouvait être fait que par certaines personnes, et qu'à certaines personnes. Il s'effectuait par les mêmes moyens que le payement : et l'on pourrait presque renvoyer pour la théorie de l'un à celle de l'autre. Mais, comme je l'ai dit, le rachat tenait certains traits spéciaux de la nature des rentes constituées.

I. PAR QUI LE RACHAT POUVAIT ÊTRE FAIT. La rente pouvait être rachetée, non-seulement par le débiteur ou par ses héritiers; non-seulement par ceux qui étaient *tenus avec lui ou pour lui*, comme la caution ou le tiers détenteur de l'immeuble hypothéqué à la rente; mais encore par toute personne *ayant intérêt* à ce que le rachat eût lieu. J'entre dans quelques détails :

258. Pour le *débiteur et ses héritiers*, il n'est pas besoin d'ex-

plications ; le rachat était essentiel dans le contrat de constitution, il était imprescriptible ; ils n'avaient pu y renoncer.

259. Pour la *caution* et le *tiers détenteur*, leur droit de racheter venait de ce que la faculté de rachat était inséparable de l'obligation de rente constituée, et appartenait à tous ceux qui, à un titre quelconque, pouvaient être tenus de cette obligation. Le créancier était obligé de les *subroger* à tous ses droits, s'ils le requéraient, et devait leur remettre la grosse de son contrat.

260. Passons à ceux qui *avaient intérêt* au rachat :

C'étaient, d'abord le *créancier hypothécaire postérieur* en hypothèque au créancier de la rente, lorsque les actes de ce dernier pouvaient nuire à ses droits, et qu'il pouvait lui être avantageux de se faire subroger à la première hypothèque pour assurer la sienne. Plus favorisé en cela que ne l'étaient et la caution et le tiers détenteur, lesquels devaient requérir la subrogation (1), ce créancier hypothécaire, s'il opérait ce rachat, était *subrogé de plein droit*. La raison en était, dit Pothier, que ce créancier, n'étant aucunement tenu de la rente, ne pouvait avoir fait le rachat que dans l'unique intention d'être subrogé à une hypothèque qui faisait obstacle à la sienne.

Mais le crédi-rentier lui-même, ayant hypothèque en premier rang, pouvait avoir intérêt à rembourser un second crédi-rentier auquel le débiteur commun aurait concédé sur l'immeuble déjà affecté à la rente une hypothèque en second ordre. Il pouvait offrir au crédi-rentier postérieur de lui racheter sa rente en l'acquit du débiteur commun. Et il pouvait faire cette offre, alors même que le créancier postérieur n'avait fait de son côté aucune offre de le rembourser lui-même. Le droit de mettre le crédi-rentier postérieur *hors d'intérêt* se justifiait assez pour le premier crédi-rentier par cette considération, que le second avait le pouvoir, en vertu de son hypothèque, de faire saisir l'héritage du débiteur, et d'arriver par là à consommer en frais le gage commun.

261. Quant aux autres personnes *étrangères* et non intéressées au rachat, elles pouvaient bien, en cas de poursuites dirigées contre

(1) Pothier. Rent. const., n° 177. Cette différence n'existe plus sur le Code civil. Voy. *a.* 1251.

le débiteur de la rente, offrir les arrérages qui faisaient l'objet des poursuites, et obliger le créancier à les recevoir; mais elles ne pouvaient pas l'obliger à recevoir le rachat, à moins qu'elles ne voulussent l'effectuer pour en décharger le débiteur et éteindre la rente, sans prétendre la faire revivre à leur profit (1).

Le *créancier chirographaire* du débiteur de la rente ne différait pas, à cet égard, des autres personnes étrangères. Il n'avait pas, comme le créancier hypothécaire, l'intérêt de conserver sa garantie, *ut confirmet suum pignus;* il ne pouvait ni offrir le rachat, ni se faire subroger.

262. II. A QUI LE RACHAT POUVAIT ÊTRE FAIT. — Le rachat devait être fait au créancier même de la rente, s'il avait la libre disposition de ses biens. Si c'était un mineur ou un interdit, à son tuteur ou son curateur. Si c'était une femme mariée, soit à elle-même avec l'autorisation de son mari, soit au mari suivant les cas. Les rentes dues à des communautés, fabriques, hôpitaux, etc., se rachetaient aux administrateurs de ces corps.

S'il y avait un usufruitier de la rente, il devait être appelé au remboursement; sans quoi le débiteur eût continué d'être tenu de la rente envers lui pour toute la durée de l'usufruit, sauf son recours contre le propriétaire de la rente. — De même, le remboursement ne pouvait se faire au préjudice d'une saisie-arrêt (2).

263. III. DE L'INDIVISIBILITÉ DU RACHAT. — Dumoulin (3) comprenait parmi les diverses espèces d'indivisibilité celle de la faculté de rachat.

Sans doute l'obligation des arrérages était susceptible de division comme une dette ordinaire; mais il n'en était pas de même du rachat. Cela tenait, dit Dumoulin, à ce que le rachat n'était pas *in obligatione* comme les arrérages, mais bien *in facultate solutionis et redemptionis*. La division de l'obligation de la rente n'empêchait pas cette rente de conserver sa nature et les qualités qui résultaient de sa constitution. Elle avait été créée sous la condition qu'elle ne serait rachetable que moyennant le rembourse-

(1) Pothier. *Loc. cit.*, n° 179

(2) Pothier. Cont. de const., n° 190.

(3) *Tract. de divid. et individ.*, partie 3, n° 23.

ment total du prix de constitution ; le rachat n'eût été d'ailleurs que la résolution du contrat de constitution, et la remise des choses dans l'état où elles se trouvaient avant le contrat. Or, qu'avait à ce moment le créancier? le prix entier de la rente. C'est donc une somme entière qu'il fallait lui rendre, et non une somme divisée.

Puis enfin, il n'y avait pas plusieurs rentes parce qu'il y avait plusieurs débiteurs de la rente. Il n'y en avait toujours qu'une, dont chacun des codébiteurs était tenu pour sa part.

264. Il fallait pourtant raisonner différemment, dans le cas où le créancier unique de la rente laissait plusieurs héritiers. Chacun d'eux n'ayant succédé qu'à une part de la rente, n'avait aucun intérêt à ce qu'elle fût rachetée en entier ; et, dès qu'on lui offrait le rachat de sa part, il n'avait pas à exiger qu'on lui offrît aussi le rachat de la part de ses cohéritiers. Il n'aurait pu forcer le débiteur à racheter la rente entière que s'il fût devenu propriétaire du tout, en acquérant les parts de ses cohéritiers (1).

265. Et même on rencontrait un cas où, quoiqu'il y eût plusieurs successeurs du débiteur, il y avait lieu à un remboursement simplement partiel. C'était le cas où le principal devenait exigible par le fait de l'un d'eux, *ex accidenti*, comme par sa faillite. Le principal n'était alors exigible que par la part afférente au failli dans la rente. Quant aux autres parts, elles restaient inexigibles, car c'était seulement la faculté qu'avait le débiteur de racheter qui était indivisible : l'obligation de la rente, tant en arrérages qu'en principal, lorsqu'elle devenait exigible, devenait par cela même une obligation divisible comme toutes les autres obligations qui ont pour objet une somme d'argent (2).

IV. De ce qui devait être remboursé.

266. Le débiteur de la rente n'était recevable au rachat, qu'en payant avec le principal, tous les arrérages qui en étaient dus, et qui avaient couru jusqu'au jour du rachat. L'imputation de ce qui avait été payé se faisait d'abord sur les arrérages, conformément aux règles établies pour les intérêts, lorsqu'il était permis d'en stipuler.

(1) Pothier. Rent. const., n° 191. Et aussi *Trait. des oblig.* Part. 2, ch. 4, art. 2, § 5.

(1) Pothier. Rent. const. 192.

Quand une rente était constituée *par don et legs*, et que le testateur en ordonnait le remboursement, il était bon, de sa part, de déterminer le capital du rachat. A défaut de cette indication, le donataire ou légataire de la rente ne pouvait exiger pour le remboursement rien au delà du capital que représentaient les arrérages multipliés par le chiffre du denier légal. De même le débiteur de la rente donnée ou léguée ne pouvait rien offrir au dessous de ce taux.

V. Des différentes espèces de rachat.

267. Pothier distinguait trois espèces de rachat :

1° *Le remboursement*, ou *payement réel du principal.*

2° *La consignation après les offres*, lorsque le créancier avait refusé de les recevoir.

3° *Le rachat par compensation.*

Les deux premiers modes avaient des règles parfaitement semblables à celles des deux modes analogues de payement (1).

Le troisième offrait quelques singularités.

268. En effet, dans cette matière la *compensation* ne pouvait pas avoir lieu de plein droit, à l'instant, *ex hoc ipso*, ainsi qu'elle a lieu dans les obligations. Car si l'on supposait que le débiteur de la rente fût devenu créancier du crédi-rentier pour une somme liquide exigible, ce n'était pas assez : il eût fallu autre chose encore ; il eût fallu que le principal, c'est-à-dire la somme à payer pour le rachat, fût exigible aussi. Or, quand le principal devenait-il exigible? Il ne le devenait que tout autant qu'il plaisait au débiteur de racheter la rente. La compensation se trouvait donc subordonnée à la volonté du débiteur de la rente, et à la déclaration qu'il devait faire de son intention de racheter et de compenser le principal avec la somme qui lui était due. Jusqu'à cette déclaration, les arrérages de la rente couraient toujours.

Une seconde particularité de la compensation appliquée à une rente constituée, c'est que dans les obligations ordinaires il n'était pas nécessaire pour que la compensation eût lieu, que les deux sommes liquides et exigibles fussent égales ; tandis que, étant données une rente et une somme d'argent due par le rentier au débiteur de cette rente, et la somme en question étant plus petite

(1) Pothier, n° 203.

que le capital à payer pour le rachat de la rente, permettre la compensation c'eût été imposer au rentier un rachat partiel. Il fallait donc, pour qu'une rente constituée pût entrer en compensation avec une dette ordinaire, que le montant de celle-ci fût ou supérieur, ou au moins égal, à la somme qui devait être comptée pour le rachat.

Que si le crédi-rentier devenait à son tour débiteur d'un autre principal de rente envers le débi-rentier, celui-ci ne pourrait invoquer la compensation que tout autant que le premier aurait déjà offert le rachat de la rente dont il est débiteur. Le rachat n'étant pas exigible, il n'y aurait pas, sans cette offre, de compensation possible.

SECTION II.

DROIT INTERMÉDIAIRE.

269. J'ai insisté à dessein sur les règles du contrat de constitution de rente dans l'ancien droit. Me proposant de mettre cette législation en regard avec la nôtre, j'aurai maintenant une tâche plus facile à remplir ; car il est moins long de dire ce que le Code a modifié dans le contrat dont je m'occupe, que de répéter tout ce qu'il en a maintenu.

Mais il faut préalablement jeter un coup d'œil sur le DROIT INTERMÉDIAIRE.

Sans doute les lois de cette époque de transition n'eurent point à s'occuper de la rente constituée ; sans doute elles n'y changèrent rien : mais le Décret de la constituante, en date du 2 octobre 1789, exerça sur ses destinées une influence indirecte, en permettant le prêt à intérêts.

Après ce décret vint encore la Loi du 11 avril 1793, qui laissait au prêteur une liberté absolue pour fixer le taux de l'intérêt. De façon que la Rente Constituée ne perdit pas seulement sa première et principale raison d'être, son utilité au point de vue de la circulation du numéraire ; mais encore elle offrait désormais, avec ses règles sévères contre l'usure, avec ses arrérages limités, avec l'inexigibilité de son principal, un contraste désavantageux pour elle avec le Prêt, bien moins de commodité et bien plus de lenteur dans les rapports d'affaires, un encouragement moindre à l'essor de l'argent, un appât bien plus faible à l'ambition des capitalistes.

Du reste, la loi révolutionnaire qui déclarait illimité le taux de l'intérêt avait eu pour cause unique la crise financière, le besoin de rappeler les capitaux effrayés, par l'attrait d'une productivité sans bornes; et le principe qu'elle avait posé devait disparaître avec les circonstances difficiles qui l'avaient enfanté, avec le retour de l'ordre et du calme, avec les idées économiques nouvelles.

Les rédacteurs du Code trouvèrent donc le contrat de constitution de rente abandonné dans la pratique. Ils l'ont maintenu en y apportant quelques modifications légères que je signalerai bientôt. Aujourd'hui, à défaut de son utilité primitive pour les particuliers, la rente constituée a l'avantage d'offrir au crédit de l'État des ressources bien préférables à celle de l'emprunt.

SECTION III.

DROIT ACTUEL.

270. Ce qu'il faut remarquer le plus dans la législation du Code civil à l'égard du contrat de constitution de rente, c'est que la matière de ce contrat s'y trouve placée sous la rubrique du Prêt à intérêt.

271. Il est très-important, je crois, de se former une idée nette et précise de la portée et des conséquences de ce classement.

Il ne signifie pas, selon nous, qu'il ait été rien changé à l'ancienne manière de constituer et d'acquérir la rente. Il ne signifie pas que le contrat de constitution ait aujourd'hui perdu les caractères qu'il empruntait dans l'ancien droit au contrat de vente.

Sans doute beaucoup d'écrivains, et ceux-là surtout qui, d'après Pothier, font de la constitution de rente un contrat *réel* et *unilatéral*, voient dans le rapprochement que fait le Code, la confirmation et le triomphe de leur idée.

Mais nous, qui nous passionnons un peu moins pour la rubrique; nous, qui avons cru, d'ailleurs, devoir adopter d'autres principes à ce sujet, nous devons aussi penser que le législateur moderne a voulu simplement, en réunissant la constitution de rente avec le prêt, constater avec impartialité des ressemblances qui n'ont plus rien d'inquiétant. A quoi bon, en effet, dissimuler aujourd'hui qu'il y a des points de similitude entre la constitution de rente et le prêt à intérêts? Tous deux sont permis maintenant; le Code a pu et a voulu faire un aveu de leurs rapports intimes, aveu que l'on ne pouvait se permettre autrefois.

Anciennement, on était forcé de dire que la rente constituée ne convenait en rien avec le prêt; que c'était une vente, et rien qu'une vente. Aujourd'hui, le Code ne répète pas « c'est une vente ; » à quoi bon rappeler un détail que personne ne doit avoir perdu de vue? Le Code ajoute seulement : « C'est une vente qui présente évidemment plusieurs traits communs avec le prêt. »

Et quels sont ces traits communs?—C'est d'abord que la rente, comme le prêt, rend l'argent frugifère ; c'est que les arrérages sont de véritables intérêts (et encore l'art. 1155 C. civ. établit-il entre eux une notable différence); c'est que le taux légal de la rente est le même que le taux légal du prêt (1); c'est que l'usure est également exclue de l'un et de l'autre; c'est que, dans l'un et dans l'autre, le remboursement se fera du capital aliéné par le créancier, et de rien au delà; c'est que le remboursement opère extinction de la dette des intérêts, aussi bien que de la dette des arrérages.

Mais en dehors de ces traits communs, et sous le rapport du mode de contracter, le Code a-t-il rien ajouté aux ressemblances anciennes de la rente constituée et du prêt? Nous ne le pensons pas. Aussi dirons-nous que la nature du contrat de constitution n'a point varié, pas plus que n'ont varié ses formes; que ce contrat, d'après nous consensuel et bilatéral autrefois, n'a jamais cessé d'avoir ces deux qualités. Nous dirons cela, de même que nous disons, avec tout le monde, que le contrat de constitution n'a pas

(1) Le taux légal des rentes constituées par l'État a été modifié par le décret du 16 mars 1852.

perdu le caractère particulier qui rend inexigible la capital de la rente constituée.

Faut-il puiser dans le langage usuel une dernière preuve de ce que j'avance? Nos rentes sur l'État ne sont autre chose que des rentes constituées; or comment désigne-t-on l'opération que fait l'État lorsqu'il promet une rente? dit-on qu'il *emprunte?* non, on dit qu'il *vend une rente;* comment désigne-t on l'opération de celui qui devient créancier de l'État? dit-on qu'il *prête?* non, on dit qu'il *achète* une rente. Cette distinction est venue et restée dans les mots, parce qu'elle était dans les choses.

En somme, les arguments qui nous ont déterminé lorsque nous étudiions ce contrat dans l'ancien droit, subsistent et nous déterminent encore aujourd'hui (1). Nous ne songeons pas à nier que le *prêt* soit un contrat réel, comme l'était le *mutuum* à Rome; mais ce n'est pas une raison pour nous d'admettre que le contrat de constitution soit devenu tel.

272. Quant à notre seconde conviction « que le contrat de constitution de rente est toujours synallagmatique, » nous pouvons, à l'appui de raisons précédemment données (2), appeler certains aveux précieux des adversaires mêmes de notre système.

Voici, par exemple, M. Troplong (Prêt, n° 472) qui, expliquant les art. 1912 et 1913, C. civ., et voulant les justifier, nous les montre comme une double application du principe de résolution tacite posé dans l'art. 1184, C. civ. Mais un embarras naît de ce que l'art. 1184 n'a été fait, d'après ses termes mêmes, que pour les contrats *synallagmatiques*. M. Troplong, pour concilier l'explication qu'il donne de la *commise* avec son idée, que le contrat de constitution de rente est unilatéral, se voit obligé de dénaturer le texte de l'art. 1184; d'en effacer, pour ainsi dire, le mot « synallagmatiques, » de recourir à une série de raisonnements basés sur l'équité, le bon sens et la bonne foi; de donner une couleur tout historique à l'art. 1184, comme s'il n'eût pas été plus simple de dire : oui, la commise des art. 1912 et 1913 dérive de l'art. 1184, mais cela tient à ce que le contrat de constitution de rente est synallagmatique.

(1) Voy. Code civil, *a.* 1652, 2°. — Voy. ci-dessus, pages 81 et suiv.
(2) Voy. ci-dessus, page 83.

D'ailleurs, nos adversaires ne sont-ils pas obligés de reconnaître que le prêt lui-même, à un point de vue du moins, est bilatéral, puisqu'on trouve dans le Code une section (art. 1888 à 1902) intitulée *des Obligations du prêteur?* Si faible que soit ce dernier argument, il existe; et il doit exister pour ceux-là surtout qui veulent à tout prix et en tout point assimiler la rente constituée au prêt.

273. Je ne me dissimule pas, je le répète, qu'en soutenant cette double thèse, je viens me heurter contre des auteurs nombreux et justement estimés; mais ma faiblesse même et mon obscurité me rassurent. Si les idées opposées à ma théorie sont définitivement acquises à la science, ce n'est pas ma conviction ou mon illusion qui pourront les renverser.

274. Il faut, par exemple, s'empresser de reconnaître que, des art. 1905 et 1909 combinés, résulte ce principe nouveau : « que le capital de constitution peut consister soit en argent, soit en denrées, ou autres choses mobilières. » Le Code, par là même, a donné une solution à la controverse, rapportée plus haut, entre Dumoulin et Pothier, sur le point de savoir si les marchands pouvaient se faire constituer une rente pour prix des marchandises vendues.

Si le capital de constitution est un immeuble, on retombera sous l'application de l'art. 530 Cod. civ., dont je m'occuperai nécessairement en traitant de la rente foncière.

275. Dans l'ancien droit, nous avons vu la faculté de rachat placée si haut, que l'on regardait comme nulles toutes les clauses qui tendaient, d'une façon plus ou moins directe, à la restreindre ou à la gêner. Le Code se montre moins rigoureux envers le rentier; et l'art. 1911 permet de stipuler « que le créancier sera prévenu du rachat à un certain terme d'avance, » ou « que le rachat n'aura pas lieu pendant un certain délai, lequel, toutefois, ne peut excéder dix ans. »

La condition qui enchaînerait la liberté du débiteur pour plus de dix ans ne serait pas nulle; elle devrait seulement être réduite à ce maximum invariable (1).

(1) Troplong. Prêt., 438. — Arg. de 1660 C. civ.

276. De ce que la faculté de rachat est, de nos jours comme autrefois, essentielle et imprescriptible, il ne faut pas conclure que, si le débiteur a stipulé la faculté de rembourser en plusieurs payements, ce dernier droit ne soit pas sujet à prescription. Il procède, lui, non plus de la loi et de l'intérêt public, mais d'une simple convention qui ne saurait avoir plus de durée que toute autre obligation ou action résultant d'un contrat.

277. Les art. 1912 et 1913 nous présentent la théorie actuelle de la résolution forcée du contrat de constitution de rente ; de ce qu'on appelait autrefois la *conversion de la rente en obligation pure et simple*, et qu'on nomme aussi *commise.* »

Cette résolution se produit dans trois circonstances :

1° Si le débiteur cesse de remplir ses obligations pendant deux années (art. 1912-1°) ;

2° S'il manque à fournir les sûretés promises au créancier (art. 1912-2°) ;

3° S'il tombe en faillite ou en déconfiture (art. 1913).

Je les passerai successivement en revue.

278. En introduisant la commise *pour défaut de payement des arrérages pendant deux ans*, le Code, on le voit, a fait passer dans la loi ce que les canonistes avaient toujours repoussé, ce que l'ordonnance de 1629 s'efforçait d'interdire, mais ce qui pénétrait sous forme de clause, en France, dans la plupart des contrats de constitution de rente.

279. Quelques questions ont été soulevées sur l'application de l'art. 1912-1°.

La seule expiration du délai de deux années opère-t-elle la résolution de plein droit, sans sommation, et de telle façon que le débiteur ne puisse plus être reçu à purger la demeure par des offres ?—Tous les auteurs et les arrêts distinguent le cas où la rente est *portable* du cas où elle est *quérable*. Dans le premier, ils ne font pas doute de l'affirmative, pourvu, cela va sans dire, que ce ne soit point par la faute du créancier,— comme par un changement de domicile non communiqué au débiteur —, que le débiteur ait manqué d'exactitude (1).

(1) Troplong. Prêt., 474 et 478.

Dans le second cas, la rente étant quérable, — et c'est aujourd'hui le droit commun (art. 1247 C. civ.), — la jurisprudence a établi pour le créancier qui prétend avoir droit au remboursement, l'obligation de prouver par des moyens réguliers, qu'il s'est présenté au domicile du débiteur, afin de recevoir le payement. Un fait du créancier est nécessaire : il faut une sommation ; il faut, en outre, qu'elle ait été faite par un huissier porteur des pièces nécessaires pour recevoir le payement et donner quittance (1). C'est par là que le créancier prouvera sa diligence et la faute de son adversaire.

280. Une question plus grave et plus débattue est celle de savoir si la commise de l'art. 1912-1° s'appliquerait au débiteur d'une rente constituée *à titre gratuit*, comme elle s'applique au débiteur d'une rente constituée à prix d'argent ?

Autrefois les rentes constituées par don et legs ou pour dot, n'étaient pas rachetables, et leurs arrérages ne se prescrivaient pas par cinq ans (2). Aujourd'hui elles rentrent, sous ces deux rapports, dans le droit commun ; le Code ne faisant pas de distinctions, et posant en termes généraux toutes ses règles sur les rentes constituées.

Dans l'ancien droit, nul doute que la résolution forcée ne leur fût applicable. Depuis le Code cependant, la Cour de cassation, par un arrêt de la chambre civile, en date du 12 juillet 1813, a décidé que le donataire d'une telle rente pouvait demander la résolution du contrat de constitution pour manquement pendant deux années au payement des arrérages. Et il fut ainsi jugé contre les conclusions de l'avocat général Joubert. Cet arrêt a soulevé de vives critiques, dont voici à peu près le résumé :

« L'art. 1912 dépasse de beaucoup en rigueur tout ce que l'art. 1184 nous dit des résolutions tacites. Cette rigueur doit se restreindre plutôt que s'étendre, *odia restringenda ;* elle n'est passée dans la loi qu'à l'égard des rentes constituées moyennant un prix ; il ne doit pas en être question pour les constitutions gratuites ;

(1) Troplong. Prêt, n° 480.

(2) Voyez *suprà*.

» Que serait-ce, dans l'espèce, qu'admettre la résolution tacite? Ce serait remettre les choses dans l'état où elles étaient avant la donation, c'est-à-dire libérer purement et simplement le donateur du service de la rente, puisque n'ayant reçu aucun prix il n'aurait rien à restituer. Ce serait le récompenser d'une rétractation répréhensible de sa libéralité (1);

» Faire résoudre la donation pour manquement du donateur à ses engagements, ce serait l'autoriser à donner et à retenir. N'a-t-on pas contre lui l'action ordinaire pour le forcer à remplir sa promesse? N'est-il pas clair que la résolution ne saurait avoir lieu que lorsque c'est le donataire qui n'exécute pas les charges de la donation (2)?

» L'application d'une telle résolution à un donateur généreux serait un oubli coupable de justes égards et d'une légitime reconnaissance;

» En vain on prétend tirer avantage de ce que la rente de don et legs est devenue aujourd'hui rachetable comme la rente à titre onéreux. Sans doute! mais c'est dans l'intérêt du débiteur que le principe du rachat a été porté; il ne faut pas le tourner contre lui. »

M. Duranton (t. XVII, n° 622) combat aussi le système de l'arrêt; mais en faisant une distinction entre le cas où c'est le donateur lui-même qui est en faute, et le cas où le manquement provient du fait de ses héritiers. Il repousse la résolution appliquée au donateur; mais il la reconnaît applicable aux héritiers.

En me portant, à mes risques et périls, défenseur d'une théorie peu répandue sur la nature du contrat de constitution de rente, j'ai acquis le droit de montrer combien l'adoption de cette théorie rendrait simple et facile la solution de la question qui a été posée.

J'ai cherché à établir que la constitution de rente est un contrat synallagmatique (V. nos 193 et 272).

J'ai observé ensuite que ce contrat devient unilatéral lorsque la rente est établie gratuitement (V. n° 222).

(1) Conclusions de M. l'avocat-général Joubert (arrêt précité).
(2) M. Troplong, n° 446.

J'ai enfin reconnu, avec M. Troplong lui-même, que l'art. 1912 est une dérivation directe de l'art. 1184 C. civ.

Cela étant, peut-il y avoir encore la moindre difficulté dans la réponse à faire à cette demande : « L'art. 1912 s'applique-t-il aux rentes à titre gratuit? » Non certes ! il n'y a plus qu'à dire : Si l'art. 1912 s'applique aux rentes à titre onéreux, c'est parce qu'elles résultent d'un contrat synallagmatique. Les rentes constituées gratuitement résultant d'un contrat unilatéral, l'art. 1912 ne saurait, par cela même, les concerner. Avec un tel système, MM. Joubert et Troplong auraient eu peut-être moins de peine à se rendre compte de leur propre sentiment sur la question qui vient d'être traitée; peut-être aussi la Cour de cassation aurait-elle évité les critiques qui ont assailli son arrêt.

281. Le second cas de résolution forcée est celui où le *débiteur a manqué de fournir les sûretés promises* (art. 1912-2°).

Cette commise doit-elle être étendue au cas où il aura *diminué ces sûretés*, comme en dégradant l'immeuble hypothéqué, en détruisant les maisons, en coupant les futaies sans les remplacer, en se laissant exproprier? M. Troplong (Prêt, n° 489), bien que l'art. 1912 ne parle que du cas où les sûretés *ne sont pas fournies*, penche pour l'affirmative, en s'appuyant partie sur l'avis de Pothier, partie sur l'art. 1188 Cod. civ., d'après lequel la diminution des sûretés suffit pour faire perdre le bénéfice du terme.

282. La *diminution des sûretés* résulte-t-elle de l'*aliénation volontaire* de l'immeuble hypothéqué? C'est encore une question. En général, on décide l'affirmative toutes les fois que la possibilité de la purge serait laissée à l'acheteur, et menacerait ainsi le créancier d'un remboursement partiel:

Que si, dans l'acte d'acquisition, l'acheteur s'était engagé à ne point purger; ou bien si le prix d'acquisition que l'acheteur devra fournir pour la purge était supérieur, ou seulement égal, à la créance garantie par l'hypothèque, on ne dirait plus que les sûretés ont été diminuées; on refuserait au créancier le droit de demander la résolution.

283. *Quid*, lorsque la diminution des sûretés ne provient pas du fait du débiteur? Si elle résulte d'un cas fortuit ou d'une

force majeure, la résolution du contrat pourra-t-elle encore être demandée? — L'art. 1188 du Cod. civ. ne fait pas perdre en ce cas le bénéfice du terme. Mais, d'autre part, l'art. 2131 du Cod. civ. permet au créancier de demander immédiatement son remboursement, ou d'obtenir un supplément d'hypothèque. Il faut conclure de la combinaison de ces deux articles que le remboursement pourra, dans l'espèce, être poursuivi; mais que le débiteur pourra s'y soustraire en rétablissant les sûretés premières par un supplément d'hypothèque.

284. La résolution prononcée par l'art. 1912-2° ne s'opère pas de plein droit selon certains auteurs: et M. Duranton, entre autres (t. XVII, n° 626), pense que les sûretés promises qu'on a manqué de fournir pourront encore être offertes *après la demande en franchissement de la rente;* et que le tribunal pourrait même accorder un délai dans lequel elles seraient fournies. Le manquement, en effet, ne sera pas toujours volontaire; il peut n'y avoir pas eu faute de la part du débiteur; peut-être est-on encore en contestation sur le point de savoir si le débiteur a, ou n'a pas, suffisamment rempli ses obligations à cet égard; et ces diverses raisons qui ont motivé la disposition de l'art. 1184 sont également applicables ici.

Dans l'ancien droit, le débiteur pouvait, par une offre, faire cesser les poursuites, pourvu qu'il payât les dépens (1).

285. A propos de notre second cas de commise, on se demande encore si le débiteur d'une rente par don et legs encourrait la résolution pour manquement à la promesse de fournir des sûretés.

M. Troplong (Prêt, n° 494) croit qu'il y aurait abus d'interprétation à étendre cette commise à un tel cas. De quoi se plaindrait donc le donataire? De ce qu'on ne lui donne pas des sûretés qu'on pouvait se dispenser de lui promettre, et sans la promesse desquelles il aurait certainement contracté?—Toutefois, M. Troplong apporte un tempérament à cette décision, qui serait trop absolue si c'était un héritier grevé de la rente par le donateur qui refusât des sûretés, ou fît disparaître les gages; et il décide que la réso-

(1) Duparc-Poulain, t. III, p. 67, n° 34.

lution pourrait être demandée contre cet héritier. Pour moi, je fais au sujet de cette espèce, la même série de raisonnements que dans l'espèce précédente (V. n° 280).

286. La *troisième* cause de résolution énoncée dans l'art. 1913, ne peut donner lieu à de grandes controverses. Cet article n'est que l'application à la rente constituée de principes posés dans le Code civil (art. 1188), dans le Code de commerce (art 448), et dans le Code de procédure (art. 124).

287. Appliquera-t-on l'art. 1913 à la rente par dons et legs? — Peut être devrait-on s'arrêter devant la considération suivante: Permettre de demander la résolution contre le donateur failli, ce serait accorder au *donataire* d'une rente constituée, un droit que la loi ne donne pas à l'*acheteur* d'une rente viagère. Mais M. Troplong (Prêt, n° 498) est d'avis qu'il faudrait résoudre encore la question par la distinction déjà faite entre le cas où l'on se trouve en face du donateur lui-même, et le cas où l'on se trouve en face d'un héritier grevé par lui de la rente.

Je terminerai cette matière en mentionnant quelques autres points importants où le Code s'est écarté de l'ancien droit.

288. L'*anatocisme* est aujourd'hui permis dans les limites tracées par les articles 1154 et 1155 C. civ. — On peut donc constituer une rente en payement d'intérêts ou d'arrérages, si les premiers sont échus et dus pour un an, et si les seconds sont simplement échus.

289. Toutes les rentes constituées sont *meubles* sous le Code, aux termes de l'art. 529 C. civ.

290. La *prescription quinquennale* des arrérages régit encore la rente constituée; mais l'art. 2277 l'a généralisée et appliquée aux arrérages de toute espèce de rentes. Ainsi le Code n'est pas, comme l'ancien droit, plus défavorable sous ce rapport aux rentes constituées qu'aux autres espèces de rentes.

291. Quant à la fin de non-recevoir qui résultait autrefois de la présentation des *quittances de trois années consécutives*, le Code ne renferme aucun texte qui l'établisse. Les présomptions légales étant de droit étroit, et ne devant s'admettre que dans les cas expressément indiqués par la loi, il faut conclure de ce silence

qu'il ne saurait résulter aujourd'hui d'un tel fait qu'une présomption abandonnée à la sagesse du juge (1).

292. Le moyen d'acquérir la rente, qui résultait d'après Dumoulin et Pothier, des *longues prestations d'arrérages*, pourrait-il être invoqué sous le Code? M. Bugnet (2) fait observer « que les conditions exigées par la loi pour la *prescription à fin d'acquérir* (art. 2229 C. civ.) paraissent complétement inapplicables à l'acquisition d'un pareil droit; l'élément essentiel, c'est-à-dire la *possession*, ne pouvant se rencontrer, la prescription ne peut avoir lieu. » M. Troplong (Prêt, n° 451) émet un autre avis; il reproduit la théorie de Pothier, mais sans se demander si elle est compatible avec nos lois sur la prescription.

293. Enfin, quelques auteurs ont soutenu que, sous le Code, la faculté de rachat n'est plus indivisible. M. Delvincourt (t. III, notes, p. 416) prétend qu'un héritier pour partie pourrait obliger le créancier à souffrir le remboursement pour sa part. M. Duranton (t. XVII, n° 613) appuie cette doctrine, et argumente de l'assimilation actuelle de la constitution de rente avec le prêt. Du reste, Follerus (3) l'avait déjà émise dans l'ancien droit, en s'appuyant sur d'autres motifs.

Mais il paraît difficile qu'une théorie semblable résiste aux raisons, rapportées plus haut, de Dumoulin et de Pothier; au puissant argument d'analogie qu'on tire des art. 1667 et 1670 du Code civil, et enfin aux inductions que présentent, à l'appui de l'opinion ancienne, les art. 872 et 1254 du même Code.

CHAPITRE II.

DE LA RENTE FONCIÈRE.

294. Dans l'ancien droit, la RENTE FONCIÈRE n'avait de ressemblance avec la Rente Constituée que sous deux rapports : 1° en ce

(1) M. Bugnet. Notes sur Pothier, n° 132.
(2) Notes sur Pothier. Rent. const., n° 158.
(3) Traité du Contr. cens., t. VI, part. 11.

qu'elle était également perpétuelle ; 2° en ce qu'elle produisait également des arrérages qui s'acquéraient jour par jour, qui étaient dus chaque jour pour un trois-cent-soixante-cinquième, mais qui ne pouvaient être exigés ou offerts qu'après l'année révolue.

En dehors de ces deux points de contact, nul autre rapport ne les unissait. Elles n'avaient ni la même origine, ni la même nature, ni, par conséquent, des règles identiques.

Tandis que la Rente Constituée fut un expédient mis en usage pour éluder la prohibition du prêt à intérêts, la Rente Foncière fut une des plus remarquables combinaisons de la propriété immobilière.

Tandis que la première était un simple droit de créance, un droit personnel essentiellement rachetable, immeuble dans plusieurs coutumes, c'est vrai, mais resté meuble dans les autres ; la seconde était un droit réel, une charge réservée sur un fonds, une obligation dont l'héritage était débiteur ; irremboursable de sa nature, immeuble dans tous les pays comme la chose sur laquelle on l'avait retenue.

Les arrérages mêmes de ces deux espèces de rentes, bien qu'ils fussent soumis à des règles communes d'acquisition et de prestation, n'étaient pas considérés de la même manière, en ce qui touchait à leur prescription, ni en ce qui touchait à l'anatocisme.

295. Sous le Code Napoléon, les deux Rentes Perpétuelles ont des traits de similitude infiniment plus nombreux ; et les rares différences qui les séparent encore n'atteignent plus que les conditions de l'exercice du rachat, et les garanties qui assurent le droit du crédi-rentier.

Mais que de phases n'eut pas à traverser la rente foncière avant d'arriver à ce degré de simplification ! La série de ses transformations offre les plus curieux aperçus à l'observation historique.

Ce n'est même pas sans hésitation et sans scrupule que l'on peut, de nos jours, faire revivre la dénomination de *rente foncière*, pour qualifier la prestation périodique et perpétuelle que stipulera l'aliénateur d'un immeuble, comme prix ou comme condition de l'aliénation, aux termes de l'art. 530 du Code Nap.

Le Code, en effet, n'a pas de nom, pour ce qu'il a conservé de l'ancienne rente foncière ; il n'a pour désigner ce débris qu'une périphrase; et nous avons à regretter qu'un terme nouveau n'ait pas été créé pour rendre un nouvel ensemble d'idées.

---

296. Le contrat qui donnait naissance à la rente foncière, s'appelait BAIL A RENTE.

Pothier définissait le Bail à Rente : « Un contrat par lequel » l'une des parties *baille et cède* à l'autre un héritage ou quelque » droit immobilier, et s'oblige de le lui faire avoir à titre de » propriétaire, sous la réserve qu'il fait d'un droit de rente an- » nuelle d'une certaine somme de fruits, *qu'il retient* sur ledit » héritage, et que l'autre partie s'oblige réciproquement envers » elle de lui payer tant qu'elle possédera ledit héritage. »

J'aurai à revenir sur chacun des nombreux détails que cette définition renferme. Pour le moment, je m'arrête à celui qui caractérise principalement le contrat, et qui nous le présente comme produisant une aliénation faite moyennant une redevance.

297. Le bail à rente emportait donc translation du *dominium* de la chose concédée *ad reditum*. En cela, on peut dire qu'il ne fut point pratiqué par les Romains; et nous connaissons assez leur Emphytéose pour savoir que le droit communiqué au preneur dans ce dernier contrat, quelque réel et quelque large qu'il fût, n'était point la propriété.

Cependant la rente foncière ne fut pas une création spontanée dans notre droit. Elle se rattachait à quelque chose d'antérieur, de préexistant; et certes, l'on ne doit pas hésiter à ranger le droit emphytéotique parmi les causes génératrices dont elle dérive d'une façon plus ou moins directe.

298. L'emphytéose ne passa pas immédiatement dans le droit français; car la Gaule était déjà détachée de l'empire, lorsque Justinien promulgua ses compilations. Elle fut alors presque ignorée; elle sommeilla jusqu'à ce moment où l'influence ecclésiastique, combinée avec d'autres événements, ressuscita quelques-unes des traditions romaines.

299. Ce qu'on trouve en France avant l'apparition de l'em-

phytéose, c'est la *Locatairie Perpétuelle*, connue surtout dans les Pays de droit écrit, et appliquée presque exclusivement aux biens de l'Église. Mais le droit du locataire perpétuel n'avait ni le caractère réel, ni l'étendue qui ont été signalés dans le droit de l'emphythéote. On peut consulter, pour s'en convaincre, la jurisprudence du parlement de Toulouse (1).

300. On trouve aussi, — et c'est encore une forme spéciale à l'Église, — les concessions de *Précaire*, qui différaient d'abord de l'emphythéose par l'absence de toute réalité dans le droit du preneur; et différaient ensuite de la locatairie perpétuelle par le caractère ordinairement viager de ce même droit.

La Précaire fut, en outre, souvent forcée; et l'on vit des Rois employer ce moyen pour mettre la main sur les possessions ecclésiastiques. Charles Martel imposa à l'Église de semblables concessions au profit de ses leudes.

Souvent aussi, ce contrat intervenait à la suite d'une démission de biens que faisait quelque fidèle aux mains de l'Église, pour les tenir ensuite d'elle à titre précaire.

Ni la locatairie perpétuelle, ni la précaire, n'étaient la reproduction complète et fidèle de l'emphytéose.

301. Mais parmi les combinaisons de la propriété foncière que présenta notre ancien droit lorsque vint la féodalité, il en est une qui offrait avec l'emphythéose les rapports les plus frappants et les plus intimes : c'est le *Bail à Cens*.

L'emphythéose répondait admirablement aux besoins de l'organisation féodale. Elle s'harmonisait à merveille avec la double hiérarchie des personnes et des terres qui formait la base de ce système politique. L'idée romaine des longues concessions avec réserve d'un domaine supérieur trouva dans le droit de cette époque la plus heureuse application.

L'emphythéose fut donc englobée dans le système féodal : elle finit même par se confondre si complétement avec le bail à cens, que, dans la pratique, l'une et l'autre expression furent indifféremment employées (2). Plus tard seulement, les efforts

(1) Journal du Palais. *Bail à locat. perpét.*
(2) Journal du Palais. *Emphythéose*, n° 35.

des jurisconsultes tendirent à faire cesser cette synonymie et cette confusion; et, dans certaines coutumes, on appliqua le mot *bail à cens* aux concessions d'*héritages nobles;* réservant le mot *emphythéose* pour les *fonds roturiers* (1).

Mais dans l'une comme dans l'autre de ces deux concessions, on trouve la réserve du *dominium* faite par le concédant. Si l'emphythéote avait une obligation double, savoir le payement du canon et le payement de l'impôt, l'obligation du preneur censitaire est également complexe; on y distingue, en effet, deux éléments, le *chef-cens*, ou cens proprement dit, établi comme signe récognitif de la seigneurie, imprescriptible comme tout droit féodal; et le *sur-cens*, prestation ordinaire, purement foncière, sujette à prescription (2). Il y avait une *saisie censuelle*, de même qu'il y avait une *commise emphythéotique*. Nous avons signalé dans l'emphythéose un droit de *prélation* et un droit de *mutation* établis en faveur du concédant; nous trouvons dans la censive le droit de mutation appelé *lods et ventes*, et un droit de préférence appelé *retrait censier*, lequel, pour n'être pas de droit commun, comme l'était le retrait féodal, n'en était pas moins généralement admis. Dans quelques coutumes, il est vrai, la censive payait un droit de mutation par succession, appelé *relévoison* ou *mi-lods*, que ne payait pas le fonds donné en emphythéose; mais ces coutumes étaient en très-petit nombre.

Le bail à cens était donc, à peu de chose près, calqué sur le bail emphytéotique.

Le dominium seigneurial avait emprunté les attributs du dominium retenu par le concédant romain.

302. A la suite, et l'on pourrait dire à l'ombre, du bail à cens, prit naissance et se développa une forme nouvelle de la propriété; je veux parler du BAIL A RENTE SIMPLE.

303. Le *bail à rente*, tel qu'il a été défini plus haut, n'est autre chose que *le bail à cens dépouillé de son caractère féodal.*

Qu'on suppose, par un effort de l'esprit, une censive dé-

(1) Journal du Palais. *Loc. cit.*
(2) *Idem.* Bail à cens.

pourvue de toute relation seigneuriale, où la redevance ne serait plus le signe de la réserve de seigneurie, mais seulement le payement de la jouissance; où le chef-cens aurait disparu et où il ne resterait plus que le sur-cens; où la rente ne serait plus portable et deviendrait quérable; sans droit de lods et ventes, ni retrait censier, ni saisie censuelle : n'aura-t-on pas le bail à rente simple?

Cette croyance me paraît d'autant plus fondée qu'une grande obscurité plane sur la nature de la souveraineté que retenait le seigneur censier. La censive étant une tenure d'ordre inférieur, le droit seigneurial était loin d'offrir chez elle ce caractère imposant et sévère, ces liens serrés, ces devoirs impérieux de respect et de fidélité, qui forment le fond de la souveraineté du fieffeux. Le censitaire ne prêtait pas hommage comme le vassal; sa position était trop humble, il ne devait que l'*aveu de la censive*.

Enfin, aux XIIe et XIIIe siècles, le mouvement d'émancipation des villes et des campagnes se traduisit par une transformation de tenures serviles en censives. Des concessions censitaires nées de pareils événements ne pouvaient enfanter que des rapports seigneuriaux bien relâchés, et ne durent mettre qu'une autorité bien faible et bien restreinte aux mains du seigneur censier.

Tout cela me porte à penser que le droit retenu par le seigneur censier, ce droit si peu connu, que certains ont appelé *domaine direct*, que d'Argentré comparait au brouillard planant sur le marais, dont Hervey faisait une relation réelle et nullement personnelle; — tout me porte à penser, dis-je, que ce droit a dû perdre peu à peu son cachet, sa tournure féodale, dégénérer insensiblement, s'altérer, s'amoindrir, et, en beaucoup de cas, faire place à un droit nouveau et plus simple, au droit purement réel et immobilier que retient et réserve le bailleur à rente simple.

J'ajouterai que, placés en face d'un sol à repeupler, en face de grands travaux de desséchement et de défrichement à faire, les seigneurs eurent à se dessaisir de plus en plus de leurs droits pour élargir et assurer chaque jour davantage les droits des preneurs. Il fallut offrir à ceux-ci une possession plus stable pour les intéresser plus vivement à la culture; en un mot, les propriétaires d'héritages nobles durent finir par abandonner de leur propriété l'honorable aussi bien que l'utile dans les concessions de leurs fonds.

Je dirai enfin que les applications du bail à rente simple durent être multipliées, par cette faculté qu'y trouvèrent les populations rurales d'acquérir la pleine propriété moyennant une simple redevance, et les propriétaires de s'assurer un revenu annuel, à eux-mêmes et à leurs successeurs, tout en se débarrassant des ennuis, des charges de la possession, et des soins de la culture.

Si je n'ai pas été historien infidèle, ou appréciateur imprudent des faits, j'espère avoir fait saisir cette affinité étroite qui unit, dans mon idée, l'emphytéose et le bail à rente (1).

304. Mais cet aperçu ne serait pas complet, si je ne signalais maintenant les différences qui séparaient encore le contrat français et le contrat romain.

Il n'y avait pas chez nos jurisconsultes du moyen âge une grande unité d'appréciations sur le nom et l'étendue qu'il fallait donner au droit de l'emphytéote.

D'Argentré (2) et Domat (3) faisaient la distinction du domaine direct et du domaine utile, calquée sur une division bien connue des actions romaines; et ils disaient que le bailleur d'emphytéose avait conservé le premier de ces domaines, et transmis le second.

Dumoulin (4) et Loyseau (5) (dont M. Duvergier (6) reproduit aujourd'hui l'opinion) faisaient la même distinction,

(1) Le mot Bail à rente était plus généralement employé pour exprimer le contrat dont je trace l'histoire: mais cette dénomination n'était pas universelle. Des contrats en tout point semblables au Bail à rente s'appelaient, en Alsace, *Bail à rente Colongère*; en Bretagne, *Bail à Covenant*, etc...

La rente, tant seigneuriale que foncière, s'appelait *Champart* (Campi pars), quand elle consistait en une part des fruits du fonds concédé.

(2) Sur *Bretagne*, art. 209.

(3) Liv. 1er, 1 A. 4. Sect. 10e, n° 6.

(4) Sur *Paris*, § 78, glos. 4, n° 5.

(5) Traité du Déguerpis. Liv. 1er, ch. 5, n° 1.

(6) Contin. de Toullier, t. III, n° 145.

mais n'accordaient le domaine utile qu'à l'emphytéote perpétuel, reléguant au rang de locataire ordinaire l'emphytéote temporaire.

Cujas (1) et Doneau (2) repoussaient cette distinction des deux domaines, inconnue selon eux à Rome ; et ne voulaient rien admettre en dehors du système de Zénon, complété par Justinien. M. Troplong (3) professe aujourd'hui cette doctrine.

305. Dans tous les cas, l'emphytéote n'était point propriétaire à la manière du preneur d'un fonds arrenté ; c'était là une première différence.

L'emphytéote acquérait les fruits, profitait de la chasse, de la pêche, de l'alluvion : mais, pour ce qui est du trésor, Voët (4) est le seul auteur qui ait cru devoir le lui attribuer.

Quant aux concessions d'hypothèques, servitudes et autres charges réelles, qu'aurait faites l'emphytéote, elles étaient résolues par le retour du fonds entre les mains du propriétaire ; *soluto jure dantis, solvitur jus accipientis* (5) ; — tandis que le dominium parfait qui avait été transmis au preneur à rente donnait lieu, pour celui-ci, à des résultats tout opposés dans ces diverses questions.

Ne prenant la chose qu'à la condition de l'améliorer, ou du moins de ne pas la rendre pire, l'emphytéote ne pouvait ouvrir des mines et carrières, abattre les hautes futaies, changer la superficie du sol ; en un mot altérer, détériorer, appauvrir le fonds. Telle était du moins la jurisprudence la plus reçue (6) ; tandis que le preneur à rente, propriétaire du fonds, jouissait pour tous ces actes d'une liberté presque absolue. Le preneur à rente pouvait changer la forme de l'héritage, pourvu qu'il la convertît en une forme également utile et assurant aussi bien que la première la rente réservée sur le fonds.

(1) Sur L. 74 D. *De rei vindic.*

(2) IX, 13. §§ 1, 2, 3.

(3) Louage, n° 33.

(4) Voët, *si ager vectig.*, n° 11.

(5) L. 16, § ult. D. *De pignorat. act.* L. 31, D. *De pignor. et hypoth.* Voët, *si ager vectig.*, n° 24.

(6) Journal du Palais, *Emphyt.*, n°s 48 et suiv.

Loyseau même (1) allait jusqu'à dire « que le bailleur n'ayant d'intérêt que pour la sûreté de sa rente et pour l'exécution des autres obligations du preneur, ce dernier ne pouvait pas être empêché de supprimer une partie des bâtiments, même sans rien suppléer à leur place, pourvu qu'il offrît au bailleur de s'obliger à lui fournir sa rente à toujours, sous de bonnes hypothèques.

306. L'aliénation du fonds emphytéotique était subordonnée à la dénonciation qui en devait être faite au propriétaire, à des droits de préférence et de mutation établis au profit de celui-ci. Rien de pareil n'était de l'essence du bail à rente.

La commise emphytéotique atteignait l'emphytéote qui restait trois ans sans payer le canon. Le payement de la rente, nous le verrons, était assuré par d'autres moyens.

L'obligation du canon était personnelle, et tous les biens de l'emphytéote répondaient de son exécution ; tandis que la rente était due par le fonds lui-même, d'où la faculté pour le preneur de se libérer en cessant de posséder le fonds.

307. Du reste, en ce qui touche les trois derniers points que je viens de relever, l'ancienne jurisprudence, inspirée par les décisions canoniques, s'imposait la tâche d'adoucir la position de l'emphytéote.

Ainsi, Dumoulin (2) enseigne que l'on n'appliquait pas avec rigueur les règles qui mettaient obstacle à la libre aliénation du fonds emphytéotique. Quant à la commise, on autorisait le juge à accorder, après la citation, un délai de grâce pour le payement des canons arriérés ; et l'on décidait encore que le *pacte commissoire*, dans l'emphytéose comme dans la vente et le bail à rente, ne recevrait aucune exécution sans l'intervention de justice (3). Enfin, on admit encore que l'emphytéote pourrait se libérer du canon par le déguerpissement (4).

308. La jurisprudence s'appliquait donc ouvertement à élargir le droit de l'emphytéote et à rendre ses obligations moins lourdes. Nous aurons lieu de constater, d'un autre côté, que par

(1) Du Déguerpis, liv. 4, ch. 5, n° 6.
(2) Sur *Paris*, § 20, glos. 5, n° 7.
(3) Loyseau, *Offices*, liv. 1er, ch. 13, n° 4.
(4) Troplong. Louage, n° 46.

des clauses usuelles on tendait généralement, dans la pratique, à restreindre les droits du preneur à rente pour mieux assurer les droits du bailleur : de façon que les deux contrats, l'emphytéose et le bail à rente, marchèrent, en fait, non pas vers une entière confusion, mais vers un rapprochement de jour en jour plus sensible.

309. Quel que soit l'attrait qui s'attacherait, sans nul doute, à la continuation d'une comparaison semblable, je ne la pousserai pas plus loin. Je ne suivrai pas l'emphytéose à travers les orages de la révolution française. Je n'agiterai pas cette question délicate, de savoir si l'emphytéose a pu pénétrer dans notre Code civil qui n'en prononce nulle part le nom : il me suffit de l'avoir utilisée pour éclairer les origines du bail à rente.

310. Après avoir établi si longuement la généalogie de ce dernier contrat, il faut songer enfin à rechercher ses règles et ses effets.

L'étude du bail à rente formera, comme celle du contrat de constitution de rente, l'objet de TROIS SECTIONS correspondant chacune à l'une des trois grandes périodes du Droit Français.

SECTION PREMIÈRE.

DE LA RENTE FONCIÈRE SOUS LES COUTUMES.

311. Dans six paragraphes nous verrons successivement :

1° La nature du contrat de bail à rente ;

2° Les obligations et actions qui en résultaient ;

3° Les différentes clauses qui pouvaient y être opposées ;

4° Les droits et actions attribuées au créancier de rente foncière ;

5° La nature des rentes foncières, et de leur arrérages ;

6° Les diverses causes d'extinction de cette sorte de rente.

§ 1. De la nature du bail à rente.

312. J'ai déjà donné la définition de ce contrat. (V. p. 125.)

Il importe de dégager nettement tous les éléments que cette définition contient.

Nous savons déjà que le bail à rente renfermait une translation de propriété, opérée en vue d'une redevance que le preneur s'engageait à payer tant qu'il posséderait l'héritage arrenté.

A cette notion, il faut joindre les suivantes :

313. Le bailleur, bien qu'il aliénât le *dominium*, ne s'en dépouillait néanmoins que sous la réserve du droit d'exiger une rente. Ce droit, étant retenu sur le dominium, constituait une participation à la propriété même qui avait été transférée au preneur, une sorte de copropriété sur le fonds baillé à rente.

La rente, n'étant autre chose qu'une portion de la propriété, restait attachée au fonds aliéné, et formait une obligation de l'héritage lui-même. Le possesseur de l'héritage se trouvait sans doute obligé au payement de cette dette, mais ce n'était qu'accessoirement, et parce que, disait Loyseau (1), « la chose, qui est inanimée, ne peut payer sa dette sans le ministère de quelqu'un. »

Quiconque possédait le fonds arrenté était donc tenu pour ainsi dire *solutionis gratia*, du service de la rente pendant toute la durée de sa possession. En résumé, la rente était une dette du fonds, et le service de la rente une charge de la possession.

314. Le bail à rente, on le voit, tenait beaucoup de la vente, et Pothier soutient même qu'il était, comme la vente, rescindable pour *lésion d'outre moitié* (2). Mais il différait de la vente en ce que le bailleur ne transférait pas, comme le vendeur, le droit entier qu'il avait dans la chose, puisqu'il se réservait le droit de rente : en ce que la perte totale de l'héritage était pour le bailleur, puisque c'est le fonds arrenté qui était proprement débiteur de la rente, tandis que, dans la vente, la perte totale était pour l'acheteur, en vertu de la règle *debitor corporis certi interitu ejus liberatur* : en ce que le prix, dans la vente, devait essentiellement consister en argent, tandis que la rente pouvait consister soit en prestations d'argent, soit en prestations naturelles : en ce que le prix, dans la vente, était dû par l'acheteur

(1) Traité du Déguerpis., liv. 1er, ch. 3, n° 11.
(2) Pothier, Bail à rente, n° 46.

personnellement, tandis que la rente était due par le fonds, et seulement *solutionis gratia* par le preneur : et finalement en ce que, si l'ancien droit permettait, à l'instar des lois romaines, la vente de la chose d'autrui, il était impossible de concevoir qu'on pût bailler à rente un héritage dont on n'était pas propriétaire (1). Comment, en effet, aurait on retenu quelque chose là où l'on n'avait rien?

315. Le bail à rente tenait beaucoup aussi du louage ; c'est même sous la rubrique des *Contrats analogues au louage* que le plaçait Pothier. Nous retrouvons ici la double similitude de l'emphytéose.

Le bail à rente ressemblait au louage, en ce que le bailleur avait, pour se faire payer de la rente, les mêmes droits à peu près que le bailleur à ferme ou à loyer. (V. *infrà*, n° 339.)

Mais il différait du louage, en ce que le locateur n'altérait pas, ne diminuait pas son droit de propriété comme le bailleur à rente : en ce que la perte partielle de la chose, ou la diminution des revenus produits par elle, ne pouvait jamais, dans le bail à rente, donner lieu, comme dans le bail à ferme, à une diminution du prix (2) : et plus généralement, en ce que les obligations du bailleur et du preneur à rente n'étaient pas les mêmes que les obligations du locateur et du locataire.

316. Enfin, le bail à rente tenait, sous certains autres rapports, et de la vente et du louage tout à la fois. Comme ces deux contrats, il ne se formait pas sans le concours de trois éléments essentiels, savoir : 1° *un objet*, un héritage baillé à rente ; 2° un *prix*, une rente que le bailleur retenait et que le preneur s'obligeait à payer ; 3° le consentement des parties, tant sur l'héritage que sur la rente. Comme ces deux contrats, le bail à rente était *du droit des gens*, *synallagmatique*, *commutatif* et de *bonne foi* (3).

317. Mais il n'était pas, comme la vente et le louage, consen-

(1) Pothier, *loc. cit.*, n° 4.

(2) Loyseau (*Traité du Déguerpis.*, loc. cit.) soutenait pourtant que le preneur à rente qui aurait été, en temps de guerre, réellement dépossédé pendant une ou plusieurs années, pouvait, pour ces années-là, demander une réduction des arrérages.

(3) Pothier, Bail à rente, n° 2.

suel ; il était *réel*, et ne devenait parfait que par la tradition (1). Il eût été, en effet, impossible de retenir un droit sur une chose dont on ne s'était pas encore dessaisi.

318. Le bail à rente pouvait intervenir, et la rente foncière pouvait être réservée, dans un *partage* ou dans une *licitation*, pourvu que la rente réservée formât directement le prix de l'aliénation ou de la soulte ; car, si l'on eût commencé par convenir d'une somme d'argent pour ce prix ou pour cette soulte, on aurait établi une rente constituée, et non pas une rente foncière (2).

§ 2. Des obligations et actions qui résultaient du bail à rente.

Le bail à rente étant un contrat synallagmatique, engendrait des obligations *ultro citroque*, pour le bailleur comme pour le preneur.

319. I. *Des obligations du bailleur*. Le bailleur était tenu de toutes les obligations du vendeur, lesquelles se résumaient en ces mots : « faire avoir la chose à l'acquéreur, » *præstare ei fundum habere licere;* c'est-à-dire mettre le preneur et le maintenir en la possession paisible et utile du fonds. Cela comprenait la *délivrance;* et la *garantie*, soit des évictions, soit des charges réelles et cachées non déclarées dans le bail, soit des défauts non apparents de la chose (3).

320. Le bailleur, bien qu'il eût cessé d'être propriétaire du fonds, était néanmoins tenu de contribuer à certaines impositions extraordinaires. (V. ci-dessus, p. 103, note 2.) Loyseau distinguait, parmi ces impositions, celles qui tournaient en pure charge et perte, de celles qui tournaient au profit et à l'augmentation de l'héritage ; et il faisait contribuer le créancier aux premières seulement (4).

321. II. *Des obligations du preneur*. Le preneur avait pour obligations :

1° De payer la rente pendant tout le temps qu'il posséderait l'héritage.

(1) Pothier, n° 5.
(2) Merlin, Rép. *Rent. fonc.*, § 1er, n 1er.
(3) Poth., *loc. cit.*, n° 32.
(4) Poth., *loc. cit.*, n° 107.

2° D'entretenir l'héritage en bon état, non-seulement de réparations locatives, mais encore de grosses réparations; ce qui ne comprenait pas cependant, au dire de Loyseau (1), le cas de réédification complète des choses qui seraient devenues caduques par vétusté et non par défaut d'entretien;

3° De rendre à la fin du bail (si le bail n'était pas fait à perpétuité) les choses en bon état (2).

A ces diverses obligations, il faut ajouter, tant pour l'une des parties que pour l'autre, toutes les obligations qui résultent de la bonne foi, c'est-à-dire l'abstention de toute fraude, réticence, mensonge, etc. Nous savons, en effet, que le bail à rente est un contrat de bonne foi, comme la vente et le louage.

§ 3. Des différentes clauses qui pouvaient entrer dans le bail à rente.

322. Le bail à rente comportait des clauses en faveur du bailleur et des clauses en faveur du preneur.

I. DES CLAUSES EN FAVEUR DU BAILLEUR. Les principales étaient:

323. 1° *La clause de fournir des deniers d'entrée;* par laquelle le preneur s'engageait à donner au bailleur une somme d'argent ou d'autres choses mobilières, en outre du payement annuel de la rente. Dans ce cas, dit Pothier, le bail à rente était mêlé de vente. Les deniers d'entrée étaient comptés dans le calcul de la lésion d'outre moitié; et il y avait lieu, pour le seigneur du fonds, aux profits de vente proportionnellement à la valeur des derniers. Plusieurs coutumes admettaient même que cette clause pouvait donner lieu au retrait (3).

324. 2° *La clause de fournir et faire valoir;* par laquelle le preneur s'obligeait envers le bailleur à payer à perpétuité la rente créée dans le bail, pour le cas où le bailleur ne pourrait en être payé sur l'héritage baillé à rente.

Ainsi, le preneur renonçait à l'avantage de pouvoir être libéré

(1) Traité du Déguerpis., liv. 5, ch. 8.

(2) Pothier, n° 45.

(3) La coutume d'Orléans admettait le retrait lorsque les deniers d'entrée excédaient la valeur de la moitié de l'héritage.

de la rente, soit par l'aliénation du fonds arrenté, soit par le déguerpissement, soit même par la perte totale du fonds Le preneur, qui par la nature du contrat n'était obligé qu'occasionnellement et *propter rem*, se trouvait, par l'effet de cette clause, obligé *propter personam*; mais son obligation, même en ce cas, ne laissait pas que d'être *subsidiaire* à l'obligation du fonds. Et lorsqu'on lui demandait les arrérages de la rente courus depuis qu'il avait cessé de posséder le fonds, il pouvait invoquer la *discussion* de ceux qui avaient possédé l'héritage après lui, et qui, pour le temps de leur possession, se trouvaient être les principaux débiteurs de la rente (1).

Un effet de cette clause, c'est encore que l'héritier du preneur, soit médiat, soit immédiat, pouvait être obligé à passer une reconnaissance, quoiqu'il ne fût point possesseur de l'héritage arrenté. Mais il n'avait pas, dans l'acte de reconnaissance, à s'obliger directement au payement de la rente; il avait seulement à reconnaître qu'en la qualité d'héritier du preneur, il était tenu de l'obligation de fournir et faire valoir la rente; et, en conséquence, à s'obliger au payement de sa part héréditaire personnellement, et hypothécairement pour le tout, s'il était bien tenant; son obligation restant toujours *subsidiaire* (2).

325. 3° *La clause de payer la rente à toujours et à perpétuité.*

D'après Loyseau (liv. 4, chap. 11, n° 1), cette clause équivalait à celle qui précède. Loyseau prend soin de dire qu'il ne fallait pas en entendre les termes *pro subjecta materia*, c'est-à-dire subordonner leur interprétation à la nature du bail à rente.

Ainsi, les mots « à toujours » ne devaient pas donner à comprendre que le preneur eût voulu s'obliger *à toujours seulement, tant qu'il serait possesseur de l'héritage;* car, si ces mots n'avaient pas eu une autre signification, il eût été inutile de les introduire sous forme de clause; ce qu'ils auraient exprimé étant de la nature du contrat.

326. 4° *La clause de méliorer l'héritage de façon qu'il vaille*

(1) Loyseau, liv. 4, ch. 13, n° 3.
(2) Pothier, n° 52.

toujours la rente et plus; c'est-à-dire de suppléer toujours ce que l'héritage produirait de moins que la rente (1).

De là, pour le preneur, l'engagement de devoir *subsidiairement* la rente, soit après l'aliénation si les nouveaux possesseurs étaient insolvables; soit après le déguerpissement, si le créancier de la rente ne pouvait s'en faire payer sur l'héritage (2).

Mais l'obligation qui résultait de cette clause s'éteignait par la destruction totale de l'héritage, car le preneur ne pouvait avoir à méliorer ce qui n'existait plus (3). En cela elle différait des deux précédentes.

327. 5° *La clause de payer les arrérages de la rente sans aucune diminution.*

Le bailleur, nous l'avons vu, était contribuable à certaines impositions extraordinaires, telles que tailles d'église, tailles pour les chemins, tailles pour les fortifications (4); telles encore que les dixièmes ou vingtièmes levés par le Roi sur le revenu de ses sujets. (V. n° 320.) La clause dont il est question avait pour but de mettre à la charge du preneur et de ses successeurs l'acquittement de la part dont pouvaient être tenus dans ces impositions le bailleur ou ses successeurs, créanciers de la rente.

On n'examinait pas ici, comme pour la rente constituée, si les arrérages excédaient un taux légal. Il n'y avait pas, il ne pouvait pas y avoir de taux pour les rentes foncières, dans lesquelles l'usure n'était pas à redouter.

II. Des clauses en faveur du preneur. Les principales étaient :

1° La clause *que la rente créée par le bail pourrait être rachetée.*

328. De même que le rachat était de l'essence de la rente constituée, de même l'irrédimibilité était de la nature de la rente foncière (V. *infrà*, n° 341).

(1) Loyseau, liv. 4, ch. 12, n° 11.
(2) Coutume de Senlis, art. 286; Sens, art. 237. — Loyseau, *loc. cit.*
(3) Pothier, Bail à rente, n° 56.
(4) Pothier, n° 107.

Si donc le preneur voulait se réserver, ou réserver à ses successeurs, la faculté de dégrever l'héritage de la rente en payant une certaine somme, il devait recourir à une convention spéciale sur ce sujet.

Par cette clause, le bailleur s'engageait à décharger le fonds dès que le preneur, ou ses successeurs, lui payeraient la somme convenue pour le rachat.

Cette clause n'enlevait pas à la rente son caractère de foncialité; la rente n'en continuait pas moins à représenter une portion du fonds.

L'obligation de souffrir le rachat passait au tiers acquéreur de la rente; car la rente, ayant été créée sous la condition de cette obligation, était, et devait rester, affectée à cette obligation; le cessionnaire ne pouvait d'ailleurs avoir plus de droit que n'en avait le cédant. Réciproquement, la faculté de racheter la rente passait au tiers acquéreur de l'immeuble; car ce dernier acquérait tous les droits qui appartenaient à son vendeur à l'occasion de cet immeuble.

329. N'oublions pas que la faculté de rachat était, en cette matière, purement accidentelle, et non pas essentielle comme dans la rente constituée. Aussi, tandis que le rachat de la rente constituée était imprescriptible, le *rachat stipulé* de la rente foncière restait *sujet à la prescription* de trente ou quarante ans, prescription commune à tous les droits personnels.

2° *La clause par laquelle le bailleur d'un héritage féodal se chargeait de sa foi.*

330. Cette clause rentrait dans l'expédient appelé *jeu de fief*, que l'on employait, lors de la vente d'un héritage féodal, pour sauvegarder l'intérêt du seigneur fieffeux, lequel aurait pu se trouver compromis par un changement inaccepté de vassal.

Mais il faut observer que le bail fait avec une telle clause n'était plus un bail à rente simple. En effet, le bailleur, qui se retenait sa foi, ne pouvait être reçu à la porter qu'en qualité de seigneur de l'héritage. Il fallait donc qu'il eût conservé la seigneurie. Ainsi le bailleur, dans l'espèce, réservait sur le fonds autre chose que le droit de rente foncière; il réservait aussi le droit seigneurial. Il n'y avait plus de bail à rente; il y avait, grâce à cette clause, un vrai bail à cens (1).

§ 4. Des actions qui compétaient aux créanciers de rentes foncières; et de divers droits qui leur garantissaient le payement de la rente.

331. Les créanciers de rentes foncières avaient différentes actions contre les possesseurs des fonds arrentés. Ils avaient, de plus, des droits sur les fruits de ces fonds et sur les meubles qui s'y trouvaient (2).

I. DES ACTIONS QUI COMPÉTAIENT AUX CRÉANCIERS DE RENTE FONCIÈRE CONTRE LES POSSESSEURS DU FONDS ARRENTÉ.

332. Ces actions étaient au nombre de trois, savoir : l'action personnelle, l'action hypothécaire, et l'action mixte.

1° *De l'action personnelle.*

333. L'action personnelle était accordée au créancier de la rente pour le payement des arrérages courus pendant que l'héritage avait été possédé, soit *contre le preneur* lui-même, qui s'était engagé à payer la rente tant qu'il posséderait l'héritage (3); soit contre le *tiers détenteur* du fonds baillé à rente, qui était engagé, lui, par un quasi-contrat résultant de ce fait, qu'il n'avait pas ignoré la rente dont l'héritage acquis par lui était grevé.

Cette action atteignait aussi *les héritiers*, tant du preneur que du tiers détenteur, dans les conditions suivantes :

Pour les arrérages qui avaient couru pendant la possession de leur auteur, ceux-là même d'entre les héritiers qui ne succédaient pas à l'héritage grevé de la rente, en étaient tenus, personnellement pour leur part héréditaire; et hypothécairement pour le tout, s'ils avaient succédé à des immeubles hypothéqués du chef du défunt pour la sûreté de la rente, ces arrérages étaient une dette personnelle du défunt.

Quant aux arrérages courus seulement depuis l'ouverture de la succession soit du preneur, soit du tiers détenteur; ceux-là seuls de leurs héritiers qui succédaient au fonds arrenté en étaient tenus

(1) Pothier, n° 79.
(2) Pothier, n° 80.
(3) V. ci-dessus Défin. du bail à rente.

en leur qualité de possesseurs de ce fonds, et non plus comme continuateurs de la personne du *de cujus*.

2° *De l'action hypothécaire*.

334. C'est l'héritage, nous l'avons dit souvent, qui était proprement débiteur de la rente : c'est l'héritage qui était principalement affecté au payement de tous les arrérages qui en pouvaient être dus. Quant au possesseur de l'héritage, il n'était tenu personnellement des arrérages que pour le temps où il avait retiré les fruits et les services de l'héritage, que pendant la durée de sa possession.

Mais si des arrérages avaient manqué d'être payés par les précédents possesseurs, bien que ces derniers fussent toujours tenus personnellement de ces arrérages, le fonds lui-même ne continuait pas moins à en être débiteur et à répondre du droit de rente qui avait été réservé sur lui. La faculté qu'il avait d'agir contre l'ancien possesseur ne privait aucunement le créancier de la rente du droit d'agir contre l'immeuble.

Telle est l'action immobilière à laquelle Loyseau donnait le nom d *hypothécaire*.

335. Il ne faudrait pas cependant la confondre avec l'action qui résulte de l'hypothèque : elle ressemblait à cette dernière en ce que le tiers détenteur du fonds arrenté était dans l'obligation de *délaisser ou de payer ;* mais elle avait cela de plus, que le tiers détenteur du fonds arrenté ne pouvait pas, comme le détenteur de l'immeuble hypothéqué, renvoyer le créancier de la rente discuter les précédents possesseurs ; puisque le fonds était, même avant eux, débiteur de la rente.

Le tiers détenteur de l'immeuble arrenté pouvait toutefois requérir du créancier la subrogation ; et l'eût-il omis, qu'il avait encore contre les précédents possesseurs l'action *negotiorum gestorum*, ayant fait leur affaire en payant leur dette personnelle.

336. L'action hypothécaire pouvait être nécessaire au créancier de la rente, même pour obtenir des arrérages présentement courants. Il pouvait, en effet, se trouver en face d'un *possesseur de bonne foi* qui ignorât l'existence de la rente. Un tel possesseur ne pouvait être actionné personnellement ; il avait cru sincèrement que le fonds lui appartenait en franchise et sans nulle

charge ; il avait donc pu faire tous les fruits siens. Dès lors, le créancier de la rente devait, s'il voulait obtenir les arrérages courus pendant cette possession de bonne foi, s'adresser à l'immeuble qui n'avait pas cessé, lui, de devoir la rente et d'être affecté à son payement. Le créancier forçait ainsi le possesseur de bonne foi à payer les arrérages ou à délaisser.

3° *De l'action mixte.*

337. L'action mixte était donnée contre le possesseur, afin qu'il fût condamné à *passer titre nouvel de la rente et à la continuer à l'avenir.*

Loyseau l'appelait « mixte » parce qu'elle tenait à la fois de l'action réelle et de l'action personnelle. D'une part, en effet, elle avait pour objet la réclamation d'un droit réel, *jus in re;* elle suivait l'héritage, et s'intentait contre quiconque le possédait. D'autre part, elle contenait la conclusion de l'action personnelle, *eum dare oportere.*

338. L'action mixte était accordée contre tout détenteur de l'héritage arrenté, sauf pourtant le cas où cet héritage était un fief et se trouvait tenu par un seigneur à la suite d'une *saisie féodale.* En ce cas, le droit du seigneur dans le fief se trouvait être plus ancien que le droit du rentier; et de plus, le seigneur, ne tenant pas de ses vassaux son droit dans l'héritage, ne pouvait être obligé à propos des charges que les vassaux y avaient imposées (1).

II. Des autres droits du créancier de rente foncière.

339. Nous avons déjà fait pressentir que ces droits étaient à peu près les mêmes que les droits du locataire.

Le créancier de rente foncière avait effectivement :

1° *Une espèce de droit de gage* sur les fruits des terres et sur les meubles servant à l'exploitation des maisons ou métairies, sans distinguer, pour ces derniers, s'ils appartenaient ou non au possesseur du fonds arrenté (2);

2° *Un droit de préférence* aux autres créanciers sur lesdits effets (3) ;

(1) Pothier, Bail à rente, n° 102.
(2) Pothier, Bail à rente, n° 103.
(3) *Ibid.*

3° *Un droit de suite*, lequel devait être exercé dans un court délai (1) ;

4° *Différents droits de gagerie ou d'exécution*, suivant les diverses coutumes (2) ;

5° Enfin (et ceci était tout spécial aux baux de biens ruraux), l'Ordonnance de 1667 (art. 7) accordait, par exception, aux bailleurs de ces sortes de biens, encore que leur créance fût purement civile, la faculté de stipuler la contrainte par corps, et d'enlever ainsi au preneur le bénéfice de la cession de biens.

340. Les droits du créancier de rente foncière différaient pourtant des droits du locateur, dans le cas de location de l'immeuble arrenté. Le créancier de rente foncière, en effet, ne pouvait exercer aucun droit sur les meubles du locataire ou fermier, ni sur les fruits perçus par ce dernier ; il pouvait seulement arrêter les fermes et loyers, sur lesquels il était préféré aux autres créanciers de son débiteur : tandis que le locateur principal dont l'immeuble était sous-loué par le locataire, avait un droit de gage qui s'étendait même aux fruits perçus par le sous-locataire et aux meubles appartenant au sous-fermier (3).

La raison de cette différence, d'après Pothier, c'est que la personne qui prenait un héritage à loyer ou à ferme pouvait savoir facilement que son locateur était lui-même locataire, tandis qu'elle ne devait pas le supposer facilement propriétaire moyennant une rente. En d'autres termes, cette personne, qui n'avait guère pu ignorer que les fruits par elle perçus et les meubles à elle appartenant tomberaient sous les droits d'un locateur, avait

(1) Dans la coutume d'Orléans, ce délai était de huit jours pour les meubles garnissant la maison et de quarante jours pour les meubles garnissant la ferme.

(2) *Droit d'exécution* dans la coutume d'Orléans, c'est-à-dire droit de faire saisir les meubles par le ministère d'un sergent, de les faire garder de force et de les vendre à l'encan pour le payement des trois derniers termes d'arrérages dus.

Droit de gagerie, dans la coutume de Paris ; moins favorable que le précédent aux seigneurs d'hôtel et de métairie, car il ne leur donnait plus la faculté de faire prendre, saisir, enlever et exécuter les meubles *sans titre exécutoire*, mais seulement la faculté de les *saisir et arrêter*, c'est-à-dire de leur donner un simple gardien, sans pouvoir les déplacer ni procéder à la vente.

(3) Pothier, Bail à terme, n° 103, et Louage, n° 233.

dû, au contraire, ne pas prévoir que derrière son locateur se trouverait un bailleur à rente (1).

§ 5. De la nature des rentes foncières, et de leurs arrérages.

341. Des conditions même dans lesquelles s'établissait le droit de rente foncière, dérivaient pour elle des caractères propres que ne pouvait pas avoir la rente constituée.

342. La rente foncière était une copropriété réservée par le bailleur sur l'immeuble qu'il aliénait. Il suit de là que la rente foncière était IMMEUBLE, et la règle *actio ad immobile immobilis est* recevait ici une entière application. Cette rente était, par conséquent, *susceptible d'être hypothéquée.*

La rente foncière était, de plus, IRREMBOURSABLE. Car en permettre le remboursement, c'eût été souffrir que le bailleur pût être exproprié, contre la règle *nemo cogitur rem suam vendere.*

La rente foncière était encore INDIVISIBLE. Due par l'héritage, elle était due sur tout l'héritage comme sur chaque partie de l'héritage. Le fonds pouvait périr presque en entier, la rente était représentée par ce qui en restait; plusieurs étaient-ils cohéritiers ou coacquéreurs du fonds, chacun d'eux se trouvait, vis-à-vis du créancier, tenu du service de la rente entière. Ils ne jouissaient pas même du *bénéfice de division;* ils pouvaient, tout au plus, exiger du créancier de la rente une *subrogation* dans ses droits et actions. Et Pothier ajoute que, les droits résultant de cette subrogation ne devaient être exercés contre les codétenteurs de l'immeuble arrenté que dans la mesure de la part que chacun d'eux possédait sur cet immeuble. La raison en était, selon Pothier, que si le codétenteur poursuivi eût eu un recours pour le tout contre les autres, on serait tombé dans un cercle vicieux d'actions (2).

343. Pour ce qui est des *arrérages* de la rente foncière, ils s'acquéraient et se payaient d'après les mêmes règles que les arrérages de la rente constituée (V. n°s 246 et suiv.); ils étaient également sujets à la prescription résultant des *quittances de trois années consécutives* (V. n° 249): mais, à la différence des arrérages

(1) Pothier, n° 103.
(2) Pothier, Bail à rente, n° 89.

constituées, ils pouvaient produire des intérêts ; ils étaient considérés moins comme une somme d'argent que comme la représentation des fruits de l'héritage baillé à rente ; on ne voyait pas en eux des *usuræ*, on n'avait pas à redouter l'anatocisme.

A la différence encore des arrérages de rente constituée, les arrérages de la rente foncière ne tombaient pas sous le coup de la prescription quinquennale. Nous avons vu (n° 249) comment et pourquoi l'ordonnance de Louis XII ne les atteignait pas pas ; ils restaient donc soumis au droit commun, c'est-à-dire à la prescription trentenaire.

Enfin, tandis que les codébiteurs d'une rente constituée n'étaient tenus des arrérages que chacun pour sa part, nous venons de voir que les codétenteurs de l'immeuble arrenté étaient tenus des arrérages chacun pour le tout.

§ 6. Comment s'éteignait la rente foncière.

344. La rente foncière s'éteignait par la rescision ou la résolution du contrat dont elle résultait ; puis par certains modes communs à tous les droits réels qne l'on a sur les immeubles.

I. De la rescision et de la résolution du bail a rente.

345. Le bail à rente pouvait être rescindé pour les différents vices qui donnaient lieu à la rescision des autres contrats, c'est-à-dire pour erreur, violence, dol ; et aussi, d'après Pothier (n° 46), pour lésion d'outre moitié.

Le bail à rente était sujet à résolution comme les contrats synallagmatiques en général, pour inexécution des obligations de l'une ou l'autre des parties ; et, comme la vente en particulier, par suite des diverses clauses résolutoires qu'on pouvait y apposer.

II. Des modes d'extinction communs a la rente foncière et aux autres droits réels.

346. Ces modes étaient : la renonciation du créancier, la perte de l'héritage, la prescription, le déguerpissement, la confusion, le rachat, lorsqu'il était convenu ou permis par la loi, la purge.

1° *De la renonciation du créancier à la rente.*

347. La renonciation pouvait être *expresse* ou *tacite;* suivant qu'elle résultait d'une déclaration formelle faite par le créancier dans un acte ; ou suivant qu'elle s'induisait de quelque autre fait du crédi-rentier, tel que le consentement qu'il aurait donné à la vente, donation ou échange, de l'immeuble arrenté, sans faire aucune réserve de son droit de rente (1).

2° *De la perte des fonds arrentés.*

348. La rente étant un droit retenu sur le fonds, il n'était pas concevable qu'elle pût survivre à l'objet dont elle faisait partie.

3° *De la prescription.*

349. La rente foncière était sujette à deux espèces de prescription, savoir : la prescription *acquisitive*, et la prescription *libératoire.* La première résultait de la possession du détenteur qui avait possédé l'héritage comme franc de la rente foncière. La seconde résultait du non-usage du créancier.

La prescription acquisitive, basée sur la *possession*, et en même temps sur la *bonne foi*, ne pouvait être invoquée ni par le preneur, qui s'était engagé à payer la rente tant qu'il posséderait ; ni par les tiers détenteurs qui avaient acquis l'héritage avec la connaissance de la rente, et qui se trouvaient ainsi liés par un quasi-contrat. Les héritiers médiats ou immédiats, soit du preneur, soit de ces tiers détenteurs, ne pouvaient pas davantage prescrire la rente ; car ils tombaient sous l'application de la règle *hæres succedit in virtutes et vitia possessionis defuncti*, leur possession n'étant que la continuation de la possession de leur auteur.

350. Il fallait donc, pour prescrire le droit de rente par la possession du fonds arrenté, être un détenteur autre que le preneur à rente ou qu'un acquéreur connaissant la rente, et autre qu'un de leurs successeurs à titre universel. Il fallait être *possesseur à titre particulier*, et, de plus, posséder l'héritage *comme franc* de la rente dont il était grevé.

En outre de ces deux conditions, celui qui prétendait avoir prescrit le droit de rente devait encore apporter une possession

(1) Merlin, Rép., v. Hypothèques.

de *dix ou vingt ans*, et *non interrompue* ni de fait ni de droit. Il devait produire un *titre d'acquisition* qui ne contînt pas mention de la rente. Il devait enfin établir que la *prescription pouvait courir* contre le créancier de la rente.

351. La prescription libératoire, basée sur le *non-usage* du crédi-rentier, ne nécessitait point la possession ni la bonne foi. Elle pouvait être invoquée par le preneur lui-même : à plus forte raison pouvait-elle l'être par le tiers détenteur, qu'il fût ou non successeur à titre particulier ; qu'il eût ou non connu l'existence de la rente.

La prescription libératoire avait lieu par trente ans ; et par quarante, lorsque la rente avait été établie par un acte devant notaires dans les pays où la loi *quùm notissimi* était reçue.

4° *Du déguerpissement.*

352. Le déguerpissement est l'abandon du fonds que faisait le possesseur, soit à l'ancien propriétaire, soit à ses représentants.

Ceux-ci ne pouvaient conserver une portion de propriété sur la chose dont la propriété entière rentrait entre leurs mains.

5° *De la confusion.*

353. Lorsque le débiteur de la rente était devenu lui-même propriétaire du fonds, il ne pouvait être son propre créancier.

6° *Du rachat de la rente.*

354. Le rachat, bien qu'il ne fût pas de la nature du bail à rente, pouvait être stipulé par le débi-rentier dans le contrat. Quelquefois même il dérivait de la loi ou de la coutume.

355. En effet, plusieurs dérogations furent, à diverses époques, et pour cause d'utilité publique, apportées au principe de l'irrédimibilité des rentes foncières. Ces dérogations concernaient les rentes foncières établies sur les *maisons des villes*.

Il arrivait que les propriétaires des maisons grevées de plusieurs rentes qui en absorbaient le revenu, laissaient tomber ces édifices en ruines. De là une Ordonnance de Charles VII, rendue en l'an 1441, et portant « que toute rente due sur les maisons de la ville et des faubourgs de Paris serait rachetable au denier douze. » Un Édit de mai 1553, et une Déclaration du dernier février suivant, étendirent ce privilége aux maisons de toutes les villes du Royaume.

Ce droit de rachat légal ne devait pas être confondu avec le droit de rachat conventionnel : car, reposant sur l'intérêt public, il était imprescriptible, et il ne pouvait y être dérogé par les stipulations des particuliers; toutes choses qui n'avaient pas lieu à propos du rachat convenu entre les parties.

La faculté légale de rachat, ainsi généralisée à toutes les maisons des villes françaises, ne souffrit qu'une seule exception introduite au sujet des *maisons baillées à rente par l'Église.* C'est ce qui résulte d'une Déclaration de Charles IX, de 1568, et de l'art. 20 d'un Édit de décembre 1606. Et encore ces actes royaux ne maintinrent-ils pas en tous lieux le privilége d'irrédimibilité accordé aux rentes que réservait l'Église sur les maisons urbaines aliénées par elle. Les rentes établies sur les maisons ecclésiastiques restèrent rachetables dans les pays où la coutume reconnaissait expressément pour elles la faculté de rachat : telles étaient les coutumes de Paris et d'Orléans. On disait, en ces deux pays, que l'Église n'avait pas à se plaindre de la faveur accordée aux possesseurs des maisons arrentées par elle, parce que les gens d'Église, ayant pris part aux *enquêtes par tourbe* et à la réformation de la coutume, étaient censés avoir approuvé la disposition du rachat, dès là qu'ils n'avaient point protesté contre elle (1).

7° *De la* PURGE.

356. La purge des rentes foncières avait lieu par divers modes :

Par l'*opposition à fin d'annuler* faite à la saisie réelle et aux criées (2), soit par rapport à la *forme*, pour vice dans la procédure suivie; soit par rapport à la *matière*, quand la saisie et les criées avaient été faites pour choses qui n'étaient pas dues par la saisie (3).

Cette opposition appartenait au saisi lui-même et à ses créanciers. Le saisi devait la faire avant le *congé d'adjuger* conformément à l'assignation en interposition de décret (4); tandis que ses créanciers, qui n'avaient pas été appelés comme lui

(1) Merlin, Rép., Rent. fon., § 1, n. 8.
(2) Merlin, Rép., v. Criées.
(3) Merlin, Rép., Opp. aux criées.
(4) *Id.*

possesseur et débiteur, ni mis en demeure pour proposer leurs moyens de nullité, pouvaient exercer le droit d'opposition jusqu'à l'adjudication.

Par le décret forcé de l'héritage arrenté.

On nommait *décret* l'acte par lequel les créanciers faisaient vendre les immeubles de leur débiteur en justice au plus offrant et dernier enchérisseur. Le décret forcé intervenait toujours à la suite d'une saisie réelle (1). Les divers créanciers du saisi étaient avertis par des criées d'avoir à faire opposition au décret ; à défaut de cette opposition, ils étaient légalement présumés avoir eu connaissance de la vente, et avoir fait remise de leur droit. L'adjudicataire recevait donc l'immeuble purgé ; et l'on disait même que nulle propriété n'était plus solide que la propriété acquise sur décret forcé.

Par le décret volontaire.

Les avantages que conférait le décret forcé à l'adjudicataire du fond décrété, inspirèrent l'idée d'une nouvelle espèce de décret, le décret volontaire. L'acquéreur d'un immeuble redoutait-il l'éviction, ou craignait-il de n'avoir pas ses sûretés, il fesait alors consentir une obligation en brevet, au profit d'un tiers, par celui qui voulait vendre l'immeuble ; le tiers fournissait au vendeur une contre-lettre, et puis, en vertu de son titre apparent, le vendeur ne payant point la dette fictive, il poursuivait la vente du fonds. L'acquéreur s'en rendait alors adjudicataire ; et l'immeuble se trouvait, de la sorte, libre dans les mains de ce dernier. Pour plus de précaution, l'acquéreur, tout en se réservant le décret volontaire, stipulait toujours que le prix d'acquisition ne serait payé qu'après que le décret aurait été scellé sans opposition (2).

Mais les longueurs et les formalités compliquées du décret volontaire, gênèrent bientôt le commerce des rentes sur le roi, lesquelles rentes se trouvaient tellement divisées, que les frais du décret absorbaient souvent une partie du capital. Le décret volontaire, qui purgeait « *tous les droits réels ou fonciers* sauf les droits seigneuriaux » (3), qui éteignait, par conséquent

(1) Merlin, Rép., Décret d'immeubles, § 2.

(2) Merlin, Rép., Décr., § 1.

(3) Merlin, *loc. cit.*

les hypothèques et les servitudes ; le décret volontaire, dis-je, fut aboli par l'Édit du mois de juin 1771, qui lui substitua un nouveau mode de purge sur aliénation volontaire, à savoir les *lettres de ratification* (1). L'obtention de ces lettres était subordonnée à des formalités moins longues et moins difficiles. Aux criées étaient substitués, le simple dépôt au greffe, des bailliages ou sénéchaussées, du contrat portant aliénation, et l'exposition de ce contrat pendant deux mois au tableau de l'auditoire (2).

Mais ce fut, et c'est encore, une grave question que celle de savoir « si les lettres de ratification, qui, aux termes de l'art. 7 du préambule de l'édit, *remplaçaient le décret volontaire*, pouvaient, comme ce dernier, purger un immeuble d'un droit de rente foncière, aussi bien que de tout autre droit réel et foncier. »

Le Parlement de Paris répondait affirmativement à cette question : Il s'appuyait sur l'art. 7 du préambule de l'édit de juin 1771 ; il rappelait que le décret volontaire, qu'on avait prétendu remplacer par les lettres de ratification, avait pour effet de purger les rentes foncières : il admettait, de plus, que le droit du créancier de rente foncière n'était point une propriété qu'il fût impossible d'anéantir par la purge, vu que l'édit des hypothèques ne considérait ce droit « que comme un simple droit de privilége et d'hypothèque (3). »

Ce n'était point là, cependant, la doctrine des jurisconsultes. Brohard, commentateur de l'édit des hypothèques, persistait à voir dans le droit de créancier de rente foncière une propriété véritable, impossible à purger par un mode que l'édit n'indiquait pas expressément comme pouvant produire un tel effet. Et Merlin fit triompher ce dernier avis dans un arrêt de la cour de cassation, du 12 pluviôse an XI.

Rien n'autorisait donc à dire avec une entière certitude que les lettres de ratification eussent, comme l'avait le décret volontaire, la propriété de purger les rentes foncières : ce point était sujet à contestation.

(1) Merlin, Rép., Hypothèque, sect. 1, § 13, VIII.
(2) Merlin, *loc. cit.*
(3) Merlin, Rép. Hypoth., sect. 1, § 16.

357. *Nota* : Tout ce qui a été dit sur les *moyens d'établir* la rente constituée s'appliquait sans restriction à la rente foncière. (V. page 106).

SECTION II.

DE LA RENTE FONCIÈRE, SOUS LE DROIT INTERMÉDIAIRE.

358. J'ai tracé les règles du bail à rente dans l'ancien droit. Me voici arrivé aux changements radicaux que lui fit subir la Révolution, et que formula le Droit intermédiaire.

On sait le réveil philosophique qui remplit le XVIIIe siècle; on sait quelles proportions prirent, vers sa fin, la haine d'un régime odieux et vieilli, et le besoin d'élever les institutions au niveau des progrès de l'esprit humain. Ces aspirations, longtemps contenues, se combinèrent avec des besoins et des instincts économiques nouveaux; elle éclatèrent à un jour donné; et, non contentes de faire table rase de tous les droits féodaux, symboles de barbarie, d'ignorance et d'oppression, elles voulurent anéantir encore tout ce qui aurait pu rappeler l'ancien ordre de choses, réveiller les tristes souvenirs du passé, ou permettre à des hommes encore naïfs et inexpérimentés dans la liberté, de se replacer indirectement et à leur insu sous la domination de leur semblable.

Sans doute, la Constituante n'abolit pas les rentes foncières sans indemnité, comme elle avait fait pour le cens, la foi, la dîme, etc.; elle déclara seulement « que toute rente foncière pourrait être rachetée ». Mais d'autres lois vinrent ensuite mutiler cette rente, de telle façon que le droit du bailleur ou de ses successeurs ne pût plus devenir en leurs mains une arme funeste, un moyen d'asservissement, un instrument de vexation ou d'exploitation contre le détenteur du fonds arrenté

359. Qu'on me permette, par deux courtes citations, de montrer l'esprit et le but de ceux qui frappèrent de la sorte la rente foncière.

Le consul Cambacérès s'exprimait ainsi dans la séance du conseil d'État du 7 pluviôse an XII : « L'Assemblée consti-
» tuante, lorsqu'elle opina pour le libre rachat des rentes fon-
» cières, avait à lutter contre la classe des privilégiés qui était

» en même temps celle des grands propriétaires; elle l'a attaquée en attaquant la propriété d'où cette classe tirait sa force; » par ce moyen, elle s'est attachée le tiers état qu'elle voulait » opposer aux privilégiés. »

Le citoyen Crétet, dans la même séance, répondait ainsi aux orateurs qui avaient fait l'apologie de la rente foncière : « J'ignore si le défrichement des terres (ou d'autres avantages) » sont dus au bail à rente ; mais je sais que ce contrat a été dans » les mains des usurpateurs un moyen puissant pour tenir le » propriétaire sous leur dépendance; qu'il a toujours produit » des inégalités énormes, le bailleur enlevant au preneur tout le » fruit de ses travaux, pour lui laisser l'indigence avec le vain » titre de propriétaire. »

Je n'ai pas à me prononcer sur la valeur de ces arguments dirigés contre l'institution du bail à rente; j'ai seulement à constater qu'ils révélaient une double tendance, politique et économique, aspirant à détruire tout ce qui de loin ou de près se rattachait aux droits seigneuriaux.

Depuis 1789 jusqu'en l'an VIII, quatre lois furent successivement promulguées, qui portèrent chacune leur coup au vieil édifice du bail à rente.

360. La première est la *loi du* 9 *août* 1789.

Elle posa, en termes généraux, le PRINCIPE DU RACHAT des rentes foncières; renvoyant à un nouvel acte de l'assemblée nationale le soin d'en régler les détails et le mode d'exécution.

361. La seconde est la *loi du* 10 *décembre* 1790, dont la tâche fut complexe. Elle avait à organiser le rachat; elle détermina d'abord les divers droits qui pourraient être rachetés; et elle dit : « Seront rachetables toutes rentes foncières et perpé» tuelles, soit en nature, soit en argent, de quelques espèces » qu'elles soient, quelle que soit leur origine, à quelques per» sonnes qu'elles soient dues, gens de main-morte, domaine, » apanagistes, Ordre de Malte, même les rentes de dons et legs » pour cause pie ou de fondation; ainsi que les champarts de » toute espèce et sous toute dénomination. »

Elle défendait, en outre, de créer pour l'avenir, aucune rente non remboursable et perpétuelle; ne permettant désormais que les baux à rentes faits pour plus de *quatre-vingt-dix-neuf ans*, ou les baux à vie faits sur *trois têtes* au plus.

Elle déclarait également rachetables les redevances provenant du contrat connu en certains pays sous le nom de *locatairie perpétuelle*.

Cette loi fixait ensuite des modes particuliers de liquidation, et chargeait de cette opération des administrateurs spéciaux, pour le remboursement des rentes rachetables, dont pouvaient être débiteurs ou créanciers, certaines personnes méritant protection, telles que les divers incapables, ou certains êtres moraux, tels que les communautés d'habitants, la nation, le ci-devant domaine de la couronne, et les apanagistes, les engagistes, les échangistes dont les échanges n'étaient pas encore consommés, les commanderies, dignités et grands-prieurés de l'ordre de Malte.

La loi de 1790 établissait enfin *le* TAUX sur lequel le rachat aurait lieu. Elle distinguait, à cet effet, les rentes foncières constituées *en argent*, des rentes foncières constituées *en nature*. Le remboursement des premières devait avoir lieu au denier 20, c'est-à-dire sur le pied de 5 p. 100; les secondes devaient être rachetées au denier 25, c'est-à-dire sur le pied de 4 p. 100.

Mais dans cette dernière espèce, la redevance n'avait pas, comme dans la première, une valeur précise et déterminée; et il fallait pourtant connaître au juste, ou du moins apprécier, le chiffre du revenu en nature annuellement fourni par le débiteur de la rente, afin de pouvoir, en multipliant ce revenu par un certain nombre, obtenir un capital à rembourser pour le rachat. La loi de 1790 donnait le moyen suivant pour arriver à ce résultat :

On prenait les quatorze dernières années du revenu de l'héritage arrenté; on en retranchait les deux meilleures et les deux plus mauvaises; on calculait ensuite la moyenne des dix années restantes, et l'on avait ainsi une *année commune* qui représentait le revenu légal de l'immeuble, et servait de base au calcul du capital de rachat; c'est là le revenu qu'on devait multiplier par 25.

Ces divers points fixés, la loi de 1790 ne modifiait encore

en rien les droits, actions et priviléges attribués aux ci-devant bailleurs à rente par l'ancien droit, soit contre les possesseurs personnellement, soit sur les fonds. Ainsi le bailleur pouvait encore, de même qu'il l'aurait pu auparavant, stipuler un droit de lods et ventes, ou un droit de retrait (1); la rente elle-même ne perdait pas son caractère immobilier; les créanciers du bailleur qui avaient hypothèque sur la rente étaient tenus pour conserver leur droit de faire, comme dans le cas où la rente aurait été aliénée, une opposition au greffe des hypothèques; et les redevables qui voulaient racheter cette rente ne pouvaient, aux termes de la loi, rembourser valablement qu'après s'être assurés de l'absence de toute opposition (2).

Les codébiteurs de l'immeuble arrenté continuaient à être tenus de la rente chacun pour le tout.

Telle était la loi de 1790.

362. La troisième loi qui atteignit la rente foncière fut celle du 20 *août* 1792. Elle fit deux nouveaux pas en avant.

En premier lieu, elle ABOLIT LA SOLIDARITÉ DES CODÉTENTEURS pour le payement de la rente et même pour les arrérages qui en étaient déjà échus. Et cette solidarité fut abolie *sans indemnité* à payer au bailleur; de façon que chacun des redevables était désormais libre de servir ou de racheter sa portion de rente sans avoir à servir ou à racheter aussi la portion de ses co-débiteurs.

En second lieu, cette loi réduisit à CINQ ANS le temps nécessaire pour la PRESCRIPTION DES ARRÉRAGES à échoir; assimilant ainsi, en un point nouveau, les arrérages de la rente foncière avec les arrérages de la rente constituée.

363. Enfin, la quatrième loi qui apporta une innovation au droit de rente foncière, fut la loi du 11 *brumaire an VII*, sur le régime hypothécaire.

Elle décida que la rente foncière *n'aurait plus suite par hypothèque*. Par là, elle enlevait à cette rente son caractère réel et foncier, que les lois de 1789 et de 1790 ne lui avaient point ravi, bien qu'elles eussent introduit le principe du rachat.

(1) Merlin, Rép., Rent. fonc.
(2) *Id.*

La rente foncière n'était plus, dès lors, qu'une simple créance hypothécaire : elle ne constituait plus une charge et une dette de l'héritage; le possesseur du fonds aliéné avec retenue de rente n'était plus obligé *propter personam* et de plein droit d'acquitter celle-ci ; il était tenu seulement de souffrir l'exercice de l'action hypothécaire, et le droit de rente avait désormais besoin, pour se conserver, d'être inscrit comme le droit d'hypothèque.

Toutefois, le législateur de Brumaire an VII, qui dépouilla la Rente foncière du droit d'être suivie hypothécairement, n'allait pas jusqu'à la déclarer meuble. En cela, il mettait en oubli ce principe « que la nature d'un droit se détermine par la nature de son objet ». Il avait fait de la Rente foncière un droit portant sur une simple somme d'argent, *ad rem mobilem;* et néanmoins, il lui laissait sa qualité d'immeuble. On n'aperçut donc pas, sous le droit intermédiaire, ou du moins on ne proclama pas, une conséquence naturelle pourtant des principes nouvellement introduits, conséquence qui n'est autre que la *mobilisation* des rentes foncières. Le soin de la formuler était réservé au Code civil.

364. En somme, le droit intermédiaire modifia la rente sur quatre points essentiels :

1° Il la rendit rachetable;

2° Il abolit la solidarité des codétenteurs du fonds baillé à rente;

3° Il soumit ses arrérages à la prescription de cinq ans;

4° Il la relégua hors des choses qui pouvaient être hypothéquées.

SECTION III.

DE LA RENTE FONCIÈRE SOUS LE CODE NAPOLÉON.

365. L'œuvre des Rédacteurs du Code civil touchant la rente foncière, est résumée dans la disposition de ce Code qui forme l'art. 530.

L'art. 530, dont je donnerai et analyserai plus loin le texte, demande, pour être bien compris, à être étudié tout d'abord historiquement.

366. Disons, en premier lieu, que l'art. 530 n'a été promul-

gué et intercalé dans le titre 1er du livre II, qu'après la confection entière du Code, le 31 mars 1804. Ce retard témoigne des hésitations qu'éprouvèrent les rédacteurs, sur le point de savoir si la rente foncière devait être rétablie ; et sur les caractères qu'il faudrait, en cas de rétablissement, lui attribuer, pour l'accommoder aux institutions nouvelles.

367. Disons ensuite que la véritable pensée des rédacteurs sur ces deux questions se révèle principalement dans les procès-verbaux des séances qui se tinrent au Conseil d'État le 7 pluviôse an XII, et le 15 ventôse an XII.

Lorsque ces deux séances eurent lieu, le Code avait déjà été discuté en entier. L'art. 529, complétant logiquement une réforme simplement ébauchée par la loi du 11 brumaire an VII, avait déclaré MEUBLES toutes les rentes perpétuelles ou viagères, tant sur l'État que sur les particuliers. Mais le silence le plus complet était gardé par le Code à l'égard de la rente foncière ; et rien n'indiquait si une rente pareille rentrait ou non dans l'énumération de l'art. 529.

Cependant, que pouvait-on conclure de ce silence? Devait-il faire croire à l'abolition définitive de la rente foncière, à son élimination? Devait-il, au contraire, faire supposer son rétablissement, en vertu de l'axiome « tout ce que la loi ne défend pas est permis? » Tel est le doute sur lequel Bigot-Préameneu appela l'attention du conseil d'État.

Le consul Cambacérès reconnut que le Code, en omettant d'en parler, excluait la rente foncière. Exprimant ensuite son opinion sur cette exclusion, il la critiqua en disant « qu'il y aurait peut-être avantage à rétablir les rentes foncières, sauf à examiner si on devrait les déclarer rachetables. »

La discussion s'engagea sur cette proposition du consul. Le rétablissement de la rente foncière fut appuyé, dans les deux séances mentionnées plus haut, par Malleville et par Pelet. Son rejet fut demandé par Tronchet, Bérenger, Crétet, Bigot-Préameneu, Portalis..... Je ne puis, dans le cadre restreint d'une thèse, faire entrer la reproduction complète d'une telle discussion ; j'ai dû me borner à l'analyser et à reproduire sommairement les arguments échangés de part et d'autre.

368. Contre le rétablissement des rentes foncières, il fut dit : « En les rétablissant, on ne pourrait les rétablir qu'irrachetables ; car si le rachat en était permis, la rente foncière perdrait son principal caractère d'autrefois ; elle cesserait de représenter le fonds, pour ne représenter qu'une dette personnelle de l'acquéreur ;

» La rente foncière, excessivement utile au temps de l'ancienne jurisprudence, où l'on ne permettait pas les baux au-dessus de neuf ans, serait superflue à une époque où le Code permet d'assurer au locataire, par des baux de cent ans, une longue et stable possession ;

» La rente foncière imprimerait à l'héritage une tâche perpétuelle, qui le suivrait dans toutes les mutations de propriété, et qui gênerait la circulation des immeubles ; car les acquéreurs seraient toujours détournés par la perspective d'une charge dont rien ne saurait les affranchir ;

» Les règles de ce contrat étant innombrables et fort compliquées, les procès seraient fréquents et inextricables ;

» Il serait très-difficile au colon de retirer du fonds un produit suffisant pour acquitter à la fois la rente et les contributions foncières ;

» Le fonds grevé de rente perdant de sa valeur vénale, les mutations produiraient des droits d'enregistrement moins considérables ; et ce fonds ne pourrait être taxé pour des impositions aussi fortes ;

» De la solidarité des codétenteurs, il résulterait, qu'à la suite du partage d'un fonds grevé de rente, tous les biens d'une famille pourraient se trouver affectés au payement de la rente, et frappés d'hypothèques. Les embarras jetés ainsi dans les partages deviendraient plus grands à mesure que la rente deviendrait plus ancienne. C'est de là surtout que naissait autrefois l'énorme complication des règles sur le déguerpissement.

» Les baux à long terme, ou les ventes à rente rachetable peuvent donner des effets tout aussi utiles que les rentes foncières, sans présenter les mêmes inconvénients ; ils favorisent tout aussi bien les grands travaux de défrichement et de desséchement, beaucoup plus rares d'ailleurs, en France, qu'ils ne l'étaient autrefois; et ils donnent, aussi bien que le bail à rente, satisfaction tout à la fois, à l'intérêt du propriétaire qui n'a pas les moyens pour faire les travaux, et à l'intérêt du cultivateur qui n'a pas les moyens pour acheter.

» Enfin, la loi de 1790 avait été suivie d'un très-grand nombre de rachats. Elle répondait donc à un besoin de l'époque. »

369. Pour le rétablissement des rentes foncières, on fit valoir les raisons suivantes :

« La rente foncière est d'une immense utilité, quand on l'applique aux terrains en friche, qu'on ne peut ni vendre ni louer comme on vend ou comme on loue les terrains en plein rapport;

» Elle est profitable surtout à l'habitant des campagnes, qui n'a d'autres capitaux que ses bras, et qui serait heureux de trouver un établissement stable et solide, là où un simple bail ne lui permettra qu'une exploitation gênée et restreinte, et laissera, lors de l'expiration, sa famille sans asile assuré;

» C'est le bail à rente qui repeupla la Gaule après les dévastations qu'avaient produites les invasions barbares, et les guerres intestines des deux premières races;

» L'arrentement d'un bien ne ferait pas obstacle à sa mise en circulation. Ce bien se vendrait aussi facilement que tout autre. Cela s'était vu au moyen âge même, où les héritages n'étaient pas seulement grevés de rentes simples, mais étaient grevés en outre d'une infinité de droits seigneuriaux. Dans tous les cas, il vaudrait encore mieux avoir en France des fonds invendables et hors du commerce, que d'avoir beaucoup de terres incultes;

» Non-seulement, il serait bon de rétablir la rente foncière, mais il importerait même de la déclarer irrachetable comme elle l'était avant 1789. On aurait là un excellent moyen d'engager tout d'abord les propriétaires du sol à se dessaisir; ce qu'ils ne feraient pas, si, donnant leur fonds alors en mauvais état pour une rente évidemment modique, ils prévoyaient que le preneur pourra éteindre cette rente pour un prix bien bas, dès que le fonds aura été mis en pleine production;

» Le bail ordinaire, outre qu'il ne donne pas la propriété au locataire, ne lui offre pas non plus la faculté de déguerpir quand il s'est trompé dans sa spéculation ; tandis que le déguerpissement est de la nature du bail à rente ;

» Les procès ne seraient plus nombreux comme autrefois, les droits seigneuriaux qui se mêlaient jadis avec le droit de rente étant abolis maintenant ; — et l'on pourrait, sans contredit, réduire cette matière, comme tant d'autres, à des règles simples et précises ;

» Le Code civil autorise l'usage le plus illimité, même l'abus de la propriété ; et ce principe n'est borné que par les exceptions que réclament les mœurs et l'intérêt public. Or le bail à rente foncière ne serait ni immoral, ni contraire aux intérêts de l'État. Bien plus, comme ce contrat intervient toujours entre un propriétaire sans ressources et un acquéreur sans argent, refuser à ces personnes le moyen de s'entendre, ce serait vouloir que beaucoup de terres ne rendissent plus de produits et n'offrissent plus de matière imposable ;

» Quant à la loi de 1790, qui a permis le rachat des rentes foncières, c'est une loi purement politique et de circonstance ; elle n'est aucunement fondée sur des principes de législation. »

370. Ainsi furent déroulés tour à tour, et les inconvénients et les avantages que pourrait offrir la rente foncière dans le droit nouveau. La conclusion du débat fut « que *le conseil rejeta la proposition de rétablir les rentes foncières* (1). »

371. C'est alors que la section de législation chercha à formuler les vues du Conseil dans une disposition qui, tout en interdisant l'usage de l'ancienne rente foncière, ne prohibât pas néanmoins quelques autres contrats qu'on aurait pu confondre avec elle. Dans la séance du 19 ventôse an XII, la section de législation présenta au Conseil le projet qui, adopté après amendement, devait former l'art. 530 du Code civil.

Ce projet, à l'origine, était ainsi conçu : « Toute rente
» établie à perpétuité, moyennant un capital en argent, ou pour
» le prix évalué en argent de la vente d'un immeuble, ou comme
» condition de la cession à titre onéreux ou gratuit d'un fonds
» immobilier, est essentiellement rachetable.

(1) Séance du 15 ventôse an XII.

» Il est néanmoins permis au créancier de stipuler que la rente » ne pourra lui être remboursée qu'au bout d'un certain terme, » lequel ne peut jamais excéder trente ans : toute stipulation » contraire est nulle. »

372. « Le citoyen Jollivet (ajoute le procès-verbal de la séance), demande la suppression des mots *évalué en argent*, parce que, dit-il, on pourrait en inférer que la prohibition ne tombe pas sur les rentes foncières qui seraient contestées en nature.

» Le citoyen Pelet demande ensuite si la section entend interdire aux parties la faculté de fixer le *taux* et les conditions du rachat. Il est nécessaire, dit-il, de leur accorder cette faculté.

» Le citoyen Bigot-Préameneu observe que cette dernière question rentre dans celle de la fixation de l'intérêt légal, de laquelle le Conseil s'est déjà occupé lors de la discussion du titre *du prêt*.

» . . . . »

» L'article est adopté avec les amendements des cit. Jollivet et Pelet (1). »

373. Communiqué au Tribunat, cet article donna lieu à l'observation suivante :

« La section propose de supprimer les mots : *moyennant un capital en argent*.

» S'ils étaient laissés dans cette disposition, il en résulterait qu'une rente constituée moyennant un capital en argent, ne serait remboursée qu'après trente ans. Or l'art. 18 de la loi sur le Prêt (qui forme aujourd'hui l'art. 1911 du Code civil) s'oppose à une telle disposition, puisqu'il est dit dans le § 2 de cet article, qu'en pareil cas les parties peuvent seulement convenir que le rachat ne sera pas fait avant dix ans (2). »

374. Et c'est d'après cette observation que l'art. 530 fut définitivement arrêté et décrété tel qu'il figure aujourd'hui dans le Code (3).

375. L'art. 530 du Code Napoléon s'exprime donc ainsi :

« Toute rente établie à perpétuité pour le prix de la vente d'un

(1) Fenet, t. XI, p. 70.
(2) Fenet, t. XI, p. 71.
(3) Merlin, Rép., t. XIV, p. 126.

» immeuble, ou comme condition de la cession à titre onéreux » ou gratuit d'un fonds immobilier, est essentiellement rache- » table.

» Il est néanmoins permis au créancier de régler les clauses » et conditions du rachat.

» Il lui est aussi permis de stipuler que la rente ne pourra » lui être remboursée qu'après un certain terme, lequel ne peut » jamais excéder trente ans; toute stipulation contraire est » nulle. »

376. Que résulte-t-il de ce texte, et des amendements qui lui ont donné sa dernière forme?

Il en résulte, dit Merlin (1), « que le bail à rente (ce contrat par lequel on aliène un immeuble moyennant une rente), est maintenu et toujours licite, sous le Code; mais que la redevance qui est le produit de ce contrat ne forme plus, à proprement parler, une rente foncière. Cette redevance n'existe plus aujourd'hui dans l'immeuble dont elle est le prix; elle n'est plus une partie de cet immeuble, elle n'est plus qu'une rente sur la personne du particulier dans la propriété du quel cet immeuble a passé par le bail à rente; et par conséquent, elle est comprise dans l'art. 529, qui déclare *meubles par la détermination de la loi les rentes perpétuelles sur des particuliers.* »

377. Le Code civil exclut donc l'ancienne rente foncière; car, s'il admet qu'une redevance peut être stipulée par l'aliénateur d'un immeuble, soit *pour le prix* de la vente, soit *comme condition de la cession* de cet immeuble; il déclare, en même temps: 1° que cette redevance est *meuble* (art. 529, *in fine*); 2° qu'elle est *rachetable;* 3° que ses arrérages *se prescriront par cinq ans*, d'après le droit commun des dettes périodiques payables par année ou par termes plus courts (art. 2277); 4° que les coacquéreurs de l'immeuble ne sont *point solidaires* pour le payement de cette redevance; cela résulte de l'art. 1202 : « la solidarité n'a lieu de plein droit qu'en vertu d'une disposition de la loi. »

378. Ainsi, tout ce qu'avait fait le Droit Intermédiaire contre la rente foncière, le Code l'a maintenu, et même complété.

(1) Rép., t. XIV, p. 726.

Toutefois, sous un certain rapport, et en ce qui concerne l'exercice de la faculté de rachat, l'art. 530 se montre moins sévère contre le bailleur à rente, et moins favorable à l'acquéreur de l'immeuble baillé à rente, que ne l'étaient les lois de 1789 et 1790.

379. Ces lois, en effet, permettaient au preneur le rachat pur et simple, sans conditions, sans délai, et à un taux qu'elles-mêmes prenaient soin de déterminer. Et, quant aux stipulations à venir de redevances du même genre, ces lois s'abstenaient d'y autoriser aucune clause qui tendît à gêner ou à restreindre la faculté de rachat accordée à l'acquéreur du fonds baillé à rente. L'art. 530, au contraire, tout en proclamant haut et ferme le principe de rachat de ces sortes de rentes, appose pourtant à ce principe un double tempérament: 1° il autorise le créancier à règler les clauses et conditions du rachat; 2° il l'autorise à stipuler que le rachat n'aura pas lieu avant un certain terme. Je reviendrai bientôt avec quelque étendue sur ces deux innovations: pour le moment je poursuis la recherche de ce qui est encore contenu dans l'art. 530.

380. De ce que la rente foncière est désormais assimilée à la rente créée pour le prix de vente d'un immeuble, il résulte une conséquence bien importante; c'est qu'elle forme, pour celui à qui elle appartient, une créance aussi privilégiée que l'est pour le vendeur la créance du prix du bien qu'il a vendu (1).

Le principe de ce privilége fut appliqué par un décret du 12 décembre 1808, au grand-duché de Berg, en ces termes : « Pour sûreté du payement des redevances des colons, et jusqu'à » ce que celles-ci aient été rachetées, les seigneurs conserveront » sur le colonat et sur les parties séparées, les droits et priviléges » qui sont établis par l'art. 2103-1° du code civil, au profit du » vendeur d'une propriété foncière, sur le prix provenant de la vente. » — On trouve des dispositions semblables dans un décret du 9 décembre 1811, relatif à l'abolition de la féodalité pour les Départements Anséatiques; ainsi que dans un autre décret du 1er mars 1813, relatif à l'abolition de la féodalité et au rachat des

(1) Merlin, Rép., t. XIV, p. 727.

rentes foncières pour les départements de Rome et de Trasimène (1).

Le créancier d'une rente établie aux termes de l'art. 530, conserve donc sur l'immeuble aliéné le *privilége* même qui est assuré au vendeur par l'art. 2103.

381. Examinons maintenant la portée et la signification de la faculté accordée au créancier, de régler les *clauses et conditions du rachat.* Il ne s'agit pas seulement ici de ces clauses et conditions qui sont reçues dans toute espèce de rentes, comme la clause « que le rachat ne se fera qu'en argent, » ou la clause « que le créancier sera prévenu du rachat un certain temps à l'avance », deux conventions qui sont admises par l'art. 1911 même à l'égard des rentes constituées. Il s'agit ici principalement du droit accordé au bailleur à rente, et refusé au créancier de rente constituée, de fixer lui-même le *taux du rachat*, et, par conséquent, de stipuler que le capital à rembourser pour le rachat sera supérieur au capital que représentent, au taux légitime, les arrérages de la rente.

Cette dissemblance avec la rente constituée, cette latitude accordée au bailleur à rente pour la détermination du prix de rachat, se conçoivent aisément. Si, dans la rente constituée, le prix de rachat ne peut excéder le prix de constitution, nous savons que c'est pour écarter l'usure. — Le bail à rente au contraire, n'est, sous le Code civil, autre chose qu'une *vente dont le capital à rembourser forme le prix.* Ce prix n'a point de limite légale; il n'y a aucun inconvénient à ce que les contractants restent libres de fixer comme ils l'entendent ce que l'acheteur devra payer au vendeur, soit en principal, soit en intérêts. On n'a plus à redouter l'usure; car ce qui a été aliéné par le vendeur, ce n'est plus une somme d'argent, fixe dans sa valeur, ayant pour tout le monde un prix invariable que la loi détermine; ce n'est plus une somme d'argent destinée à fructifier et dont la productivité doit être réglementée au nom de l'ordre public : ce que le vendeur a aliéné dans l'hypothèse de l'art. 530, c'est un immeuble dont la valeur n'a pas reçu d'ap-

(1) Merlin, Rép., t. XIV, p. 727.

préciation légale, qui peut avoir pour l'acquéreur un prix d'affection ou de convenance, et qui du reste est susceptible, si on l'administre bien, d'acquérir une plus-value.

382. Il ne faudrait pas néanmoins que l'évaluation du capital de rachat eût été tellement exagérée, que l'on fût fondé à ne pas la considérer comme sérieuse dans l'intention des parties; car alors elle n'aurait plus d'autre but que d'eluder la faculté de rachat; elle violerait un principe d'intérêt général, elle constituerait une *convention illicite* réputée non écrite; on retomberait dans le cas où le prix du rachat n'a pas été exprimé, et il faudrait recourir au taux légal établi par la loi de 1790 (1).

383. Les mots *pour le prix de la vente*, qui figurent dans le texte de l'art 530, ont donné lieu à une difficulté d'interprétation dont les conséquences ne sont pas sans portée.

M. Duranton (t. IV, n°s 48 et suiv.) enseigne que par ces mots, le code a voulu faire allusion à une rente établie dans le contrat même de vente, non *pas comme prix*, mais *pour tenir lieu du prix* antérieurement convenu, de la cession.

D'après M. Duranton, ces mots viseraient le cas où, au lieu de dire « je vous vends mon fonds pour une rente perpétuelle de mille francs, » le vendeur a dit, par exemple : « je vous vends mon fonds pour vingt mille francs, de laquelle somme vous me fournirez, non pas le capital, mais perpétuellement les intérêts au denier 20, ce qui fait mille francs par an. »

Il est aisé de voir que l'espèce ainsi supposée renfermerait une véritable rente constituée mise à la place de l'obligation du prix stipulé tout d'abord; et, d'après les principes de la rente constituée consignés dans l'art. 1911, la rente établie de la sorte ne comporterait, ni une convention de non-remboursement pour un terme plus long que dix ans, ni la stipulation d'un prix de rachat supérieur au prix de la vente.

Mais M. Duranton pense que, dans le texte de l'art. 530, le législateur s'est proposé de traiter le créancier d'une rente constituée *pour le prix d'un immeuble*, bien plus favorablement qu'il ne traite le créancier d'une rente constituée à *purs deniers;*

(1) Comm. de MM. Ducauroy, Bonnier, Roustain, t. II, n. 43.

que le code a voulu permettre au premier ce qu'il ne permet pas au second, savoir, d'interdire le remboursement pendant trente ans, et de fixer lui-même le taux du remboursement, ainsi que peut faire le créancier d'une rente établie comme prix ou comme condition de la cession. En d'autre termes, l'art. 530 aurait, sous deux rapports, considéré la rente établie pour prix de la vente, comme une rente formant le prix même de cette vente, au lieu de la considérer comme une rente constituée ordinaire.

Du reste, ajoute M. Duranton, on ne pourrait, en aucun cas, songer à pousser l'assimilation de la rente en question avec la rente foncière, jusqu'au point de vouloir la faire garantir aussi par le privilége du vendeur. En effet, dans l'espèce proposée, l'obligation primitive du prix a disparu, à l'instant même où on lui a substitué l'obligation de servir une rente; il y a eu *novation;* dès lors l'action *venditi* s'est éteinte, et le privilége du vendeur avec elle. Le créancier d'une pareille rente ne peut plus avoir sur l'immeuble par lui vendu qu'une hypothèque, et encore si elle lui a été consentie avec toutes les formalités requises. Sans doute en règle, et d'après les termes de l'art. 1273, la novation ne se présume pas; mais ici, elle ressort de la nature de la convention (1).

384. Il y a quelque chose de très-séduisant, à mes yeux, dans ce système qui présente l'art. 530 comme ayant voulu déroger à l'art. 1911 en faveur de la rente qui est *constituée pour tenir lieu du prix d'un immeuble* vendu; d'autant plus qu'une telle dérogation serait très-conforme à certaines idées que nous avons rencontrées dans l'ancien droit. Ainsi, nous avons vu (n° 219) combien soigneusement Dumoulin distinguait la rente constituée pour prix d'un immeuble, de la rente constituée pour prix de marchandises; ne permettant que la première, repoussant énergiquement la seconde. Nous avons vu encore que s'il était formellement interdit autrefois de stipuler le rachat forcé de la rente constituée à prix d'argent, il était, au contraire, permis de déclarer exigible le capital de la rente *constituée pour prix d'un héritage*, ou *pour retour d'un partage d'immeubles* (V. n° 224).

(1) M. Duranton, t. IV, nos 48 et suiv.

385. L'ancien droit était donc bien loin de placer sur la même ligne la rente constituée ordinaire et la rente constituée pour prix d'une aliénation d'immeubles. Il n'y aurait rien eu d'étonnant à ce que le Code eût prétendu aussi se montrer plus favorable au créancier de la seconde qu'au créancier de la première.

386. Et cependant, l'interprétation donnée par M. Duranton aux mots *pour prix de la vente* ne saurait résister, je crois, à l'examen de la discussion du 19 ventôse an XII, au conseil d'État, et à celui des observations que fit ensuite le tribunat sur le texte qui lui fut communiqué.

387. Nous avons déjà vu (n° 372) comment dans le texte primitif que présenta la section de législation du conseil d'État, se trouvait cette phrase : « Toute rente établie *moyennant un capital en argent*, ou pour le prix *évalué en argent* de la vente » d'un immeuble, ou comme condition. »—Nous savons comment M. Jollivet proposa et obtint la suppression des mots *évalué en argent*. La première partie de l'article restait donc rédigée ainsi : » Toute rente établie *moyennant un capital en argent*, ou pour » prix de la vente d'un immeuble, » et fut avec cette teneur communiquée au tribunat.

388. Je renvoie encore à mon numéro (373) où se trouve déjà mentionné le travail auquel se livra la section de ce corps qui eut à critiquer l'article. La section du tribunat demanda la suppression des mots *moyennant un capital en argent*, en s'appuyant sur la contradiction qui résulterait de ces mots entre l'art. 530 et l'art. 1911 (1).

Le conseil d'État fit droit à l'observation. Par cela même, il consacra la pensée qui l'avait dictée ; et il eut sans contredit l'intention, en supprimant les mots *moyennant un capital*, de faire disparaître toute antinomie avec l'art. 1911, et d'écarter toute confusion entre les rentes dont il y est question et les rentes dont il est question dans l'art. 530. Si le tribunat avait vu dans les mots *pour le prix de la vente*, quelque chose qui rappelât le sens des mots *moyennant un capital en argent*, nul doute qu'il n'eût également demandé leur suppression ; nul doute aussi que le conseil d'État ne l'eût également accordée. Ainsi le voulait la logique.

(1) Fenet, t. XI, 72 et 73.

389. D'ailleurs, dans l'exposé des motifs lu au Corps législatif, et dans le rapport fait à ce corps au nom du Tribunat, il est dit et répété que l'article (dans lequel on avait d'abord compris les rentes constituées, par inadvertance), n'est relatif qu'aux rentes foncières (1).

390. Si donc les mots *pour le prix de la vente* furent laissés dans le texte de l'art. 530, ce n'est point pour y exprimer une distinction entre la rente constituée à purs deniers, et la rente constituée par conversion du prix d'un immeuble. Ils ne font pas allusion au cas où la stipulation du prix a été novée par la stipulation d'une rente; ils se réfèrent simplement au cas où le vendeur a *directement* stipulé que le prix de l'immeuble consisterait dans une rente annuelle et perpétuelle.

391. Mais plus *cette novation* de l'obligation du prix d'abord convenu donne lieu à des conséquences graves, et plus il sera nécessaire d'examiner attentivement si elle était réellement dans l'intention des parties. Souvent le langage employé par elles à cet égard ne sera pas clairement expressif; car, ainsi que l'observent MM. Ducauroy, Bonnier et Roustain (t. II, n° 42), on ne saurait admettre que tout se réduise ici à une question de formule; et, comme celui qui baille à rente un immeuble est libre de régler les conditions du rachat, et partant de fixer le capital à rembourser pour l'extinction de la rente, il importe peu que les parties se soient bornées à fixer d'abord le montant des arrérages, sauf à en induire ensuite le capital du rachat; ou qu'elles aient commencé, en sens inverse, par fixer le capital pour régler ensuite le taux des arrérages. Dans l'un comme dans l'autre cas, il faut s'attacher à ce qu'ont voulu faire les contractants plutôt qu'aux expressions insérées dans l'acte.

392. La rente foncière n'est déclarée rachetable que si elle est *établie à perpétuité* (art. 530); et d'après l'article 1911, la rente constituée n'est également rachetable que quand elle est *en perpétuel*. Ainsi, 1° la rente viagère, qu'elle ait été constituée moyennant un capital immobilier ou moyennant un capital meuble, ne peut jamais être rachetée par le débiteur, quand

(1) Marcadé, Élém. du Dr. civ. sur l'art. 530.

même il offrirait, en remboursant le capital, de renoncer à la répétition des arrérages payés (art. 1979). 2° Si je vous livre un immeuble moyennant une redevance annuelle en argent ou en fruits, pour cinquante, soixante ou quatre-vingts années, soit que l'immeuble doive vous rester après ce laps de temps, soit qu'il doive demeurer mien; vous ne pourrez pas vous libérer par le versement d'un capital de l'obligation d'acquitter les redevances pendant le temps déterminé. Dans le premier cas, c'est-à-dire quand l'immeuble vous est abandonné en propriété, c'est une vente qui a pour prix la rente temporaire. Dans le second, quand l'immeuble reste mien, c'est la concession d'une longue jouissance, à titre d'usufruit ou par simple bail, selon l'intention qu'auront manifesté les parties (1). Dans tous les cas, la rente ou le prix de la jouissance doivent se payer jusqu'à la fin : pour qu'on pût les racheter, c'est-à-dire s'en libérer en payant un capital, il faudrait que la redevance eût été promise pour un temps plus long que *quatre-vingt-dix-neuf ans*, ou établie sur *plus de trois têtes d'hommes* (2).

393. Il n'est donc pas interdit, sous le code, d'acquérir une rente moyennant l'aliénation d'un immeuble. Mais la rente acquise de la sorte ne constitue plus, comme autrefois, ce droit réel attaché au fonds, immeuble, irrachetable, indivisible, ce *census reservativus* que nous avons si longuement étudié.

Le bail à rente est devenu une simple vente dont la rente forme le prix. La rente est devenue une simple obligation personnelle de l'acheteur : de là plusieurs conséquences :

394. Sous le code, l'acquéreur de l'immeuble baillé à rente n'est plus libéré du service des arrérages, ni par la perte totale de l'immeuble, ni par l'abandon qu'il en pourrait faire, ni par l'aliénation.

La rente foncière est aujourd'hui quérable; il faut lui appliquer les principes des art. 1651 et 1247.

Il est certain qu'on doit encore accorder au débiteur de la rente les délais de grâce de l'art. 1244.

(1) Marcadé, Élém., t. III, p. 73.
(2) L. 18-29 décembre 1790, art. 1.

La rescision pour lésion de plus de 7/12 au préjudice du vendeur ne peut plus faire, comme au temps de Pothier, l'objet d'un doute.

Le crédi-rentier n'a plus à s'immiscer dans la conduite et les actes du débiteur à l'égard de l'immeuble ; et celui-ci n'est plus obligé de l'entretenir en bon état, car il est propriétaire absolument et sans partage.

395. Toutefois, à la différence du prix de vente, qui consiste de toute nécessité en une somme d'argent, la rente établie comme prix d'un fonds peut consister en fruits et en denrées : le code n'a pas, à cet égard, modifié l'ancien droit ; les lois de 1789 et 1790 ne l'avaient pas, en cela, modifié davantage.

396. La faculté de racheter la rente foncière est maintenant imprescriptible, comme l'était autrefois l'irrédimibilité.

397. Le crédi-rentier, qui veut prévenir les effets de la prescription, n'a pas cessé d'avoir le droit connu autrefois sous le nom d'action mixte (1), pour faire condamner le débiteur à passer un acte récognitif de la rente, et à la continuer à l'avenir. Cela résulte de l'art. 2263 qui dit : « Après vingt-huit ans de la » date du dernier titre, le débiteur d'une rente peut être contraint » à fournir, à ses frais, un titre-nouvel à ses créanciers ou ayants » cause. » Mais cette action est aujourd'hui purement personnelle, la rente foncière ayant perdu son ancienne nature.

Résumé sur la rente foncière.

398. Dans l'ancien droit, le bail à rente était une sorte de contrat mixte, tenant du *louage* autant que de la *vente*. La rente foncière était un droit retenu sur la propriété, droit immobilier ayant suite par hypothèque, irrachetable, indivisible, dette du fonds et non de la personne.

Dans le droit intermédiaire, le contrat de bail à rente devint une *vente*, par cela seul que le rachat de la redevance fut permis. La rente foncière ne devint pas seulement rachetable ;

(1) Voy. n° 337.

elle devint encore divisible, et dette purement personnelle; elle ne fut plus susceptible d'être hypothéquée; mais elle restait encore immeuble.

Dans le Code Napoléon, le bail à rente est toujours une *vente*, à la seule différence près que la rente n'est pas nécessairement en argent comme le prix ordinaire. La rente foncière est déclarée meuble; elle reste dette personnelle et divisible; elle reste aussi rachetable, mais avec faculté pour le créancier de régler les clauses et le taux du rachat, et d'empêcher le rachat pendant trente ans.

399. Arrivée à ce point, la Rente Foncière ne s'éloigne guère plus de la Rente Constituée. Elles sont toutes deux des créances *sui generis*, différant des créances ordinaires en ce que leur capital est inexigible.

Aussi plusieurs auteurs ont-ils soutenu qu'il n'y a plus aujourd'hui *que des rentes constituées*. Cette assertion, je m'empresse de le faire observer, n'est pas parfaitement exacte.

Sans doute le mot *rente foncière* n'a plus sa vieille acception, et la rente promise par l'acquéreur d'un immeuble comme prix de cet immeuble est aujourd'hui un *census constitutivus*. Mais il y a loin, pour nos deux rentes perpétuelles, entre cette communauté de nature et une confusion complète de leurs principes.

En effet, le Code les distingue avec le plus grand soin, ainsi que nous avons eu occasion de le remarquer : tandis que, dans la rente constituée, le taux du rachat est fixé par la loi (art. 1909), ce même taux, dans la rente foncière, est livré à la volonté des parties (art. 530) : tandis que le créancier d'une rente constituée ne peut interdire au débiteur le rachat que pendant dix ans (art. 1911), le créancier d'une rente foncière peut interdire le rachat pendant trente ans (art. 530, *in fine*).

Ce sont là des dissemblances notables; ce ne sont pas, d'ailleurs, les seules.

400. On a demandé, par exemple, si les trois causes de résolution forcée admises pour la rente constituée par les art. 1912 et 1913, peuvent produire les mêmes effets à l'égard de la rente

foncière. Examinons successivement les trois cas de commise.

1° Le bailleur à rente pourra-t-il exiger le capital du rachat pour non-payement des arrérages pendant deux années? — M. Jourdan a soutenu l'affirmative dans la Thémis (1). Mais M. Troplong (*Prêt*, n° 488), voit dans l'art. 1912 des rigueurs exceptionnelles qu'il ne faut pas rapporter à d'autres rentes que la rente constituée, pas plus qu'il ne faudrait rapporter à d'autres rentes la disposition de l'art. 1911. Le créancier de rente foncière se trouve, d'ailleurs, suffisamment protégé par le droit commun de la vente; il n'a pas besoin de plus amples garanties (V. art. 1654, 1244). Cette opinion est partagée par MM. Delvincourt, t. III; notes, p. 413; Duranton, t. IV, n. 147; et t. XVII, n. 622; Duvergier, n. 365.

2° Le bailleur à rente peut-il exiger le rachat lorsque le débiteur manque à fournir les sûretés promises? — Sans aucun doute, le créancier de rente foncière se trouve investi de ce droit; mais il ne l'a pas en vertu de l'art. 1912-2°, comme le créancier de rente constituée; il l'a sous l'autorité des principes spéciaux de la vente (2).

3° Quant à la faillite ou à la déconfiture du débiteur, qui rend le capital exigible pour le créancier d'une rente constituée (art. 1913, le créancier de rente foncière ne l'invoquera pas davantage : il n'en a pas besoin ; il est protégé, en ce cas, d'une manière bien plus efficace par son privilége.

401. Il faut donc reconnaître qu'il n'y a pas aujourd'hui que des rentes constituées. L'opinion contraire peut avoir, à quelques points de vue, une apparence de vérité; mais sous beaucoup de rapports, elle est fausse. De ce que la rente établie comme condition de la cession d'un immeuble a été dépouillée de ses caractères les plus originaux, on n'est pas autorisé à conclure qu'elle se confonde absolument avec la rente constituée à prix d'argent.

(1) T. V, p. 321.
(2) Troplong, Prêt, n. 496.

CHAPITRE III.

DE LA RENTE VIAGÈRE.

La RENTE VIAGÈRE est celle dont on limite la durée au temps de la vie d'une ou de plusieurs personnes.

402. Elle se distingue surtout des rentes perpétuelles par le caractère aléatoire qu'elle tire de l'incertitude du terme assigné à son extinction. Les auteurs anciens, tels que Scaccia et Casaregis, comparaient franchement le contrat de rente viagère à un pari (1).

La rente viagère est passée presque intacte de l'ancien droit dans notre législation; le droit intermédiaire ne lui a rien pris ni rien ajouté. Le Code a reproduit, à peu de chose près, toutes ses règles.

Il ne sera donc pas nécessaire de retracer dans le présent chapitre les trois grandes divisions employées dans les deux chapitres précédents. Je tracerai, en premier lieu, l'historique de la rente viagère; et, après avoir raconté son introduction dans le Code Napoléon, j'extrairai de ce dernier, pour les mettre en lumière, les divers principes qui régissent cette matière. Lorsqu'un de ces principes contiendra quelque modification au droit antérieur, je mentionnerai le changement, et je chercherai à l'expliquer.

403. Notre contrat de rente viagère, avec son caractère aléatoire et ses chances basées sur la durée de la vie de l'homme, renferme je ne sais quoi de mercantile et de profane tout à la fois. Les jours que nous tenons de Dieu y semblent être l'objet d'un profond mépris, puisque leur fin y est considérée comme un événement susceptible de déterminer le sort d'une gageure. Le respect de la vie humaine se relie cependant, non-seulement au sentiment de notre dignité, mais encore à l'instinct religieux, et au culte de la puissance créatrice. A ces deux titres, au dernier surtout, le contrat de rente viagère dut rester inconnu des Romains. Tel est, du

(1) Troplong, t. XV, p. 376 et 377.

moins, l'avis d'Henneccius, rapporté par M. Troplong (t. XV, p. 373).

Ces considérations vérifient à merveille ce qu'on a pu lire au début même de ce travail. En effet, les différentes sources du revenu viager des Romains qui ont été recherchées et analysées par nous, laissent entrevoir une pensée morale toute de bienfaisance, et pas le moindre esprit de trafic ou de spéculation.

La promesse *quoad vivas*, aussi bien que les divers legs d'*annuités*, d'*usufruit*, de *revenu*, etc., ont une tournure unilatérale et désintéressée qui n'est point compatible avec la cupidité et l'amour du lucre. Les Romains assuraient, par ces combinaisons, l'existence et le bonheur de personnes chères ; mais ils ne vendaient pas à leur semblable un avantage viager, pour chercher dans cette opération des chances de perte ou de gain, et se livrer avec le rentier à une sorte de jeu où la mort d'un être humain aurait servi de base au calcul et aux espérances des contractants. Un commerce de cette nature, qu'il eût été fait à propos d'argent ou à propos de tout autre capital, aurait été regardé à Rome comme antireligieux, impie, inhumain; sans compter qu'il est susceptible d'éveiller la pensée du crime.

La rente viagère ne pénétra donc point ni dans les mœurs ni dans les lois romaines.

404. Mais les nations modernes se sont mises, sur beaucoup de points, au-dessus des préjugés qui lui faisaient obstacle chez un peuple superstitieux; nous en avons une première preuve dans les *assurances sur la vie* (1).

405. La rente viagère est même très-ancienne dans le droit français. Ses premiers vestiges remontent à la législation des Précaires, qui jouent un si grand rôle dans l'histoire des deux premières races, et dont Marculfe a conservé la formule (lib. 2, c. 5, 11 ; et Append., c. 41, 42). On s'adressait à une église ou à un monastère, à qui l'on donnait un fonds de terre ou un capital en argent; en retour, l'église ou le monastère donnait des usufruits ou des rentes à vie d'un produit supérieur à ce qui avait été reçu, afin de compenser la perte à laquelle se soumettait, pour l'époque de son décès, le possesseur précaire (2).

(1) Troplong, t. XV, n° 204.
(2) Thomassin, de l'Usure, p. 465, 466, et Troplong, t. XV, n° 205.

Il y a là-dessus un Capitulaire célèbre de Charles le Chauve, le capitulaire d'Épernay rendu en 846, qui fut tiré d'un concile tenu dans le Pays-Messin, et qui figure aussi au Decretum de Gratien X, q. 2, c. 4. Ce capitulaire décidait, d'une manière positive « qu'on ne ferait pas précaire des biens de l'église, si » celui qui donnait à l'église ne recevait d'elle, outre l'usufruit » de ce qu'il avait donné, l'usufruit du double sur les fonds de » l'église; ou bien, dans le cas où il aurait renoncé à l'usufruit de » ce qu'il avait donné, si l'église ne lui donnait un usufruit de » terres ecclésiastiques valant le triple (1). »

406. Les Théologiens ne manquèrent pas néanmoins de critiquer vivement cette combinaison, comme étant de nature à dissimuler l'usure. Mais leurs scrupules s'évanouirent à la fin. Henri de Gand, qui avait d'abord combattu la légitimité des rentes viagères, et qui les croyait condamnées par la loi religieuse comme le prêt à intérêt, changea de sentiment à la lecture du capitulaire de Charles le Chauve, qu'il avait jusques-là perdu de vue (2). Et les jurisconsultes italiens nous apprennent que, dans la ville du Saint-Siége, le contrat de rente viagère se pratiquait tous les jours par les églises, les monastères, les colléges de clercs, sous l'approbation de la commune opinion des Docteurs, et sans crainte du reproche d'usure (3).

En effet, d'après Scaccia et Casaregis, le revenu assuré au crédirentier viager n'est pas l'intérêt d'une somme d'argent qu'il ait déboursée pendant un certain temps, pour qu'on la lui rende ensuite. Il n'est que la compensation du capital aliéné à toujours : et, comme la rente viagère repose sur des combinaisons aléatoires, comme par conséquent l'acheteur de la rente ne peut pas s'attendre à un gain assuré, pas plus que le constituant ne peut s'attendre à une perte certaine ; il y a dans ce contrat, égalité de risques, ce qu'on appelait *commutatio periculi* (4).

407. Ce n'est pas à dire pourtant que ce contrat soit d'une grande moralité. On lui a fait, à cet égard, des reproches bien mérités.

(1) Troplong, t. XV, p. 374.
(2) Troplong, t. XV, p. 374.
(3) *Id.*, p. 375.
(4) Troplong, t. XV, p. 375 et 376.

On reconnaît qu'il inspire le plus souvent au débiteur un *votum mortis*. L'avarice et l'égoïsme en abuseront : on verra des cœurs froids et moroses, dépouillant tout sentiment d'affection pour leur famille, sacrifier leur avoir entier à la perspective d'une richesse plus grande durant leur vie, et vouloir que tout périsse avec eux, liens du sang, liens de l'hérédité, patrimoine!!! On accuse encore ce contrat de favoriser la paresse, ou d'engager le rentier à l'oisiveté ; de rendre, en un mot, ses facultés stériles pour lui-même, pour les siens et pour la société.

Plus d'une fois nos rois crurent devoir intervenir pour réprimer le funeste abus qu'on faisait de la rente viagère. C'est surtout aux Communautés riches que s'adressaient les acheteurs de rentes pareilles ; et les communautés, en sacrifiant pour quelques années une partie de leur immense revenu, augmentaient sans cesse leur capital, soit mobilier, soit immobilier. Il y avait là un double scandale, l'appauvrissement des familles et l'enrichissement démesuré des gens de mainmorte.

408. Par un édit de 1661, il fut défendu de donner aux gens de mainmorte *de l'argent* moyennant une rente viagère plus forte que le taux de l'ordonnance, à peine de nullité du contrat, de confiscation de l'argent, et d'une amende de 3,000 livres contre les communautés qui auraient constitué la rente.

L'édit exceptait de cette rigueur l'Hôtel-Dieu de Paris, le Grand-Hôpital et la maison des Incurables ; mais, par un autre édit de 1690, ces établissements furent assujettis, comme les autres gens de mainmorte, à la défense ci-dessus rapportée.

L'édit de 1661 défendait encore aux gens de mainmorte de recevoir des *héritages* ou *rentes* pour une rente viagère plus forte que le revenu desdits héritages ou rentes.

Ainsi les opérations faites avec les communautés, pour achat de rentes viagères, n'offraient plus aucun appât à la cupidité ni à l'égoïsme, puisqu'avec l'argent ou l'immeuble qu'on aurait transmis à l'Église, on pouvait se rendre créancier d'une rente constituée ou foncière, de même valeur au moins que la rente viagère autorisée.

Le Préambule de l'édit de 1661 nous apprend que Louis XIV le rendit principalement pour mettre fin aux désordres que produisait l'*avarice des gens d'Église*. Aussi l'édit ne se préoccupait-il point d'interdire entre particuliers les constitutions de rente viagère à un taux plus élevé que le taux de l'ordonnance, et cependant il ne considérait en aucun cas d'un œil favorable de semblables constitutions (1).

En ce qui concernait la prohibition faite aux communautés, l'édit de 1749 alla plus loin encore que l'édit de 1761 ; il défendit aux gens de mainmorte d'*acquérir, à quelque titre que ce fût, aucuns héritages, ni même rentes sur particuliers.*

409. La Révolution n'eut pas à proscrire la rente viagère ; ce droit n'avait rien de féodal, rien qui se rattachât de près ou de loin au système politique renversé. Le DROIT INTERMÉDIAIRE tendait d'ailleurs à favoriser par tous les moyens la circulation du numéraire et des biens.

410. Dans la discussion du CODE, le contrat de rente viagère fut vivement attaqué. On fit valoir contre lui les arguments dont il a été déjà parlé ; mais on invoqua, pour le maintenir, quelques raisons plausibles. On dit : qu'il n'est pas répréhensible de la part d'une personne âgée qui a besoin de recourir à cet expédient pour assurer sa subsistance (2) ; qu'il présente à l'infirme des moyens d'existence tirés de la fragilité même de sa vie (3) ; qu'il importe, ici comme ailleurs, de distinguer le contrat sérieux et utile de l'abus qu'on en peut faire (4).

A la faveur de ces remarques, la rente viagère trouva un asile dans le Code ; et, je le répète, elle y fut reçue avec l'organisation et la plupart des règles qu'elle apportait de l'ancien droit.

411. Dans cinq paragraphes, nous verrons :

1° Quelle est la nature du contrat de rente viagère ;

2° En quoi il diffère de la constitution de rente perpétuelle ;

3° Quelles clauses on peut apposer à ce contrat ;

4° Quelle est la nature, et des rentes viagères, et de leurs arrérages ;

5° Comment les rentes viagères s'éteignent.

(1) Poth., Const. de rent., n° 238.
(2) Exposé des motifs, séance du 15 vent. an XII.
(3) M. Bouteville, tribun. (Fenet, t. XIV, p. 562).
(4) Exposé des motifs.

§ 1. **De la nature du contrat de rente viagère.**

412. Le contrat de Rente Viagère est celui par lequel une des parties s'engage à fournir à l'autre une rente annuelle, bornée à la vie d'une ou de plusieurs personnes, soit moyennant une chose mobilière appréciable ou moyennant un immeuble, soit même gratuitement (1).

413. Nous aurons plusieurs questions graves à examiner. Et d'abord, laissant momentanément de côté la rente viagère constituée à titre gratuit, pour donner notre attention à celle qui est constituée *à titre onéreux*, il faut nous demander si l'opération des parties est la même lorsque le capital de constitution consiste en argent, que dans les cas où ce capital est un objet mobilier ou un immeuble.

414. Lorsque le crédi-rentier a fourni une *somme d'argent* contre la rente viagère qui lui a été promise, nul doute qu'il n'y ait là une vente de la rente viagère, vente dans laquelle l'acheteur est le crédi-rentier, et le vendeur, le constituant. Tout ce qui a été dit à ce sujet sur le contrat de constitution de rente perpétuelle, trouve ici une parfaite application. (V. nos 185 et suiv.)

415. Mais, dès que la chose aliénée par l'acquéreur de la rente consiste, non pas *in numerata pecunia*, mais en *objets mobiliers ou immobiliers*, il semble évident qu'il ne peut plus y avoir vente de la rente, et qu'il y a bien plutôt vente des objets mobiliers ou immobiliers, moyennant un prix qui est la rente elle-même. En effet, la première condition de la vente est que le prix consiste en argent; et il est impossible de donner le nom de prix à la première chose venue (2).

Si donc la rente viagère est établie moyennant un immeuble ou un objet mobilier; le contrat sera bien moins une constitution de rente, qu'une vente à charge de rente viagère; c'est là ce qu'exprime ainsi Duparc-Poullain (t. III. p. 101, n° 88): « Il est certain que la rente viagère *est le prix* du fonds. La rente dans

(1) Voy. C. C., art. 1968, 1969.
(2) Troplong, Vente, Échange. Et t. XV, p. 387.

l'espèce, n'est plus la chose vendue; elle devient le prix de la chose aliénée.

C'est pourquoi, dans le langage vulgaire, on désigne l'acquisition d'une rente viagère moyennant aliénation d'un domaine ou d'effets mobiliers, par le terme expressif de *vente à fonds perdu*.

C'est pourquoi encore, au point de vue fiscal, la Loi de l'Enregistrement ne considère comme vraies constitutions de rentes viagères que celles qui sont faites à prix d'argent. Quant aux rentes viagères créées contre l'aliénation de meubles ou d'immeubles, cette loi s'attache particulièrement à la transmission de la chose, transmission qui est prédominante à ses yeux (1). Elle traite exclusivement le contrat comme contenant une vente de l'immeuble ou des meubles.

416. Le contrat de rente viagère est-il réel ou consensuel, est-il unilatéral ou synallagmatique?

On n'a pas oublié avec quel développement j'ai déjà traité cette double question à propos de la rente constituée (2). Il n'est pas douteux que, si l'on a reconnu avec nous le caractère consensuel et bilatéral au contrat de constitution de rente perpétuelle, on ne doive aussi le reconnaître à la constitution de rente viagère à prix d'argent; les mêmes raisons de décider subsistent.

Que si la rente viagère a été constituée moyennant une chose mobilière ou immobilière, tout le monde est d'accord pour voir dans cette opération une *vente* de l'objet moyennant un prix qui est la rente, personne dès lors ne fait doute que le contrat, en ce cas, ne soit consensuel et synallagmatique, comme un contrat de vente. Nul ne conteste que la rente puisse et doive courir dès le jour du contrat, sans qu'il soit nécessaire que la tradition du capital ait eu lieu. Les obligations du vendeur existent dès ce même jour pour le crédi-rentier.

417. Le caractère le plus saillant du contrat de rente viagère, c'est qu'il est *aléatoire*. L'importance que le Code attache à cette

(1) MM. Championnière et Rigaud, *Dict.*, v° *Rente viagère*, n° 4, et *Traité des dr. d'enreg.*, t. II, n° 136.

(2) V. p. 80 et suiv, et 113 et suiv.

(3) Troplong, t. XV, n° 221.

qualité se manifeste suffisamment par la place qui lui a été donnée, par la rubrique sous laquelle il l'expose (1).

Ce contrat est aléatoire, car l'équivalent que chacune des parties reçoit consiste, non pas dans un avantage certain ou réalisé, mais dans une chance de perte ou de gain ; il y aura perte ou gain pour les deux parties, suivant que la personne sur la tête de qui la rente est constituée vivra plus ou moins longtemps. Cette personne meurt-elle bientôt, le gain du débiteur est l'équivalent du risque qu'il a couru de payer la rente longtemps. Cette personne tarde-t-elle à mourir, le gain réalisé par le crédi-rentier est l'équivalent du risque qu'il a couru de perdre sans compensation aucune le capital de constitution. Si la mort arrive vite, le débiteur gagne le capital; si la mort vient lentement, le créancier gagne des annuités.

418. Lors même que la rente viagère est constituée à *prix d'argent*, il n'y a pas lieu de lui appliquer les règles sur le taux des intérêts (art. 1976). Car la rente ainsi constituée est le prix d'un risque dépendant de l'âge et de la santé d'une personne, risque qu'il est impossible d'apprécier, d'évaluer. Or, comment fixerait-on le prix d'une chose incertaine? On ne peut pas, comme pour la rente constituée, dire d'avance s'il y aura, ou s'il n'y aura pas usure, de part ou d'autre.

De même, lorsque la rente viagère est constituée moyennant l'aliénation de meubles ou d'immeubles, le crédi-rentier n'aura jamais le droit, sous prétexte qu'il est vendeur, d'invoquer la rescision pour lésion, cette rescision est incompatible avec la nature des contrats aléatoires.

419. Puisque l'*alea* est un des éléments distinctifs et essentiels de la rente viagère, il s'ensuit que, si la rente viagère est arrangée de manière à n'être aléatoire que de nom, elle doit perdre les priviléges particuliers que la loi lui attache en considération de cette *alea* (2).

Par exemple, si Pierre aliène au profit de Paul une somme de

(1) Le Code ne fait que mentionner ce contrat au titre du Prêt et de la rente constituée, et les seize articles qu'il lui consacre (1968-1984) figurent au tit. 12 du liv. III, des *Contrats aléatoires*.

(2) Troplong, t. XV, n° 211.

4,000 fr. pour une rente viagère de 200 fr.; où est ici l'incertitude? Quand même la vie de Pierre se prolongerait au delà des bornes ordinaires, Paul ne peut jamais perdre; il ne fait que payer les intérêts ordinaires du capital par lui reçu. D'un autre côté, Pierre ne peut jamais faire à ce marché un véritable gain, puisque Paul ne lui paye que l'intérêt de son argent et rien de plus. Toute la chance consiste en ce que Paul gagnera certainement si Pierre décède promptement, tandis que ce dernier est par cela même exposé à perdre. Mais cette chance de gain, du côté de Paul, n'est compensée par aucune chance de perte; de même que la chance de perte, du côté de Pierre, n'est compensée par aucune chance de gain. Le contrat n'est donc pas véritablement aléatoire; il contient tout simplement une rente viagère mélangée de libéralité, ou, suivant les cas, susceptible de rescision (1).

420. Lorsque la rente viagère n'excède pas le taux légal de l'argent, disait Pothier (n° 219), le contrat renferme une donation, faite au constituant, du capital qu'il reçoit, sous la réserve de la jouissance pour le temps que la rente doit durer.

Par suite, la rente viagère constituée au taux légal et non au-dessus, ne payerait pas le droit d'enregistrement comme rente viagère (2).

Pothier allait plus loin encore au sujet de l'*alea* que devait présenter ce contrat; et, lors même que la rente viagère est constituée au dessus du taux légal, il faut, disait-il, que l'excédant de la rente sur ce taux soit assez considérable pour qu'on puisse regarder la rente comme le juste équipollent du fonds de ce qui a été donné pour la constitution (3). Si donc on avait constitué une rente viagère à 6 ou 7 pour 100, mais, par exemple, sur la tête d'une personne âgée ou infirme, il faudrait, selon Pothier, appliquer les règles de la *vente à vil prix*, et la déclarer nulle entre personnes incapables de recevoir l'une de l'autre (4).

421. Le principe de l'aliénation perpétuelle du capital s'applique, en cette matière, plus rigoureusement encore et plus absolu-

(1) Troplong, t. XV, n° 211.
(2) Championnière et Rigaud, t. II, nos 1307, 1308.
(3) Pothier, Const. de rent., n° 240.
(4) *Id*, et Vente, n° 39.

ment que dans la rente perpétuelle; car il n'est possible ni au débiteur ou à ses successeurs d'offrir le *remboursement* , ni au créancier de l'exiger : et, tandis que le créancier d'une rente perpétuelle peut espérer que le débiteur ou ses successeurs la rachèteront pour s'en libérer, l'acquéreur d'une rente viagère dont la mort doit mettre fin à cette rente, n'a pas l'espoir du rachat (art. 1979) : *sors totalem sentit mortem*, disaient les docteurs (1). Nous verrons encore, sous les art. 1977 et 1978, que les causes de résolution forcée, assez nombreuses pour la rente perpétuelle, se réduisent à *une seule* pour la rente viagère; cette différence devra être expliquée (V. n° 427).

422. Lorsque la rente viagère est constituée *à titre gratuit*, c'est-à-dire sans que le constituant reçoive aucun capital, elle est sujette à toutes les règles qu'on observe dans les libéralités, soit entre-vifs, soit testamentaires; elle doit être revêtue des formes requises par la loi (art. 1969); elle est réductible, si elle excède ce dont il est permis de disposer; sa constitution est nulle, si elle a eu lieu au profit d'une personne incapable de recevoir (article 1970), etc.

423. Il est évident que l'élément essentiel par excellence dans le contrat de rente viagère, c'est une *tête* sur laquelle la rente soit constituée, c'est-à-dire une personne dont la vie soit prise comme mesure de la durée de la rente. De là, les conséquences suivantes :

1° Le contrat de rente viagère créée sur la tête d'une personne qui était morte au jour du contrat ne produit aucun effet (article 1974);

2° Il en est de même du contrat par lequel la rente a été créée sur la tête d'une personne atteinte de la maladie dont elle est décédée dans les vingt jours de la date du contrat (art. 1975).

Lorsque la personne, sur la tête de qui repose la rente, était *morte* au moment du contrat, l'acquéreur de la rente se trouve n'avoir pas acquis, et n'avoir pas pu acquérir, même pendant un instant de raison, la créance aléatoire en vue de laquelle il aliénait son capital; l'aliénation de ce capital est donc nulle, *faute de cause* (2).

(1) Troplong, t. XV, n° 214.
(2) Pothier, n° 224.

Lorsque cette même personne était *malade* au moment du contrat, et vient à *mourir dans les vingt jours* de la *même maladie*, il y a une *erreur* qui vicie le contrat; erreur qui porte en effet sur la *qualité substantielle* de la chose que les contractants ont eue principalement en vue.

424. Pothier (n° 225) faisait toutefois au sujet de la maladie, une distinction qui ne se trouve point reproduite dans notre article 1975. Pothier n'annulait le contrat que tout autant que la maladie avait été *ignorée* des parties; alors seulement, disait-il, l'acquéreur de la rente peut dire qu'il y a eu erreur de sa part.

Mais ne peut-il arriver aussi que le crédi-rentier, tout en connaissant la maladie grave de la personne sur qui repose la rente, et tout en prévoyant que la vie de cette personne sera courte, ait espéré néanmoins qu'elle ne mourrait pas encore, surtout dans le court espace de vingt jours? Il se trouvera, s'il en est ainsi, déçu dans de légitimes prévisions; il est bon qu'il puisse alors arguer de son erreur.

Le code a bien fait, je crois, de ne pas adopter la distinction de Pothier.

425. Ainsi qu'on peut le voir, il n'est pas nécessaire que la rente viagère soit constituée sur la tête de celui qui en fournit le prix; elle peut-être constituée, soit sur la tête d'un tiers qui n'a aucun droit à en jouir, soit sur la tête même de celui qui doit la servir (1791).

Elle peut être constituée sur une ou plusieurs têtes (art. 1972). Leur vie ne sera toujours qu'une mesure assignée à la durée de la rente.

426. La rente viagère n'est pas non plus nécessairement constituée au profit de celui qui en fournit le prix: elle peut être constituée *au profit d'un tiers* En pareil cas, elle contient une libéralité adressée à ce dernier : mais le Code, tout en la considérant alors comme *donation quant au fonds*, c'est-à-dire quand aux règles sur la capacité, la réduction, le rapport, etc., ne la taxe point de donation *quant aux formes*, c'est-à-dire quant à la nécessité de l'acte authentique, solennel et en minute. Cette dispense des formes s'explique en ce que la libéralité faite au donataire de la rente, n'est pas dans l'espèce un contrat principal, mais seulement l'accessoire du contrat à titre onéreux et purement con-

sensuel, par lequel le constituant s'est engagé à fournir la rente viagère (art. 1973).

La donation faite de la sorte, n'est parfaite que par l'acceptation du tiers au profit de qui la rente viagère a été constituée; jusque-là, la personne qui a fourni le prix peut révoquer sa libéralité (arg. de l'art. 1121). Mais cette acceptation n'est soumise à aucune formalité particulière; la seule perception d'un quartier d'arrérages suffirait même pour témoigner d'une acceptation definitive, et pour lier irrévocablement le donateur (1).

427. La *résolution forcée* s'applique à la rente viagère dans une mesure bien plus étroite qu'elle ne s'applique à la rente constituée.

Le code n'autorise le crédi-rentier viager à demander la résiliation du contrat que dans le *seul cas* où le constituant *ne lui donne pas les sûretés stipulées* pour son exécution (art. 1977).

Quant à la résiliation pour *défaut de payement des arrérages*, le Code la repousse formellement (art. 1978);

Et quant à la résiliation par suite de la *faillite ou déconfiture* du constituant, le Code ne l'admet nulle part. Sans doute, dit M. Troplong (t. XV, n° 323), il sera dur et gênant pour la masse de créanciers qui représente le failli de ne pouvoir s'exonérer de la rente viagère en la remboursant; mais leur fait, pas plus que celui de leur débiteur, ne saurait porter atteinte à une convention légalement formée.

428. Ce maintien du contrat de rente viagère en face d'événements qui, d'après les art 1912 1° et 1913, détruisent la constitution de rente perpétuelle, mérite d'être justifié.

En principe, le capital en échange duquel a été créée la rente viagère, est perdu pour celui qui l'a livré: *sors totalem sentit mortem* (2) *Sors in contractu vitalitio est irrepetibilis, et pretium solutum perditur* (3)

Le contrat de rente viagère est de plus *aléatoire*, les parties ont voulu *ab initio* le soumettre aux chances du hasard; il est

(1) M. Duranton, t. XVIII, n° 139.
(2) Cardinal Deluca, de Censib., § 7, n° 82.
(3) Casaregis, disc. 96, n° 35.

donc juste de laisser à la fortune, autant que possible, le soin d'amener la solution qu'on a attachée à ses incertitudes (1).

Enfin, le contrat de rente viagère se forme dans des conditions telles, que *le temps n'y laisse pas les choses entières*. Chaque jour qui s'écoule diminue la dette du constituant et le droit du crédi-rentier, puisque chaque jour avance l'époque où mourra la personne sur qui repose la rente, et où la rente cessera d'être due. Chaque jour il devient donc moins facile de déterminer ce qui est dû au créancier ; et plus la rente viagère aura été servie longtemps, plus seraient considérables le préjudice que la résiliation causerait au débiteur, et la peine qu'on lui infligerait pour son manquement.

Ni ce dessein manifesté par les parties de faire entrer le hasard dans leur calcul, ni cette déperdition quotidienne de leurs droits et obligations, ne se retrouvent dans la rente perpétuelle. On comprend maintenant que la loi ait permis la résolution de la rente perpétuelle, là où il lui était impossible d'autoriser la résolution du contrat de rente viagère.

429. Cependant, c'eût été pousser trop loin ce raisonnement, et faire exagération d'une idée juste, que de refuser la résiliation du contrat de rente viagère, même dans le cas de l'art. 1977, alors que le constituant manque à donner les sûretés promises. En face d'une telle infidélité, l'intérêt du crédi-rentier devait l'emporter sur la crainte de punir trop rudement le débiteur. On a mieux aimé préserver le premier de la perte du capital qu'il a aliéné uniquement en vue de l'exécution du contrat, que de mettre le second à l'abri d'une perte même certaine. Il faut remarquer, d'ailleurs, que cette perte ne sera pour le débiteur que le résultat de la propre faute, et qu'il aura pu l'éviter en tenant des engagements librement pris.

Il faut remarquer encore que, dans le cas de refus des sûretés promises, les réclamations du crédi-rentier et la demande en résiliation suivront généralement de très-près le jour du contrat ; de telle façon qu'il s'agira simplement d'annuler ce dernier à

(1) Troplong, t. XV, n° 309.

une époque où les choses seront encore presque intactes, et où peut-être le premier quartier d'arrérages n'aura pas encore été payé La même considération ne pourra guère être invoquée, ni quand il y aura défaut de payement des arrérages, ni quand il y aura faillite. Car le plus souvent, ces deux derniers faits ne se produiront que très-longtemps après le contrat; soit que le débiteur ayant payé de nombreuses annuités qui égalent, excèdent peut-être, le capital, refuse dans son impatience et dans son dépit de continuer le service d'une rente qui lui semble inique, à force de tromper ses calculs; soit que les payements d'arrérages qu'il n'avait pas cru devoir se multiplier de la sorte, aient jeté à la longue dans les affaires du constituant une perturbation qu'il ne pouvait pas prévoir dès l'abord.

Ainsi, toute grave que soit la résolution permise par l'art. 1977, elle est concevable, elle est même nécessaire; mais, d'un autre côté, la nature de la rente viagère ne comportait pas d'autres causes de résiliation du contrat que le fait même dont cet article fait mention.

430. Il faut se garder toutefois de croire que le constituant puisse faire impunément défaut pour le payement des arrérages, et que le crédi-rentier viager reste désarmé devant ce manquement de son débiteur. Si la loi refuse au rentier le droit de réclamer le remboursement du capital, et de rentrer dans le fonds par lui aliéné, elle lui reconnaît, du moins, le droit de *faire saisir et vendre* les biens de son débiteur, et de faire ordonner ou consentir, sur le produit de la vente l'emploi d'une somme suffisante pour garantir le service des arrérages (art. 1978).

Quelques difficultés se sont élevées sur les applications de l'art. 1977.

431. On a demandé, par exemple, si la rigueur de cette résiliation devait frapper le débiteur qui *diminue les sûretés* données, comme elle frappe le débiteur qui omet de donner les sûretés promises. Cette question a été déjà traitée à propos de la rente constituée (V. n°s 281 et s.) et résolue affirmativement. La jurisprudence a décidé qu'il faut la résoudre de même à l'égard de la rente viagère (1). Seulement le juge ne devra pas oublier que la

(1) Colmar, 25 août 1810, arg. de l'art. 1188, C. C.

résiliation est, en cette matière, un acte de la plus haute sévérité ; qu'elle renverse des espérances légitimes et voisines peut-être de l'événement qui allait les transformer en droits acquis ; qu'ainsi il ne faut pas se montrer trop méticuleux ou trop favorable à des plaintes exagérées (1).

432. On a demandé encore si le constituant doit être réputé diminuer les sûretés promises lorsqu'il vend l'immeuble hypothéqué à la rente viagère sans imposer à son acquéreur l'obligation de payer la rente. La raison de dire *oui*, c'est que l'acquéreur, en purgeant, pourra transformer en simple droit sur le prix le droit du crédi-rentier (2). Mais il y a une raison puissante de dire *non*, c'est que, dans le cas d'une purge faite par l'acquéreur, le crédi-rentier verra toujours son droit conservé par l'*emploi d'une somme suffisante* pour assurer le service de la rente, ce qui est le mode de purger les rentes viagères, et ce qui constitue d'ailleurs un état de choses formellement reconnu et consacré par l'art. 1978 (3).

On juge habituellement que, si le débiteur avait vendu partiellement et en détail les immeubles hypothéqués à la rente viagère, le crédi-rentier pourrait demander la résiliation, attendu qu'il n'est pas obligé de souffrir le payement partiel de ce qui lui est dû (4).

433. La Cour de cassation a reconnu le droit de résiliation dans une espèce bien plus remarquable encore. Le crédi-rentier viager avait hypothèque sur un immeuble du constituant, mais une hypothèque pour laquelle il avait laissé périmer l'inscription. Le constituant avait vendu l'immeuble sans imposer à l'acquéreur le payement de la rente, de façon que le crédi-rentier se trouvait privé de son gage ne pouvant plus agir hypothécairement contre l'acquéreur. Sans doute le rentier, dans l'espèce, s'était mis lui-même dans cette impossibilité par sa propre faute et négligence, et il ne devait reprocher à personne autre que lui la perte de son droit de suite ; mais, d'un autre côté, il avait pu laisser périmer son inscription à l'égard des tiers sans que, pour cela, son hypo-

(1) Troplong, t. XV, p. 449.
(2) Riom, 4 août 1818.
(3) Troplong, t. XV, n° 292.
(4) Colmar, 25 août 1810.

thèque s'éteignît à l'égard de son débiteur; car une hypothèque subsiste sans inscription vis-à-vis de celui-ci (art. 2134), et l'on pouvait dire dès lors, que le constituant, en vendant le fonds sans charger l'acquéreur de la rente, avait, encore que l'inscription fût périmée, diminué la garantie du rentier et affaibli ses rapports avec lui (1).

434 Dans le cas unique où il y a lieu à la demande en résiliation du contrat de rente viagère, il faut remarquer deux particularités :

1° Si, avant que le crédi-rentier ait donné la demande à fin de résolution, ou même seulement avant que le jugement soit rendu sur cette demande, la rente viagère vient à s'éteindre par la mort de celui sur la tête de qui elle reposait, le remboursement ne peut plus avoir lieu; car le créancier ou ses ayants cause n'ont plus aucun intérêt à l'exécution des conditions, dès que l'objet à garantir, la rente, n'existe plus (2).

2° Lorsque la rente viagère est plus forte que l'intérêt légal de l'argent, les arrérages étant, en ce dont ils excèdent le taux, le prix du risque de gagner ou de perdre que courent les parties, la rente doit, du jour où la résolution a été ordonnée par un *jugement définitif*, cesser de courir sur le pied de sa constitution. Elle ne doit courir, à partir du jugement, que sur le pied du denier vingt : car, dès que le constituant est condamné, le risque cesse ; et l'acquéreur de la rente n'a plus à percevoir un prix pour ce risque. Il ne peut désormais demander qu'un dédommagement pour la privation de son capital ; et ce dédommagement ne sera autre chose que les arrérages au denier vingt de la valeur du capital, ce qui est le prix le plus cher de la jouissance de l'argent (3).

435. Mais il va sans dire que le débiteur ne peut pas, en cas de résolution, demander que le rentier subisse la réduction à l'intérêt légal des arrérages échus avant le jugement. — Ces derniers, en effet, sont le prix d'un risque couru et qui a subsisté jusqu'à la résolution du contrat, d'un risque qui s'est reproduit tous les

(1) Devill., 39, 1, 511.
(2) Pothier, n° 230.
(3) Pothier, n° 230.

ans, ou pour mieux dire, tous les jours; et qui tous les ans, tous les jours, a dû avoir son prix. On enlèverait ce prix au créancier, si on permettait qu'il restituât des arrérages échus. Or, toute l'économie du contrat de rente viagère se rattache à cette idée d'un risque couru et payé; c'est elle qui explique l'art. 1978; on en trouve la trace dans l'art. 1979; nous savons, en un mot, qu'elle est inséparable des effets du contrat (1).

436. L'action en résolution du contrat de rente viagère, n'a pas lieu dans les rentes viagères constituées à titre gratuit. En outre des considérations que l'on pourrait faire valoir pour établir ce principe, on trouve la distinction positivement établie dans les mots, *moyennant un prix* du texte de l'art. 1977.

437. Si la résolution forcée de ce contrat éprouve tant de difficultés, et n'a lieu que dans un cas où elle est impérieusement commandée; la loi ne pouvait, en aucune façon, admettre la résolution provenant de la volonté du débiteur, c'est-à-dire la faculté de rachat.

L'art. 1979 est formel : « Le constituant ne peut se libérer du » payement de la rente, en offrant de rembourser le capital, et en » renonçant à la répétition des arrérages payés; il est tenu de ser» vir la rente pendant la vie de la personne ou des personnes sur » la tête desquelles elle a été constituée, quelle que soit la durée » de la vie de ces personnes, et quelque onéreux qu'ait pu deve» nir le service de la rente. »

438. Voici les raisons que l'on a données de cette règle diamétralement contraire aux principes de la rente constituée :

D'une part, le capital est mort, et il ne saurait revivre; *sors totalem sentit mortem*. D'autre part, le débiteur a contracté un engagement précis; il doit le tenir jusqu'au bout; sans quoi les combinaisons constitutives du contrat se trouveraient renversées, et les chances de gain cesseraient d'être réciproques. Il ne faut pas que le constituant enlève à l'acheteur l'avantage de la rente, sous le prétexte qu'elle lui devient onéreuse. Si le hasard avait hâté le décès du crédi-rentier, le constituant aurait fait un bénéfice que nul n'aurait pu lui enlever. Il serait donc injuste

(1) Troplong, t. XV, p. 454. — Pothier, nº 230.

qu'il privât ce même crédi-rentier du bénéfice que celui-ci trouve dans la chance contraire (1).

Vainement se dirait-il *lésé*, sous prétexte qu'il a payé en arrérages le capital et plus. La lésion, dans un contrat, se juge *ab initio*, et non par suite d'événements incertains et imprévus. Or, au moment du contrat, il y avait égalité de chances bonnes et mauvaises, les deux parties étaient sur un pied de réciprocité parfaite (2).

Vainement encore le débiteur offrirait-il de renoncer à la répétition des arrérages payés; cette offre n'ajouterait rien à son droit. Le créancier a eu par le passé une juste cause de toucher ces arrérages, et ce n'est pas lui faire grâce que de les lui laisser; pas plus que dans la vente à réméré, on ne fait grâce à l'acheteur en lui laissant les fruits qu'il a perçus avant le rachat (3).

439. Le débiteur ne peut donc, en aucune manière, forcer le crédi-rentier à souffrir le rachat de la rente viagère. Mais est-ce à dire qu'il ne pourrait point, par un pacte exprès, *stipuler* qu'il aura la faculté de rembourser le capital et d'éteindre la rente? Casaregis (Disc. 96, n°s 29 et suiv.), décidait, avec la Rote de Gênes, dans le sens de la validité du pacte. Plusieurs docteurs, au contraire, repoussaient ce pacte, croyant y voir l'indice d'un contrat usuraire. M. Troplong (n° 326) s'en tient à l'opinion de Casaregis. Il fait observer qu'on ne va pas contre l'*essence* du contrat de rente viagère en diminuant les chances de perte de l'une des parties, mais qu'on altère seulement la *nature* de ce contrat, ce qui est faisable, puisqu'il existe d'autres contrats aléatoires où l'*alea* n'est que d'un seul côté (4).

Casaregis allait même jusqu'à décider que le rachat pourrait être stipulé avec la condition que le prix de remboursement sera moindre que le capital reçu : il voulait qu'on pût convenir que le prix serait diminué, *arbitrio boni viri*, en proportion des années écoulées (5). M. Troplong (n° 327) ne se sépare pas de l'ancien jurisconsulte dans cette seconde opinion, qui, en défi-

(1) Troplong, t. XV, n° 321.
(2) Fontanella, De pact. nupt., clause 4, gl. 18, et pars 3, n° 105.
(3) Troplong, t. XV, n° 322.
(4) Tel est le *Contrat d'assurance*.
(5) Casaregis, disc. 96, n°s 29 et suiv.

nitive, dit-il, ne fait que respecter la volonté libre des contractants.

§ 2. En quoi la constitution de rente viagère diffère de la constitution de rente perpétuelle.

440. On peut ramener leurs différences à deux classes : 1° différences résultant de la nature des deux contrats; 2° différences sur les conditions de validité de chacun d'eux.

I. DES DIFFÉRENCES QUI RÉSULTENT DE LA NATURE DES DEUX CONTRATS.

441. Le contrat de rente viagère est *aléatoire*; tandis que le contrat de constitution de rente est purement commutatif.

La *tête* sur laquelle repose la rente est un élément essentiel du premier : cette mesure du temps n'intervient pas dans le second, qui produit un droit dont la durée n'est pas limitée.

Le *rachat* n'est point de la nature du contrat de rente viagère, tandis qu'il est de l'essence du contrat de rente perpétuelle;

La *résolution forcée* souffre beaucoup plus de difficultés dans le premier que dans le second.

442. Si un héritage hypothéqué à la rente est vendu sur saisie immobilière, le rentier perpétuel qui a fait opposition à la saisie a droit d'exiger le prix entier de la constitution (art. 1913). Mais le rentier viager ne pourra pas exiger la même chose; car la rente viagère n'a pas, elle, de principal fixe; la valeur de son capital diminue tous les jours. Tout ce que peut demander le rentier viager, c'est que l'on estime approximativement la somme qui paraîtra représenter la valeur actuelle de son droit; et, s'il ne veut pas se contenter de cette somme, il lui est seulement permis d'exiger que les créanciers derniers-recevants, colloqués en ordre après lui, soient tenus de faire sur les deniers qu'ils auront à recevoir, un emploi qui produise un revenu suffisant pour répondre de la rente viagère tant qu'elle durera; si mieux ils n'aiment se charger eux-mêmes de la payer, et donner, à cet effet, bonne et suffisante caution (1).

443. Enfin, celui qui a cautionné une rente perpétuelle, peut

(1) Pothier, n° 231; Troplong, Hypoth., t. IV, n°s 927 et 959.

poursuivre le débiteur au bout d'un certain temps pour lui rapporter sa décharge (1) ; tandis que la caution d'une rente viagère est censée avoir répondu pour tout le temps que la rente durera. Elle n'a pas ignoré, en effet, que les rentes viagères ne sont pas remboursables, qu'elles s'éteignent uniquement par la mort de celui sur la tête de qui elles sont constituées; elle a dû avoir connaissance, ou s'informer, de l'âge et de la santé de ce dernier. En un mot, elle a cautionné en connaissance de cause (2).

II. Différences sur les conditions de validité.

444. Il n'y a *pas de taux* réglé par la loi pour la constitution des rentes viagères; tandis que la loi en a réglé un pour la constitution des rentes perpétuelles.

445. Anciennement, l'édit de Charles IX défendait de constituer des rentes perpétuelles en *grains et denrées* (V. n° 215). Cet édit ne put jamais s'appliquer aux constitutions de rentes viagères, d'où l'idée d'usure se trouve exclue, par la présence de l'*alea* qu'y introduisent les parties elles-mêmes.

De nos jours, au reste, les grains et denrées devenant d'une estimation assez facile, grâce à notre système de mercuriales ; et, la variation de leur prix étant, d'ailleurs, peu considérable en temps ordinaire, le Code n'a pas jugé convenable de reproduire la prohibition de l'édit de Charles IX ; et dès lors, rentes constituées, aussi bien que rentes viagères, peuvent maintenant consister en grains et denrées.

446. Anciennement aussi, la rente perpétuelle ne pouvait être constituée pour prix de marchandises (V. n° 219) ; tandis que rien ne s'opposait à un tel mode de constitution pour la rente viagère. De nos jours, il est permis de constituer une rente perpétuelle contre des marchandises (art. 1905). Voici donc une seconde différence entre nos deux contrats, qui, établie par l'ancien droit, a disparu sous le Code.

447. Enfin, la rente viagère a pu, de tout temps, se constituer pour prix d'arrérages ou d'intérêts ; tandis que la rente perpétuelle ne pouvait autrefois s'établir que moyennant une somme

(1) Pothier, n° 232. Art. 2032, C. c.
(2) Pothier, *id.*

principale (V. n° 220). De nos jours, où l'anatocisme est permis sous la réglementation des art. 1154 et 1155 C. c., ce troisième point de dissemblance a, lui aussi, disparu.

448. En résumé, des diverses conventions qui autrefois ne viciaient pas le contrat de rente viagère, mais étaient incompatibles avec la constitution de rente perpétuelle, une seule reste aujourd'hui, qui, s'appropriant au premier des deux contrats, ne puisse pas être introduite dans le second; c'est la convention par laquelle on stipulerait une rente excédant le taux légal des intérêts. Elle est valable pour la rente viagère, mais nulle pour la rente constituée.

§ 3. Des différentes clauses qui peuvent être insérées dans le contrat de rente viagère.

449. On peut d'abord insérer dans le contrat de rente viagère les divers pactes usités dans le contrat de constitution de rente perpétuelle (1), soit *pour la sûreté du fonds de la rente*, soit en ce qui concerne les *arrérages* (V. p. 96 et suiv.).

450. On peut, en outre, dans le contrat de rente viagère, stipuler « *qu'après la mort du rentier, le constituant rendra aux héritiers une partie du prix de constitution.* » Une telle clause n'a rien d'illicite, dit Pothier (n° 245); elle fait qu'il y a deux contrats : 1° une *vente* de la rente viagère pour un prix qui est la somme dont la restitution n'est pas stipulée ; 2° un *prêt gratuit*, fait au constituant, de la somme qu'il devra rendre.

451. Quelquefois le contrat de rente viagère est mêlé de constitution de rente perpétuelle : ainsi quand on convient « que, *après la mort du rentier, le constituant continuera à ses héritiers une rente de tant, rachetable de tant* (2). »

452. Une clause assez usitée est la suivante : « *A chaque terme il sera payé un terme d'avance*, soit de demi-année, soit d'un quartier (3) ». Cette clause, nous le savons, est écartée de la constitution de rente perpétuelle comme entachée d'anatocisme

(1) Pothier, n° 244.
(2) Pothier, n° 246.
(3) Pothier, n° 248.

(V. p. 99). La nature aléatoire de la rente viagère s'oppose à ce que la loi protége ici le constituant avec autant de sollicitude.

Mais que décider pour le cas où, le rentier ayant reçu d'après cette clause un terme d'avance, la personne sur qui la rente repose viendrait à mourir avant l'accomplissement du terme? Le rentier ou ses héritiers seraient-ils tenus de rendre ce qui restait à échoir du terme payé au moment où s'est éteinte la rente?

On décidait autrefois que la somme des arrérages payés et non échus était sujette à la répétition (1). Mais le Code Napoléon a consacré la décision contraire. L'art. 1980 dit, en effet : « La » rente viagère n'est acquise au propriétaire que dans la propor- » tion du nombre de jours qu'il a vécu; néanmoins, s'il a été » convenu qu'elle serait payée d'avance, le terme qui a dû être » payé est acquis du jour où le payement a dû en être fait. »

L'art. 1980 ne passa pas toutefois sans donner lieu, tant au conseil d'État qu'au tribunat, à des discussions assez vives (2) où l'on mettait l'équité en face du respect qui est dû à la volonté des parties.

§ 4. De la nature des rentes viagères et de leurs arrérages.

I. De la nature des rentes viagères.

453. Suivant une doctrine résumée par Pothier (3), et souvent citée dans l'ancienne jurisprudence, il faudrait bien se garder de comparer le droit acquis par le rentier viager au droit acquis par le rentier perpétuel. Dans le cas de rente perpétuelle, dit-on, il reste, en place du capital aliéné, une créance productive de fruits, et le payement de ces fruits ne diminue en rien le montant de la créance; l'être métaphysique qui engendre les revenus annuels ne souffre aucun amoindrissement par la perception des annuités : en d'autres termes, la rente constituée à perpétuité est une espèce de créance d'une somme qui en est le capital et qui engendre perpétuellement des arrérages sans subir elle-même aucune déperdition.

(1) Pothier, n° 248.
(2) Fenet, t. XIV, p. 525 et 531.
(3) Pothier, n° 249.

Dans la rente viagère, au contraire, les annuités ne sont pas le produit d'un être métaphysique qui les domine et survit entier à leur production ; les rentes viagères n'ont pas de capital. Le prix de la constitution est entièrement perdu pour le créancier, il ne doit jamais lui retourner. Il n'est pas plus remboursable qu'il n'est exigible. Il n'y a dans les rentes viagères qu'une créance d'annuités ; et les *arrérages* font *tout le principal*, *tout le fonds et l'être entier de la rente viagère*. Elle s'acquitte et s'éteint par parties, à mesure que le créancier reçoit des prestations. Le payement des arrérages qui avaient couru et qui étaient dûs jusqu'au moment où la rente prend fin, achève d'éteindre la rente qui n'est qu'une pure créance de diverses sommes d'argent payables chaque année.

454. Cette doctrine, dit M. Troplong (n° 215), ne semble pas exacte. Imaginée, soit pour soustraire les rentes viagères aux prohibitions que le pape Pie V fit peser sur les rentes constituées, soit pour enlever aux rentes viagères le caractère d'immeubles donné aux rentes constituées par plusieurs coutumes, elle souffrait de sérieuses difficultés, même dans l'ancienne jurisprudence ; et Pothier, bien que laissant pénétrer un secret penchant pour elle, ne pouvait s'empêcher de reconnaître qu'elle ne prévalait pas devant les tribunaux (1).

On s'emparait (ajoute Pothier, qui cherche à expliquer la faveur que rencontrait au Palais le système différent du sien), on s'emparait du raisonnement qu'avaient tenu les coutumes de Paris et d'Orléans pour justifier l'immobilisation des rentes constituées (V. n° 240) ; et on concluait par analogie de ces dernières aux rentes viagères. On disait que, dans la rente viagère aussi, il y avait un être intellectuel de créance, se distinguant des arrérages qu'il produit, différant seulement de l'être métaphysique reconnu dans la rente constituée, en ce qu'au lieu d'être perpétuel comme celui-ci, il était périssable et d'une durée limitée.

455. M. Troplong (*loc. cit.*) trouve cette manière de voir excellente. C'est, du reste, celle qui prédomine aujourd'hui. Toul-

(1) Pothier, n° 249.

lier, l'un des rares auteurs qui la combattent (t. XII, n° 110), se contente de citer Pothier exposant son système, et ne relate pas les raisons contraires qu'énumère le même auteur, et qui étaient décisives au Palais.

L'avis de M. Troplong trouve le plus solide appui dans plusieurs dispositions du Code civil.

C'est d'abord l'art. 584 qui range dans la classe des *fruits civils* les arrérages des rentes, et cela *sans distinguer*. Or, si les arrérages d'une rente viagère sont un fruit civil, ils ne représentent pas le droit générateur, l'être même de la rente.

L'art. 588 est encore plus formel. Il veut que l'usufruitier d'une rente viagère ait le droit d'en percevoir les arrérages pendant la durée de l'usufruit, sans être tenu de les restituer lorsque l'usufruit s'éteint. Si les arrérages étaient tout le fonds même de la rente viagère, il est évident que l'usufruitier n'ayant pas le droit de consommer le fonds grevé d'usufruit, et ne pouvant jouir que *salva rerum substantia*, devrait se borner à placer les annuités de la rente viagère pour en toucher les intérêts seulement. Il est évident que la somme de ces annuités, vrai fonds de la rente, devrait être conservée pour être rendue comme tous les autres capitaux ; et c'est, en effet, l'opinion que soutenaient dans l'ancien droit quelques auteurs, tels que Voët (VII, 1, 25), pénétrés de l'idée que la rente viagère n'a point de capital. Mais l'art. 588 a expressément proscrit ce système ; et, en laissant sa légitime extension au droit de l'usufruitier d'une rente viagère, il a montré, par là même, la véritable nature des arrérages qu'il lui permet de consommer (1).

Beaucoup d'autres articles du Code civil donnent lieu encore à une conclusion semblable : tels sont les art. 610 et 1401 2°, où les arrérages de la rente viagère sont encore qualifiés *fruits :* l'art. 1977, qui prévoit le cas où le créancier peut rentrer dans le *capital de la rente viagère :* l'art. 2277, qu'on n'a jamais songé à déclarer inapplicable aux arrérages d'une rente viagère.

456. Les rentes viagères sont *meubles*. Dans l'ancien droit, les coutumes variaient sur ce point, comme elles variaient au sujet des

(1) Troplong, t. XV, p. 385.

rentes constituées; mais, de nos jours, l'art. 529 du Code civil a formellement tranché la question.

Les rentes viagères sont des droits purement personnels, de simples créances, soit qu'elles aient été établies moyennant un capital mobilier, soit qu'elles aient été établies comme prix d'un immeuble. Ce que nous avons dit (n° 340) sur la constitution des rentes viagères explique suffisamment pourquoi et comment, même avant 1789, la rente viagère acquise moyennant l'aliénation d'un immeuble, n'eut jamais le caractère réel et foncier du droit qu'engendrait le bail à rente.

457. La rente viagère peut être stipulée *insaisissable*, pourvu qu'elle soit constituée *à titre gratuit* (art. 1981). La rente constituée à titre onéreux ne doit jamais, on le comprend bien, être déclarée insaisissable : ni le constituant qui la vend, ni le créancier qui l'achète, n'ont le pouvoir de la rendre telle; pas plus que le vendeur et l'acheteur d'un immeuble ne pourraient convenir que l'immeuble ne sera pas susceptible de saisie entre les mains de ce dernier; autrement, on verrait un débiteur détruire le gage de ses créanciers antérieurs, tout en conservant pour lui-même une véritable fortune, et tromper les créanciers futurs par l'apparence mensongère d'un crédit qu'il n'a pas.

Mais quand la rente est constituée à titre gratuit, rien de pareil n'arrive. Le donateur et le testateur ont été maîtres d'apposer à leur libéralité telle condition licite qu'ils jugeaient bonne. En réservant l'insaisissabilité de la rente donnée ou léguée, ils n'ont fait aucun tort aux créanciers du donataire ou légataire, puisqu'ils étaient libres de ne lui rien donner, de ne pas augmenter son patrimoine (1).

458. Il faut même dire que la clause d'insaisissabilité est sous-entendue, et doit être suppléée dans toute constitution de rente viagère faite à titre gratuit, pour *cause d'aliments* (2). Mais il ne faut jamais perdre de vue qu'un tel privilége n'a été établi ou reconnu par la loi que dans le seul cas de constitution gratuite de la rente viagère. Il ne servirait à rien, par exemple, qu'une

(1) Pothier, n° 252. — M. Portalis, *motifs*.
(2) Pothier, *loc. cit.*

personne qui vend ses biens et se réserve dans le prix une rente viagère, la déclarât insaisissable : la rente ainsi réservée serait stipulée par contrat onéreux, et, comme telle, soumise au droit des créanciers (1).

On sait, au surplus, que l'insaisissabilité stipulée, ou présumée de droit, n'est pas absolue; et que, d'après l'art. 582 du Code de procédure civile, il y a des cas où l'on peut recourir au ministère du juge pour obtenir la saisie partielle.

II. DES ARRÉRAGES.

459. Tout ce qui a été dit sur les arrérages des rentes constituées à perpétuité, reçoit application aux arrérages des rentes viagères (2). (V. p. 102 et suiv.)

Anciennement, le débiteur de rente viagère avait, comme le débiteur de rente perpétuelle, le droit de *retenir les dixièmes et vingtièmes du roi*, et autres impositions extraordinaires établies sur le revenu et payées pour le compte du crédi-rentier. (V. n° 248.)

De même, la présomption de libération que produisait autrefois la présentation des quittances de trois années consécutives (voy. n° 249), s'étendait aux arrérages des rentes viagères (3).

La prestation des arrérages avait lieu sous l'empire des règles que nous connaissons déjà.

460. Il n'y avait doute que sur le point de savoir si la *prescription quinquennale* édictée par Louis XII pour les arrérages des rentes constituées, régissait également les arrérages des rentes viagères. Vu la généralité des termes de l'ordonnance, qui prétendait atteindre *tous les achats et ventes de rentes à prix d'argent*, et comme les dangers qu'elle avait voulu éviter aux débiteurs de rentes perpétuelles n'étaient pas moins menaçants pour les débiteurs de rentes viagères, certains jurisconsultes optaient pour l'affirmative. Cependant Pothier (n° 254) se montre d'un avis opposé.

Aujourd'hui, cette dernière différence ne saurait en aucun

(1) Troplong, t. XV, n° 344.
(2) Pothier, n° 253.
(3) Pothier, *loc. cit.*

cas subsister entre les arrérages des rentes constituées et les arrérages des rentes viagères. Cela résulte de l'art. 2277. En un mot, le Code a soumis à des règles uniformes les arrérages des rentes de toute espèce.

461. De ce que la rente viagère s'éteint par la mort de la tête qui la soutient, découle une règle ainsi formulée par l'art. 1983 : « Le propriétaire d'une rente viagère n'en peut demander les » arrérages qu'en justifiant de son existence, ou de celle de la » personne sur la tête de qui elle a été constituée. »

C'est en effet au créancier à justifier des conditions qui lui donnent droit à recevoir son payement. Or, puisque la rente n'est due que pendant l'existence de la personne sur qui elle repose, il s'ensuit que le débiteur n'est tenu de la payer que tout autant qu'il y a preuve que cette personne vit encore.

Le mode à employer pour faire cette preuve n'est pas déterminé par la loi ; et son appréciation est abandonnée à la prudence des juges (1). Autrefois le débiteur pouvait exiger un *certificat de vie* en bonne forme (2). Aujourd'hui, ce certificat est le mode le plus souvent pratiqué ; mais le créancier n'en est pas moins recevable à établir par d'autres moyens de l'existence de la tête qui supporte sa rente.

§ 5. De l'extinction des rentes viagères.

462. La rente viagère peut s'éteindre, du vivant même de la tête sur qui elle repose, par certains modes généraux, tels que le *rachat* qui en *serait permis par le créancier ;* la *remise* que le créancier en pourrait faire ; la *novation*, la *confusion* (3) : Elle est aussi sujette à la *prescription* (art. 2262).

463. A propos de l'extinction des rentes viagères par la prescription, s'élève la question suivante : Si la personne sur la tête de qui repose la rente, a été *absente* pendant *plus de trente ans*, et reparaît ensuite, le débiteur pourra-t-il se prévaloir encore de ce que le rentier n'a pas agi contre lui pendant ce temps ?

(1) Troplong, t. XV, n° 362.
(2) Pothier, n° 253.
(3) Pothier, *loc. cit.*

Pothier répond : que la prescription serait, en ce cas, inutilement invoquée par le constituant ; car, si le créancier n'a pas demandé sa rente pendant les trente ans, c'est uniquement parce qu'il a été privé durant le temps de l'absence, de la possibilité de justifier l'existence d'une personne dont on n'avait aucune nouvelle. C'est le cas de la maxime *Contra non valentem agere non currit præscriptio*.

Tel n'est pas absolument l'avis de M. Bugnet (note sur Pothier, n° 254). « Cette maxime, dit notre professeur, est mal invoquée dans l'espèce ; la prescription aura couru contre le rentier s'il n'a pas fait d'acte conservatoire de sa rente pendant les trente ans. Car l'absence de la tête sur laquelle son droit est constitué, n'est qu'un *empêchement de fait*, et non un *empêchement de droit* ».

Ce dernier sentiment a quelque chose de fort équitable, en ce qu'il assure au rentier vigilant et actif le maintien de son droit, pour le cas où la personne absente n'aura pas cessé d'exister ; et en ce qu'il frappe seulement le rentier négligent qui n'a pas eu la précaution de faire, malgré l'absence de cette personne, quelque acte interruptif de prescription.

464. Enfin, la manière principale et spéciale dont s'éteignent les rentes viagères, c'est la MORT de la personne sur la tête de qui elles ont été constituées.

La vie de cette personne, nous le savons depuis longtemps, est la mesure adoptée pour la durée de la rente ; cette vie cessant, la rente finit, le créancier a perdu son droit.

465. Il peut très-bien se faire que le créancier meure avant la personne qui soutient la rente. Dans ce cas, la rente sera servie à ses successeurs jusqu'à la mort de cette personne : car cette mort est l'événement extinctif que les parties avaient en vue lorsqu'elles ont contracté ; elle est le terme qui a servi de base à leurs calculs aléatoires.

466. Si la rente a été constituée sur plusieurs têtes et non pas sur une seule, elle ne s'éteindra que sur la mort de la dernière survivante d'entre elles (1).

(1) Pothier, n° 255.

467. Mais remarquons avec le plus grand soin que c'est seulement par la *mort naturelle*, et non point par la mort civile de la tête qui supporte la rente, que la rente viagère s'éteint. L'art. 1982 l'exprime en termes formels: « Le payement de la rente viagère » doit être continué pendant la vie naturelle du créancier. »

Il y a une différence très-remarquable entre cette règle et une règle que l'on applique au droit d'usufruit: l'usufruit, en effet, s'éteint par la mort civile (art. 617). — D'où vient cette différence? Les commentateurs la motivent par deux raisons: 1° dans les contrats en général, quand on parle de la vie et de la mort, ces expressions s'entendent de la vie et de la mort naturelle (1); c'est sur la vie naturelle que les parties ont réglé leurs prévisions; il n'est pas possible de présumer qu'elles aient voulu faire de la mort civile un événement susceptible d'influer sur le sort de leur contrat (2). 2° Il y a un intérêt économique à multiplier les causes qui font cesser la séparation de l'usufruit et de la nue propriété, séparation qui nuit à la bonne administration des fonds. Le même intérêt ne pousse pas le législateur à faire cesser le plus tôt possible le service de la rente viagère.

M. Delvincourt (*loc. cit.*) s'est demandé qui touchera la rente viagère, si le créancier est frappé de mort civile? Il faut répondre avec lui: si la rente est purement alimentaire, le mort civil en pourra profiter; sinon, elle passera à ses héritiers, (arg. de l'art. 25. C. c.).

468. A plusieurs reprises, la justice a eu lieu de sévir contre des débiteurs de rentes viagères qui, se laissèrent aller jusqu'à donner la mort à leur créancier pour hâter leur libération (3).

En dehors du procès criminel, la mort violente du rentier occasionnée par le crime du débiteur, a pu amener des procès civils. C'est ainsi que les tribunaux ont eu à décider « que le contrat de rente viagère se trouve, dans l'espèce citée, *résolu par application de l'art. 1184 Cod. civ.* » Il y a deux arrêts sur

(1) Delvincourt, t. III, p. 424 (notes), n° 4.

(2) Pothier, n° 256.

(3) Surdus, *De alim.*, t. IX, *quæst.* 11, n° 30, et Casaregis, disc. 9, n° 7, rappellent la triste fin de Jean Pic de la Mirandole, empoisonné par un riche florentin qui lui devait une rente viagère.

ce point; l'un de la cour de Poitiers, du 13 nivôse an X (1); l'autre de la cour d'Amiens, du 19 septembre 1848 (2). Le débiteur homicide, dit M. Troplong (t. XV, n° 353), viole, en effet, l'une des conditions substantielles du contrat de rente viagère; il fait cesser l'incertitude des chances en vue desquelles ce contrat a été combiné; il devance par un fait criminel l'événement fatal qui devait être l'ouvrage du temps, et rend sa condition meilleure aux dépens de sa victime.

Les deux arrêts jugèrent aussi que les arrérages payés ne pouvaient pas être répétés par le meurtrier ni par ses successeurs; décision toute conforme aux principes. Nous avons eu lieu plusieurs fois de dire comment les arrérages de la rente viagère, n'étant que le prix d'un risque couru par le rentier, devaient durer autant que dure le risque.

En vertu de la même considération, les deux arrêts ordonnèrent, en outre, que les arrérages dus jusqu'au jour du crime seraient intégralement servis sans diminution (3).

469. Que si le crédi-rentier se suicide, la rente est légalement éteinte. Sans doute il a anticipé sur le cours de la nature; il s'est rendu l'auteur d'un fait qui n'était pas entré dans les prévisions des parties contractantes; mais cette particularité ne saurait être préjudiciable au débiteur; le suicide du créancier est, à l'égard du débiteur de la rente, un événement de *force majeure*, qui doit produire les mêmes effets que la mort naturelle (4).

APPENDICE.

DES RENTES SUR L'ÉTAT.

470. Il est impossible d'abandonner la matière des rentes sans s'occuper de l'application aujourd'hui si étendue que la rente constituée a reçue dans l'organisation du crédit public.

(1) Dalloz, Rente, p. 579.
(2) Devill., 43, t. II.
(3) Troplong, t. XV, n° 355.
(4) Troplong, t. XV, n° 357.

Autrefois déjà, lorsque les derniers efforts des théologiens contre la constitution de rente eurent été réduits à l'impuissance, lorsque sa légitimité cessa d'être contestée, ce contrat fut pratiqué par nos Rois, par nos grandes Provinces, par l'Église elle-même.

Charles IX, dans le mois d'octobre 1562, vendit à Guillaume de Marle, alors prévôt des marchands, et aux Échevins de la ville de Paris, avec faculté de rachat perpétuel, 100,000 livres *de rente*, au denier 12, à prendre sur les 16,000,000 livres de la subvention que le clergé lui avait accordée au colloque de Poissy (1).

Déjà François Ier, par son édit du mois de septembre 1522, avait créé 16,666 liv. 13 s. 4 den. de rente, au denier 12, à prendre sur la ferme du bétail à pied fourchu et sur l'impôt du vin. Elles étaient payables par semestre, à l'hôtel de ville, à bureau ouvert. Plus tard, d'autres rentes furent créées pour les nécessités de l'État (2).

Le Languedoc, la Provence, la Bourgogne, la Bretagne, l'Artois, avaient, dans leurs nécessités d'argent, contracté l'obligation de payer des rentes, tant pour leur compte particulier que pour le compte du Roi. Ces rentes offraient une combinaison qui mérite d'être signalée; c'est que le remboursement s'en faisait tous les ans par la voie du sort, sur une loterie tirée à l'assemblée des États (3).

A son tour, le Clergé eut souvent recours à ce moyen de se créer un capital, pour payer les dons gratuits faits à l'État (4).

Il y avait aussi des rentes sur la ville de Paris, sur les offices des ports de cette ville, sur l'ordre du Saint-Esprit, sur les recettes générales des finances (5).

C'est par-dessus tout l'*inexigibilité du capital* emprunté sous cette forme, qui avait valu au contrat de constitution de rente a sentiment universel qui vient d'être constaté.

(1) Jurispr. des rentes, par Debeaumont, p. 322.
(2) *Id.*, p. 330.
(3) *Id.*, p. 327.
(4) *Id.*, p. 324.
(5) *Id.*, p. 342 et suiv.

471. A mesure que notre civilisation progressa, et que l'organisation de notre pays marcha vers le perfectionnement, l'État put trouver une ressource chaque jour plus grande dans les adjudications de rente perpétuelle.

Aujourd'hui, nous avons fait disparaître l'incertitude et le désordre qui régnaient auparavant dans les différentes branches du service général (1); aujourd'hui, le gouvernement a pris la direction immédiate des finances du royaume; il a soumis les diverses parties de l'administration à un ordre sévère et méthodique dont les résultats se révèlent à tous les yeux par une comptabilité prompte, exacte et publiquement contrôlée; les services sont constamment à jour; tous les engagements de l'État s'accomplissent avec une ponctualité sans exemple; les recettes et les dépenses sont votées par l'assentiment national; enfin la situation générale des ressources et des besoins est expliquée dans tous ses détails à la sollicitude des gouvernants et des gouvernés : aussi les secours du crédit viennent *s'offrir* d'eux-mêmes à toutes les exigences des charges extraordinaires de l'État, et ont ouvert pour l'avenir de nouvelles sources à la richesse publique (2).

472. Tout, dans nos institutions, concourt effectivement à justifier la confiance que les capitalistes montrent à l'État. La France est une des plus riches puissances; elle s'est créé une administration admirable, simple et en même temps complète : sa solvabilité, outre qu'elle est assurée par les meilleurs et les plus solides principes économiques, est augmentée de jour en jour par le développement progressif de l'agriculture, de l'industrie, du commerce, des transactions, des relations extérieures; par un impôt bien assis, par une grande organisation douanière, par d'habiles lois sur l'enregistrement et les autres matières fiscales : et il ne faudrait rien moins qu'un gouvernement inepte ou coupable, un de ces gouvernements heureusement rares dans l'histoire, pour mener la France à la banqueroute à travers d'aussi beaux éléments de prospérité.

Si la rente constituée par l'État offre les plus beaux avantages

(1) D'Audiffret, *Rapport au roi sur l'adm. des fin.*, 1830.
(2) D'Audiffret, *loc. cit.*

aux détenteurs du numéraire, elle est aussi une magnifique ressource pour l'État lui-même. Elle forme pour lui un expédient de beaucoup supérieur à l'emprunt. C'est, en effet, quelque chose d'inappréciable pour un État dont les destinées sont sujettes à tant de vicissitudes, dont les besoins extraordinaires se produisent à l'improviste; qui, pauvre aujourd'hui en face d'une situation critique, sera riche demain après un retour à l'état normal; il est inappréciable, dis-je, pour l'État, de pouvoir se procurer de l'argent moyennant une rente; de prendre, en échange d'une obligation divisée et légère à remplir, un capital qu'on ne pourra pas exiger de lui, qu'il gardera tant que les difficultés dureront, qu'il remboursera dès que l'ordre sera revenu, et avec l'ordre, la prospérité!

473. Dans quatre paragraphes, j'examinerai rapidement :

1° Si l'État a, comme les particuliers, la faculté imprescriptible de racheter les rentes dont il est débiteur;

2° Comment s'établit la propriété des rentes sur l'État;

3° Quels priviléges sont attachés à ces sortes de rentes;

4° Comment ces rentes se transfèrent.

Les particularités dont je vais parler, et qui mettent, en tant de points, les rentes sur l'État hors du droit commun des rentes constituées et des créances ordinaires, feront mieux comprendre encore combien a paru précieuse, au milieu de notre système financier, l'assimilation que l'État s'est faite du contrat de constitution de rente.

§ 1. L'État jouit-il de la faculté de rachat?

Cette question étonne au premier abord; et l'on se demande à quel propos il pourrait sembler juste d'enlever sur ce point à l'État le bénéfice du droit commun.

Il n'en est pas moins vrai que cette question a soulevé plusieurs fois des doutes graves (1).

Le système contraire à la liberté de l'État et au droit de remboursement forcé, fut habilement soutenu à la chambre

(1) Troplong, t. XIV, p. 382.

des pairs par M. Mérilhou, dans ses discours des 20 et 21 juin 1838. Voici la substance de son argumentation :

« La *loi du 24 août* 1793, qui est la véritable et la seule loi de la matière des rentes sur l'État, n'a voulu ni donner au débiteur le droit d'exiger le remboursement, ni à l'État le droit de l'imposer.

» Cette loi, en effet, s'oppose à ce que les inscriptions sur le grand-livre contiennent l'*énonciation du capital* de remboursement. L'ancienne monarchie, au contraire, ne faisait d'emprunts qu'avec fixation d'un capital déterminé.

» Le rapport de Cambon sur la loi de 1793 énonce formellement que c'est à dessein qu'on n'a pas fait mention du capital. Créer des rentes sans capital, telle est la pensée fondamentale et constitutive, le système bien calculé de la loi de 1793.

» D'autre part, l'idée de perpétuité se reproduit à chaque ligne de cette loi ; non-seulement l'extinction en masse par voie de remboursement n'y est pas admise ; mais cette loi n'assujettit même pas la rente à l'extinction successive et graduelle par voie d'amortissement.

» On voit encore la loi de 1793 assimiler la rente sur l'État aux rentes foncières, en la soumettant, par son art. 3, à la contribution foncière.

» La loi de 1793 ne prévoit et n'admet qu'un seul cas d'extinction, celui où les porteurs d'inscriptions, ayant acheté des domaines nationaux, voudront se libérer en offrant en payement à l'État leurs inscriptions.

» Il ne faut pas invoquer ici les règles ordinaires du droit privé ; la loi civile n'est point faite pour l'État ; la loi de 1793 trace, pour les rentes dont l'État est débiteur, des règles nouvelles, spéciales, inconnues jusqu'alors.

» La *loi du* 8 *vendémiaire an VI* est la seule où l'État ait formulé nettement la prétention de rembourser les créanciers malgré eux ; dans son titre XIV, elle dispose que les *deux tiers* de la rente seront remboursés en bons au porteur, et que le troisième tiers sera consolidé, dispensé de contribution foncière, et exempt de toute retenue présente et future.

» Mais on sait que la loi de l'an VI a été flétrie comme un

manquement à la foi publique, que le remboursement des deux premiers tiers fut illusoire, grâce au complet discrédit des bons au porteur, et que la banqueroute s'en suivit.

» Que si l'on quitte ces temps funestes, on trouve, sous le consulat, la *loi du 21 floréal an X*, dont la pensée évidente fut de faire de la rente sur l'État une propriété perpétuelle, à l'abri des remboursements, des retenues et des réductions.

» On comprit alors qu'il fallait une dette publique à un grand État, et que, au lieu de s'épuiser en vains efforts pour l'éteindre, il valait mieux faire d'elle un moyen d'ordre et de stabilité, en liant les créanciers d'État à la paix publique, aussi fortement que les possesseurs du sol.

» En conséquence, le *maximum* de la dette perpétuelle fut fixé par la loi de floréal an X à 50 *millions*, c'est-à-dire au *dixième du budjet* d'alors qui était de 500 millions : tout ce qui excédait ces 50 millions fut soumis à l'*amortissement* en quinze ans, mais non au remboursement en masse. Quant aux 50 millions qui devaient rester comme la dette normale de l'État, il n'y avait pour eux ni remboursement forcé, ni amortissement possibles.

» En 1824, le remboursement obligatoire, proposé par M. de Villèle, adopté par la chambre des députés, est rejeté par la chambre des pairs aux acclamations du pays. Et lorsque, en 1825, la loi du 1er mai, par son art. 4, vient autoriser l'État à offrir au rentier une réduction que le rentier aura droit de refuser, elle reconnaît par là même que l'État n'a pas le droit de remboursement forcé.

» La *loi du 10 juin* 1833 n'est pas plus concluante, lorsqu'elle dit (art. 6) « *que le remboursement n'aura lieu qu'en vertu d'une loi* » ; elle exprime seulement par là qu'elle laisse aux Trois Pouvoirs le droit d'examiner le remboursement en lui-même, tant sous le rapport de la légalité de son principe que sous le rapport de l'opportunité ; mais la loi de 1833 ne tranche rien, ne décide rien, tout est réservé.

» Est-ce à dire que l'État ne pourra jamais se libérer? Non : la loi l'autorise à éteindre le capital de la dette par l'*amortissement;* mais il ne peut jamais l'éteindre, comme le fait un particulier, par le remboursement forcé. »

Telles sont les principales raisons de droit que M. Mérilhou faisait valoir devant la chambre des pairs. On sait que cette chambre rejeta le projet de loi présenté par le gouvernement, qui tendant à opérer le remboursement de la rente 5 pour 100. Mais ce fut plutôt la question d'opportunité que la question de droit qui détermina ce rejet (1). Il est même à remarquer que la commission de la chambre des pairs, tout en concluant au rejet, s'était abstenu de soulever la controverse relative au droit de l'État (2). Elle ne le mettait pas sans doute en question.

M. Troplong, partisan de la faculté de rachat par l'État, a pris à tâche (t. XIV, p. 393) de réfuter spécialement M. Mérilhou, « par cela même, dit-il, que l'honorable pair est le plus solide appui du système contraire à la liberté de l'État. »

M. Troplong s'empare des divers arguments qui viennent d'être résumés, et les combat un à un, par des raisons à mes yeux victorieuses, que je présente également dans une forme succincte :

« La qualification de *perpétuelles*, donnée par la *loi de* 1793 aux rentes constituées par l'État, n'entraîne pas nécessairement l'idée de leur irrédimibilité; c'est surtout par opposition aux rentes viagères dont l'État peut être débiteur, que les rentes constituées par lui sont dites perpétuelles.

» Les anciennes rentes de l'Hôtel-de-Ville étaient aussi de deux sortes, perpétuelles et viagères; et les premières étaient toujours constituées avec faculté expresse de rachat.

» Il ne faut pas s'attacher davantage à la disposition de la loi de 1793 qui soumet les rentes sur l'État à la contribution foncière; il en résulte uniquement que ces rentes sont considérées comme des immeubles. Mais n'avons-nous pas vu que le droit commun des coutumes était l'immobilisation de la rente constituée, et que celle-ci n'en restait pas moins essentiellement rachetable?

» Quant à l'argument tiré du silence de la loi de 1793 sur le remboursement, il est d'une explication facile : quand un principe essentiel et fondamental existe depuis des siècles, et qu'une

(1) Troplong, t. XIV, p. 391.
(2) Troplong, *loc. cit.*

loi faite sur des intérêts qui s'y rattachent ne l'abroge pas, on a coutume d'en conclure que cette loi l'a formellement accepté et lui a subordonné ses dispositions.

» Sans doute la loi de 1793 a créé, et à dessein, des rentes sans fixation de capital ; mais son silence à cet égard n'avait pas pour but d'enlever à l'État la faculté de se libérer par le remboursement : et le rapport de Cambon lui-même nous révèle le vrai motif d'une telle réticence. On peut se convaincre, en lisant le document précité, que cette omission du législateur ne doit pas être attribuée à un sentiment d'intérêt pour les créanciers de l'État, mais qu'elle contient tout simplement un expédient et une finesse imaginés pour libérer l'État au meilleur marché possible. En n'inscrivant pas le capital, la Convention croyait que l'État, *toujours maître de se libérer*, tiendrait dans sa main le taux du crédit public.

» De deux choses l'une en effet : ou le créancier de l'État accepterait son remboursement à un taux inférieur au denier vingt, qui est le taux légal, et alors l'État gagnait cette différence sans qu'on pût dire qu'il avait fait banqueroute, n'y ayant pas de capital inscrit et connu ; ou bien le créancier refuserait, et alors c'était une preuve que la rente valait plus que le taux offert ; et l'État faisait monter par là le cours des effets publics et haussait le taux de son crédit. Voilà pour quels motifs astucieux on retranchait du grand-livre l'énonciation du capital. On visait à racheter au-dessous du pair sans avoir l'air de faire banqueroute. Et lorsque, plus tard, les ministres de la Restauration modifièrent la rédaction des inscriptions en y rétablissant l'indication du capital, ce fut un retour à la franchise, et l'abandon d'un faux-fuyant incompatible avec la bonne foi et le crédit.

» Arrivons à la *loi du* 8 *vendémiaire an VI*. Elle fut, il est vrai, révolutionnaire, puisqu'elle eut pour préface le coup d'État du 18 fructidor; elle fut spoliatrice des créanciers de l'État. Mais a-t-elle été flétrie dans l'histoire, pour avoir remboursé ces derniers malgré eux? Non. Elle a été flétrie pour le mode d'après lequel elle effectua le remboursement; parce qu'elle le fit en valeurs illusoires; parce qu'elle paya les deux tiers de la dette comme le font les banqueroutiers. Quant au droit lui-même de racheter, on ne l'a jamais contesté au législateur de l'an VI.

» La *loi du* 21 *floréal an X* nie-t-elle le droit de remboursement forcé par l'État? — Non certes! — Sans doute elle organise l'amortissement, moyen d'extinction graduelle de la dette; conception féconde, bien qu'il ait fallu par la suite l'élargir, la fortifier, l'améliorer : mais elle ne contient aucun texte positif, qui, abolissant le droit commum, fasse de la rente sur l'État une rente anormale non susceptible de rachat. Autre chose est l'amortissement, rachat partiel et successif qui se fait *au cours de la rente;* et autre chose est le remboursement en masse et forcé. Mais l'un n'exclut pas l'autre; pas plus que l'absence de l'un n'entraîne l'absence de l'autre.

» En un mot, une faculté aussi substantielle et aussi sacrée que celle du rachat ne peut pas avoir été supprimée par voie de prétérition. Le droit commun règne partout où il n'a pas été formellement abrogé.

» Que si, de la période révolutionnaire et impériale, on passe aux temps plus heureux où le crédit public, développé à l'ombre d'institutions libérales et d'une paix durable, a montré pour la première fois à la France la puissance de ses moyens, on voit le droit de rachat par l'État se montrer avec franchise, avec éclat, à mesure que les circonstances en ont rendu l'exercice plus probable et plus facile.

» Nous trouvons d'abord la *loi du* 1er *mai* 1825. Dans son art. 4, elle organise la conversion du 5 pour 100. Ce n'était pas là, il est vrai, un remboursement forcé, ce n'était qu'une réduction volontaire, offerte par l'État, acceptée par les rentiers; mais, dans le même article 4, la loi de 1825 garantit la rente 4 1/2 pour 100 de tout remboursement pendant dix ans. Sans ce dernier engagement, l'État aurait donc joui de la faculté de rembourser à son gré?

» Mais un texte qui parle bien plus haut encore au sujet du rachat par l'État, c'est l'art. 6 de la *loi du* 10 *juin* 1833. Il contient ces mots: « Le *remboursement n'aura lieu qu'en vertu d'une loi.* » Nous avons vu que, pour M. Mérilhou, l'art. 6 n'est pas concluant, qu'il ne tranche rien, ne décide rien, et réserve tout. On ne peut pas cependant méconnaître que l'art. 6 ne fait autre chose qu'organiser l'exercice d'une faculté dont l'existence est antérieurement établie.

» Enfin, M. Mérilhou, forcé de reconnaître qu'en vertu des principes généraux du droit, l'État doit avoir, comme tout débiteur, quelque moyen de se libérer, indique l'amortissement comme répondant à cette nécessité. Mais il oublie que l'art. 3 de la loi de 1825 défend à l'amortissement d'agir quand la rente est au-dessus du pair, et que l'amortissement peut ainsi se trouver réduit à l'inertie. Quelle ressource resterait donc en pareil cas, à l'État, s'il n'avait pas le droit de se libérer par le remboursement ?

474. Ainsi M. Troplong renverse l'argumentation de M. Mérilhou, et avec elle la théorie de ceux qui refusent à l'État la faculté de rachat.

Si la chambre des Pairs, en 1838, s'opposa au remboursement de la rente, ce n'est pas qu'elle méconnût la faculté de rachat par l'État; ce fut par des raisons et des considérations d'opportunité.

Il faut donc proclamer que les rentes sur l'État sont remboursables aussi bien que les rentes sur les particuliers.

Et lorsque, par le décret du 16 mars 1852, renouvelant ce qu'avait tenté en 1825 M. de Villèle, le Président de la République française opéra la conversion du 5 p. 100 en 4 1/2, avec offre de remboursement aux rentiers qui n'accepteraient pas la réduction, ce ne fut point là un acte extra-légal ni révolutionnaire, comme on a cherché à le faire croire; le décret du 16 mars 1852 ne fut que la mise en action d'une faculté dont la légalité a été surabondamment prouvée : et lorsque ce décret vint dire aux rentiers « Acceptez le taux de 4 1/2, ou subissez le remboursement; contractons sur de nouvelles bases ou résilions le contrat existant »; c'est avec raison qu'on reconnut à l'État le pouvoir de proposer l'une et l'autre de ces deux alternatives. L'État avait le droit de remboursement forcé, tout aussi bien que le droit de provoquer la modification par mutuel accord des conditions de l'ancienne constitution de rente.

Je vais plus loin encore, et je soutiens, pour mon compte, que l'État ne pourrait, en aucun cas, pas plus que ne le peut un particulier, *renoncer à la faculté de rembourser* les acheteurs des rentes qu'il a émises. Pour l'État comme pour tout le monde, la faculté de rachat est *essentielle* (V. n° 228).

§ 2. Comment s'établit la propriété des rentes sur l'État.

L'ordonnance du 31 mai 1838 a résumé toute la législation sur ce point.

475. Le GRAND LIVRE de la dette publique non viagère est le titre fondamental des créanciers de rentes sur l'État. La création du grand-livre est l'œuvre de la convention : elle fut ordonnée par la loi du 24 août 1793, qui réunit en une seule dette perpétuelle toutes les dettes que les lois précédentes avaient déclarées *dettes de l'État*, et fit du grand-livre un titre nouveau effaçant tous les titres antérieurs des créanciers de l'État.

476. Il est délivré à chaque créancier un *titre d'inscription au grand-livre* (1).

Tout extrait d'inscription est enregistré contradictoirement sur un double du grand-livre. Il est signé par deux agents comptables assujettis à un cautionnement, et justiciables de la cour des comptes. Cet extrait, pour former titre valable contre le trésor, doit être revêtu du visa du contrôle.

477. Longtemps, toutes les rentes sur l'État furent exclusivement *nominatives;* et ce n'est qu'en 1816 qu'un essai fut tenté, par décision ministérielle, d'émission de *certificats au porteur* de participation à des inscriptions de rentes déposées par des maisons de banque (2). Mais cette décision et plusieurs autres décisions analogues qui la suivirent, ne constituaient pas une mesure générale, et n'atteignaient qu'imparfaitement le but qu'on se proposait, à savoir d'affranchir les transmissions de rentes des justifications d'individualité et de personnalité exigées pour chaque transfert (3).

Enfin, en présence des réclamations unanimes des rentiers et

(1) L. de 1793, art. 6.

(2) J. du Pal., Rent. sur l'Ét., sect. 1re, 23.

(3) J. du Pal., *loc. cit.*, § 25.

des capitalistes ; considérant que l'autorisation donnée de délivrer des rentes au porteur ne changeait ni la nature ni la quotité de la dette de l'État, qu'elle complétait seulement pour les rentiers les facilités qu'on peut leur assurer, et les lois qui les ont successivement affranchies des formalités propres aux immeubles, et les ordonnances ou décisions ministérielles qui ont autorisé l'émission des promesses au porteur et des certificats de participation ; une Ordonnance royale, en date du 29 avril 1831, intervînt, qui consacra d'une manière formelle et générale l'existence des *inscriptions au porteur*.

478. Les extraits d'inscription à délivrer au propriétaire de la rente sont revêtus des signatures des agents comptables du grand-livre et des mutations et transferts, et signés par le directeur de la dette inscrite (1).

Ces extraits sont à talon ; ils peuvent toujours, sur la demande des parties intéressées, être rapprochés de la souche.

Les rentes au porteur sont, à la première demande qui en est faite, converties en rentes nominatives (2).

Telles sont les particularités que présente le *titre* par lequel s'établit la rente sur l'État.

§ 3. Des priviléges attachés à la propriété des rentes sur l'État.

479. Ces priviléges sont au nombre de trois.

1° Le propriétaire d'une rente sur l'État *peut rembourser*, au moyen d'un transfert de cette rente, *ses créanciers personnels*, ayant hypothèque spéciale ou privilégiée sur l'objet liquidé (3).

2° Les *extraits d'inscription* des rentes sur l'État sont *dispensés des droits de timbre et d'enregistrement* (4).

Cet état de choses, qui n'avait jamais été troublé jusqu'en 1850, a failli être modifié par la loi votée le 10 juin de cette année-là, *sur le Timbre des Effets de commerce*. L'Assemblée législative, à la majorité de 400 voix contre 232, après une discussion longue et approfondie, avait adopté, dans la séance du 20 mars

(1) Ordonn. 29 avril 1831, art. 5 ; 31 mai 1838, art. 180.
(2) *Ibid.*
(3) L. de 1793 (art. 66).
(4) L. 13 brum. an VII, art. 16 ; 22 frim. an VII, art. 70.

1850, une disposition qui formait l'art. 31 du projet de loi, et qui soumettait au timbre et à un droit d'enregistrement de 5 centimes par 100 francs, les transferts de rentes nominatives sur le grand-livre et les renouvellements des titres de rentes. Mais dans une discussion postérieure et sur les observations du ministre des finances (1), l'Assemblée revint sur sa décision, et la loi du 10 mars 1850 sur le timbre des effets de commerce, telle qu'elle fut définitivement votée et promulgée, n'a rien innové, en somme, au sujet des rentes sur l'État.

3° *Les rentes sur l'État sont insaïsissables.*

Elles ne l'étaient pas encore sous la loi du 24 août 1793. Mais les lois de nivôse an VI, et des 22 et 28 floréal an VIII ont créé, dans un but d'intérêt public, ce privilége spécial, à savoir que la propriété des rentes sur l'État, et leurs arrérages mêmes, sont insaisissables.

La loi de floréal an VIII disait dans son préambule : « Il importait au crédit de l'État de faciliter les transferts de la dette publique en les dégageant de formalités qui tendent à déprécier cette propriété ; et il était instant d'adopter ce que commandait l'intérêt général, comme le plus grand avantage des rentiers. »

Une seule opposition, d'une nature toute spéciale, est demeurée recevable sur ces rentes ; c'est *l'opposition faite par l'agent du trésor* sur une rente appartenant à un *comptable* dont les comptes ne sont pas apurés (2).

Le ministre des finances doit n'avoir aucun égard au jugement dont les dispositions seraient contraires au principe de cette insaisissabilité (3).

§ 4. Comment s'opère le transfert des rentes sur l'État.

480. Le transfert, c'est l'opération qui a pour objet de changer sur le Grand-Livre de la dette publique le nom de la personne au profit de qui existe l'inscription de rente.

(1) M. Achille Fould.
(2) L. 8 niv., art. 4, § 3.
(3) Arrêt du cons. d'État, 3 janvier 1813.

On distingue deux sortes de transfert : 1° le transfert réel; 2° le transfert de forme.

481. I. Du transfert réel. C'est celui qui a lieu, lorsque la priété de la rente nominative a été transmise d'une personne à une autre, *par suite d'une vente véritable.*

Cette transmission de propriété a lieu d'ordinaire par voie de négociation faite en Bourse, par l'intermédiaire d'un agent de change.

Toutefois, ce mode de négociation, quoiqu'il soit presque le seul en usage, n'est pas le seul légal. La vente d'une rente sur l'État est, au résumé, un contrat ordinaire; et sa cession peut être l'objet d'un acte devant notaire (1). Mais l'arrêt même qui a jugé ainsi prend soin d'ajouter que la cession, ainsi opérée, ne peut produire d'effet qu'autant que l'acquéreur remplit ensuite les formalités requises par la loi pour le transfert (2).

482. Rien de plus simple, du reste, que le transfert réel dans ses formalités.

Il est signé par le *vendeur* (3) et par un *agent de change* qui certifie l'identité du propriétaire, la vérité de la signature et les pièces produites (4).

Aucun délai n'a été prescrit par les lois pour la régularisation du transfert. Mais une délibération de la chambre syndicale des agents de change de Paris, du 10 fruct. an X, approuvée le 28 du même mois par le ministre des finances, fixe à *cinq jours* le délai pour la livraison du bulletin du transfert, sur la représentation duquel l'acheteur est toujours tenu de payer (5).

Après l'expiration du délai de cinq jours, la partie lésée par le retard est libre de refuser la consommation de la négociation, en prévenant le syndic ou l'un de ses adjoints; ou bien de l'exiger en vendant ou achetant, par leur entremise, pour le compte de la partie en retard et aux risques de l'agent de change, sauf tout recours de droit de ce dernier contre ses commettants (6).

(1) *Cass.*, 28 août 1837.
(2) V. *Paris*, 3 juin 1836; *Toulouse*, 5 mai 1838.
(3) L. 28 floréal an VI.
(4) Arrêté du 26 prairial an X, art. 15.
(5) Mollot, *Bourses de commerce*, n° 222.
(6) Délibér. du 10 fruct. an X, art. 4. — Mollot, n° 223.

483. L'intermédiaire obligé de l'agent de change est une garantie que l'expérience n'avait pas tardé à faire reconnaître comme indispensable, pour prévenir les fraudes, si faciles à commettre quand les parties intéressées seules comparaissaient en personne ou par fondés de pouvoir au Trésor public. La création de cette garantie remonte à l'arrêté du 27 prair. an X.

L'agent de change certificateur est *responsable* de la validité du transfert pendant *cinq ans* à partir du transfert, et pour tout ce qui rentre dans sa certification (1).

Un décret du 10 thermidor an XIII, un arrêté du ministre des finances, en date du 26 février 1821, une ordonnance réglementaire du 12 novembre 1826, un règlement ministériel du 9 octobre 1832 confirmé par l'ordonnance du 31 mai 1838, ont, à diverses reprises, délimité les rapports des négociateurs de rentes, tant avec les agents de change qu'avec le Trésor, et tracé des règles sur la responsabilité des derniers.

484. II. Du TRANSFERT DE FORME.

Ce second transfert a lieu principalement dans les cas où la propriété de la rente est transférée autrement que par suite d'une vente, ainsi par *successsion*, *donation* ou *legs* (2).

Comme le transfert réel, il est signé, et par le titulaire transférant, et par un agent de change certificateur, toujours responsable, et dans les mêmes conditions que pour le transfert réel (3).

485. Le transfert de forme est encore employé, lorsqu'il s'agit de *remplacer un titre de rente perdu* par son propriétaire, qui, auparavant, pouvait demander un titre par duplicata. Le rentier qui a perdu son extrait d'inscription, en fait la déclaration au maire de la commune de son domicile; cette déclaration est rapportée au Trésor public. Après en avoir fait constater la régularité, le ministre autorise le directeur du grand-livre à débiter le compte de l'inscription perdue, et à la porter à compte nouveau par un *transfert de forme.* Il est remis au réclamant un extrait original de l'inscription de ce nouveau compte (4).

(1) Arrêté du 27 prairial an X, art. 16.
(2) Mollot, *loc. cit.*, nos 199 et 207.
(3) Arr. 27 prair. an X, art. 15 et 16.
(4) Décr. du 3 messid. an XII.

486. Enfin, le transfert de forme est encore pratiqué quand il s'agit de *convertir une rente* nominative en une rente au porteur, et réciproquement.

Dans le premier cas, pour opérer la conversion, le propriétaire de l'inscription de rente nominative la dépose au Trésor, accompagnée d'une déclaration de transfert dans la forme ordinaire, signée de lui et d'un agent de change.

Contre le dépôt ainsi fait, le directeur de la dette inscrite fait opérer un transfert d'ordre du montant de la rente déposée, au crédit d'un compte ouvert à cet effet (1).

Dans le second cas, le propriétaire de l'inscription de rente au porteur en fait également le dépôt au Trésor par l'intermédiaire d'un agent de change, ainsi que d'un bordereau certifié par le déposant, indiquant ses qualités, son domicile, et désignant avec exactitude les noms et prénoms auxquels la rente nouvelle devra être inscrite. Le compte ouvert au trésor public sur les rentes au porteur doit être débité du montant de la rente ainsi convertie (2).

487. Certains autres principes exceptionnels séparent encore la Rente sur l'État de la Rente constituée par les particuliers. Il sont relatifs au PAYEMENT et à la PRESCRIPTION DES ARRÉRAGES, à CERTAINES RESTRICTIONS DU DROIT DE DISPOSER des rentes sur l'État, à un droit d'OPPOSITION QU'A LE PROPRIÉTAIRE DE LA RENTE VOLÉE OU PERDUE.

Je regrette vivement que le temps et l'espace me manquent pour aborder ces intéressants détails. J'ai cru qu'il était indispensable de mettre en lumière les traits principaux de la rente sur l'État : je crois aussi que je puis m'en tenir là ; sans cela je m'écarterais par trop du plan, déjà bien vaste par lui-même, que je me suis tracé.

488. Je n'ajouterai plus qu'un petit nombre de réflexions.

Le rôle des Rentes sur l'État est très-important dans notre économie financière. Le sort du rentier est même lié d'une façon si intime aux destinées bonnes ou mauvaises du Gouvernement, que l'or-

(1) Ordonn. 29 avril 1831.
(2) *Ibid.*

ganisation de ces rentes s'élève presque à la hauteur d'une institution politique.

489. Cotées à la Bourse comme tous les autres effets publics, elles sont comme eux l'objet l'achats et de ventes continuels; l'activité commerciale s'exerce sur elles, l'esprit de spéculation se déploie dans leurs transmissions et leurs acquisitions.

Mais plus encore que les autres effets publics, elles ressentent le contre-coup des événements qui intéressent le gouvernement; et c'est surtout leur valeur qui se trouve sujette à ces mille variations et oscillations que produisent les faits grands ou petits, lointains ou rapprochés, intérieurs ou externes, qui paraissent devoir influer en quelque chose sur la conduite du Pouvoir et sur la marche des affaires publiques.

Voilà pourquoi l'on a pu dire avec quelque raison « que le cours de la rente est le meilleur thermomètre de la prospérité et de la tranquillité d'un pays. »

490. Si les rentes sur l'État ont eu un rôle dans le passé, elles semblent appelées à un avenir plus vaste encore.

Nous avons en France le génie des grandes entreprises. Nous avons des armées hors du territoire : des complications européennes, qui ne semblent pas près de finir, peuvent tenir pour longtemps nos troupes sur le pied de guerre. En général, les occupations militaires des pays étrangers par les armées françaises n'ont pas enrichi le trésor depuis les guerres de l'Empire. Ces occupations n'ont fait le plus souvent qu'élever le chiffre de la dette publique, en rendant la France créancière de plusieurs pays médiocrement solvables. Quelquefois même la France « se trouve assez riche pour payer sa gloire, » suivant le mot heureux d'un de ses grands ministres, et daigne supporter les frais de ses propres victoires.

Abordons un autre ordre de faits. Le siècle est fécond en découvertes remarquables, dont les essais et les premières applications ne peuvent être menés à bien sans le concours de l'État. Les Travaux publics prennent un développement immense : si l'on veut achever la construction de toutes nos voies ferrées, si l'on prétend conduire à fin certains projets d'établissements publics et philanthropiques, tels que bains, lavoirs, cités ouvrières, etc., il est certain que le gouvernement, au milieu de cet essor et de ce mouvement universels, se verra amené infailliblement, et dans une mesure tous les jours plus large, à demander aux capitalistes des ressources que l'Impôt ne pourra lui donner, et dont l'emploi, du reste, sera des plus fructueux pour nos finances.

Si l'on ajoute à ces remarques la considération qu'aucun débiteur ne peut offrir, au même degré que l'État, la sécurité pour le capital dont le remboursement est possible, et l'exactitude pour le payement des arrérages ; si l'on songe que bien des personnes (assez riches pour se permettre un pareil calcul) recherchent dans le placement de leur fortune la solidité avant la productivité ; si l'on réfléchit enfin qu'aucune des sûretés réelles ou personnelles dont les particuliers disposent, gages, hypothèques, cautions, ne peuvent être comparées à la garantie de l'État pour la stabilité, les chances de conservation et de durée ; on concevra mieux encore que les capitaux devront affluer toujours dans la direction de la rente.

491. Certains esprits, un peu aventureux peut-être, vont encore plus loin dans les combinaisons qu'ils font reposer sur l'avenir de la rente. Ils voient, dans une réduction progressive de son taux actuel, un expédient financier qui enrichirait l'État sans scandale ni désordre, et qui lui permettrait, à un jour donné, d'alléger certaines autres branches du revenu public, notamment de dégager dans une certaine mesure la propriété foncière des charges vraiment excessives qui pèsent aujourd'hui sur elle.

Ce qui pourrait encourager une semblable pensée, c'est le succès vraiment immense qui a couronné l'essai de réduction tenté par le décret du 16 mars 1852.

La conversion du 5 p. 100 en 4 1/2 a été universellement applaudie, ou du moins supportée sans récrimination. Il a été constaté, à cette époque, que les demandes de remboursement faites dans les délais fixés furent d'une extrême rareté.

Maintenant, une réduction plus grande obtiendrait-elle également tous les suffrages? Il est permis de croire qu'elle aurait toujours de chauds partisans et de zélés défenseurs, par la simple raison que la majorité des contribuables n'est point créancière de l'État.

Du reste, les rentiers, en face d'une réduction nouvelle, auraient-ils lieu de se plaindre? Non; car premièrement, on leur offrirait, encore et toujours, le *choix* entre le remboursement forcé et l'acceptation du taux amoindri. En second lieu, ceux d'entre eux qui ne retireraient point leur argent des mains de l'État seraient mal venus à récriminer, lorsqu'en compensation de la faiblesse du revenu, l'État leur donne des avantages inappréciables, une sécurité qu'il est impossible de trouver ailleurs, ainsi que des priviléges inconnus dans les contrats entre particuliers; et lorsque enfin, la Caisse d'épargne n'assure qu'un intérêt de 4 p. 100 aux économies laborieuses du pauvre.

Quoi qu'il puisse advenir de tous ces calculs et de tous ces rêves, il était bon de les signaler.

Je touche enfin au terme de la longue carrière que je voulais parcourir. J'ignore si j'ai réussi à traiter complétement et habilement un sujet si étendu à la fois et si compliqué : je m'estimerai surtout heureux et récompensé, si mes professeurs ont pu, dans cette œuvre, reconnaître une étude consciencieuse, et retrouver la trace de leurs excellentes leçons.

POSITIONS.

DROIT ROMAIN.

Positions tirées de la Thèse.

I. La longue prestation des intérêts faisait présumer l'existence de la dette des intérêts et même de la dette du capital (nos 55 et suiv.)

II. Les simples offres, qui n'arrêtaient le cours des intérêts que tout autant qu'elles étaient suivies de la consignation, suffisaient pour faire cesser la perception des fruits par le créancier antichrésiste (nos 81 et suiv.).

III. Avant Justinien, la *computatio dupli* se faisait seulement par les intérêts accumulés sans payement, et on n'y tenait pas compte des intérêts payés aux échéances (n° 88).

Positions étrangères à la Thèse.

IV. Sous Justinien, l'usufruit et les servitudes s'acquièrent directement par la possession de dix ou vingt ans.

V. Sous Justinien, comme avant lui, l'usufruit et les servitudes s'éteignent par le *non-usage* au bout de dix ou vingt ans, sans qu'il soit nécessaire que le propriétaire du fonds servant ait possédé pendant ce même temps, et usucapé ainsi la liberté du fonds.

VI. Au temps de Paul, la donation à cause de mort, même lorsqu'elle était faite sous condition suspensive, ne pouvait pas transférer la propriété sans le concours de la mancipation ou de la tradition.

VII. En règle, *la condictio indebiti* n'était pas admise dans le cas d'erreur de droit.

Cette règle souffrait pourtant quelques restrictions.

VIII. La société civile se dissolvait par la petite *capitis deminutio*, tout aussi bien que par la grande et que par la moyenne.

DROIT CIVIL FRANÇAIS.

Positions tirées de la Thèse.

IX. Le contrat de constitution de rente à titre onéreux, est consensuel et synallagmatique, même sous le Code civil (p. 80-84, et 113-116).

X. La résolution forcée des art. 1912-1° et 2°, et 1913, C. c., n'atteint que les rentes constituées à titre onéreux, et non les rentes constituées à titre gratuit (p. 118 et suiv.).

XI. Les mots *pour prix de la vente* qui figurent dans l'art. 530, ne signifient pas que la rente établie dans l'acte même de vente, pour tenir lieu du prix préalablement stipulé d'un immeuble, doive échapper à l'application de l'art. 1911, C. c. (p. 164 et suiv.).

XII. La résolution forcée des art. 1912-1° et 2°, et 1913, C. c. ne s'applique pas à la rente foncière (p. 171).

XIII. On ne peut plus contester aujourd'hui que la rente viagère ne renferme, tout comme la rente perpétuelle, la créance d'un capital, et non pas seulement une créance d'arrérages (p. 144 et suiv.).

XIV. Si le débiteur d'une rente viagère donne la mort au rentier, il y a lieu à la résolution du contrat de rente viagère, d'après le principe de l'art. 1184, et cela, sans répétition possible des arrérages payés, comme sans préjudice des arrérages dus jusqu'au jour du crime (n° 468).

XV. La rente sur l'État est remboursable à la volonté de l'État, aussi bien que les rentes constituées par les particuliers (n° 472).

Positions étrangères à la Thèse.

XVI. Les héritiers de la femme absente peuvent, quand le mari a opté pour la continuation de la communauté, demander la séparation de biens.

XVII. Le légataire universel n'est jamais héritier.

XVIII. L'échange n'est pas interdit entre époux.

HISTOIRE DU DROIT.

XIX. Notre institution du jury a son origine dans l'ancienne preuve judiciaire des co-jureurs. Elle ne dérive ni des *Quæstiones perpetuæ* de Rome, ni des assemblées des *Rachimbourgs*, ni du jugement féodal par les *Pairs*.

XX. L'usufruit légal, attribué par l'art. 384 C. civ., aux père et mère sur les biens de leur enfant mineur de dix-huit ans et non émancipé, dérive du droit féodal de *garde noble*, et non de l'usufruit qu'avait le *pater-familias* romain sur le pécule adventice.

XXI La communauté légale n'est venue dans notre droit matrimonial, ni de Rome, ni des institutions Celtiques, ni des Communautés serviles. Elle nous est venue directement du Droit Germanique.

DROIT CRIMINEL.

XXII. Le complice du parricide ne doit pas être puni comme le parricide lui-même. En conséquence, il est excusable s'il est âgé de moins de 16 ans.

XXIII. Le fait coupable qui dans l'intention de l'agent devait donner la mort, mais qui, *dans la nature*, ne pouvait pas produire cet effet, doit entraîner l'absolution.

DROIT DES GENS.

XXIV. Le chancelier du Consulat de France peut recevoir le testament d'un Français en pays étranger, suivant les règles de l'ordonnance de 1681.

XXV. Le Danube est soumis aux stipulations du congrès de Vienne sur la réglementation des grands fleuves européens navigables qui séparent ou traversent plusieurs États.

BUGNET.

Vu par le doyen,
C. F. PELLAT.

Permis d'imprimer :
Le Recteur de l'Académie de la Seine,
CAYX.

TABLE.

PREMIÈRE PARTIE. — DROIT ROMAIN.

DE QUELQUES-UNES DES FORMES DU REVENU, A ROME.

DEUXIÈME PARTIE. — DROIT FRANÇAIS.

DES RENTES.

Paris. — Imprimé par E. Thunot et Cie, 26, rue Racine.

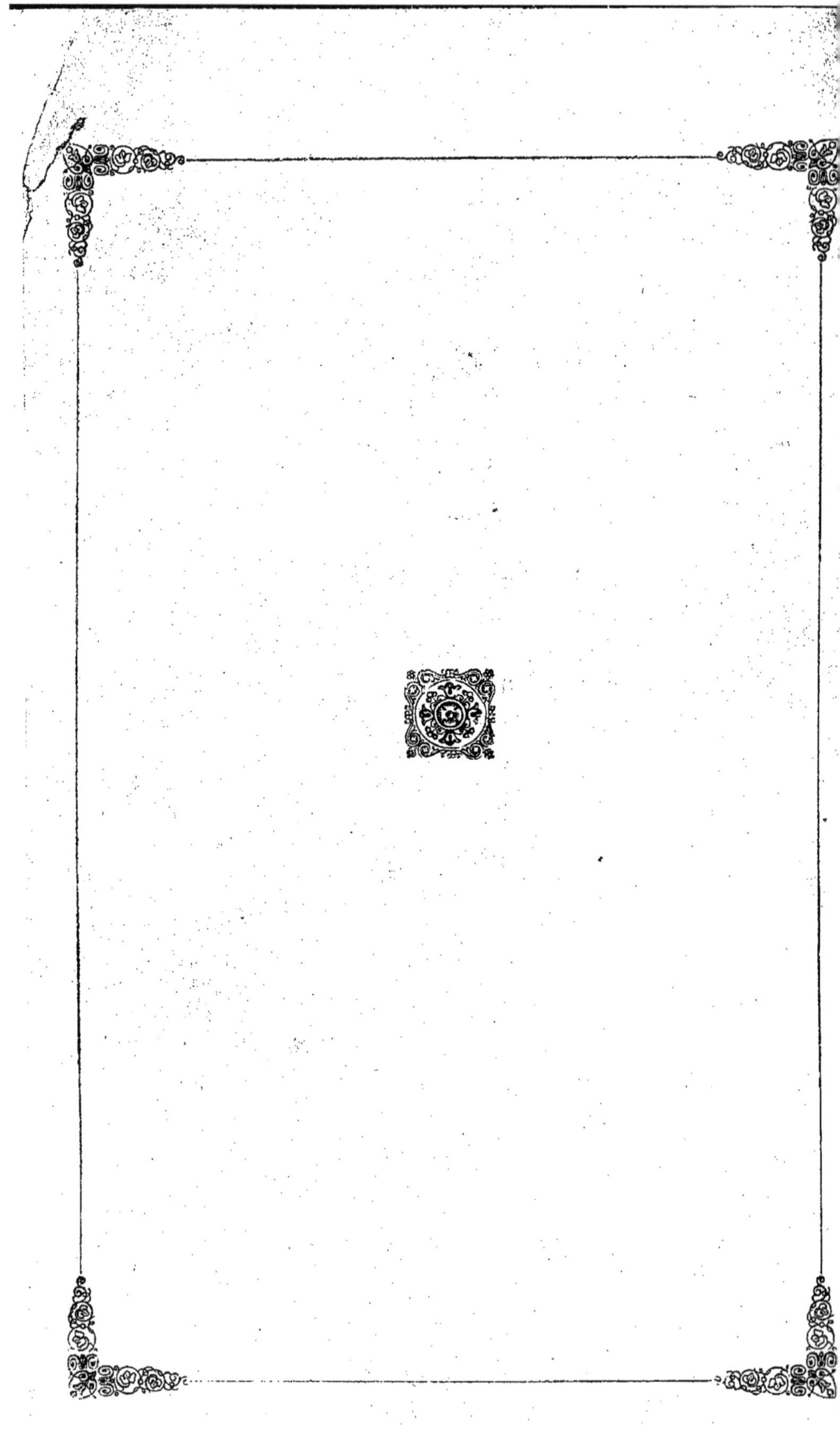

www.ingramcontent.com/pod-product-compliance
Ingram Content Group UK Ltd.
Pitfield, Milton Keynes, MK11 3LW, UK
UKHW020320230726
13925UKWH00002B/526

9 782014 04949